독자의 1초를
아껴주는 정성을
만나보세요!

세상이 아무리 바쁘게 돌아가더라도 책까지 아무렇게나 빨리 만들 수는 없습니다.
인스턴트 식품 같은 책보다 오래 익힌 술이나 장맛이 밴 책을 만들고 싶습니다.
땀 흘리며 일하는 당신을 위해 한 권 한 권 마음을 다해 만들겠습니다.
마지막 페이지에서 만날 새로운 당신을 위해 더 나은 길을 준비하겠습니다.

그림으로 이해하는 IT 지식과 트렌드
KNOWLEDGE AND TREND OF IT

초판 발행 · 2021년 9월 10일
초판 3쇄 발행 · 2022년 12월 14일

지은이 · 사이토 마사노리
옮긴이 · 김성훈
발행인 · 이종원
발행처 · (주)도서출판 길벗
출판사 등록일 · 1990년 12월 24일
주소 · 서울시 마포구 월드컵로 10길 56(서교동)
대표전화 · 02)332-0931 | **팩스** · 02)323-0586
홈페이지 · www.gilbut.co.kr | **이메일** · gilbut@gilbut.co.kr

기획 및 책임편집 · 이다빈(dabinlee@gilbut.co.kr) | **디자인** · 장기춘 | **표지 일러스트** · 피클첨스 | **제작** · 이준호, 손일순, 이진혁
영업마케팅 · 임태호, 전선하, 지운집, 박성용, 차명환, 박민영 | **영업관리** · 김명자 | **독자지원** · 윤정아, 최희창

교정교열 · 김윤지 | **전산편집** · 박진희 | **출력 · 인쇄 · 제본** · 금강 인쇄

ISBN 979-11-6521-686-3 93000
(길벗 도서번호 080272)

정가 18,000원

독자의 1초를 아껴주는 정성 길벗출판사

길벗 | IT단행본, IT교육서, 교양&실용서, 경제경영서
길벗스쿨 | 어린이학습, 어린이어학

페이스북 · www.facebook.com/gbitbook

그림으로 이해하는
IT 지식과 트렌드

사이토 마사노리 지음 · 김성훈 옮김

길벗

IT 산업은 생각보다 빠르게 진화하고 다양한 주제를 가지고 있는 산업입니다. IT 기획 분야에 종사하다 보니 모르는 용어나 공부할 범위가 점점 넓어져서 힘들어 하고 있던 중에 베타 리더로 참여하게 되었습니다. 기초부터 시작하여 최신 트렌드인 인공지능, 클라우드까지 이해하기 쉽게 설명했고, 특히 이해하기 어려웠던 블록체인이나 데브옵스 설명이 수록되어 있어 좋은 IT 입문서라고 생각합니다.

이정우_IT 기획자

개발자뿐만 아니라 기획자처럼 IT 관련 직업에 종사할 사람이라면 업계에서 자주 쓰는 지식을 미리 학습할 필요가 있습니다. 애자일 개발, 데브옵스, 클라우드를 비롯해서 꼭 알아야 하는 IT 용어와 유래를 그림으로 한 번, 글로 두 번 설명해서 술술 읽을 수 있습니다. 한 번에 책의 모든 개념을 이해하려고 하기보다 1일 1용어나 1일 1장씩 학습하면서 천천히 읽기를 추천합니다.

이혜진_대학생

IT 최근 동향, IT 기술의 배경, 용어, 작동 원리 등을 누구나 쉽고 빠르게 알 수 있도록 구성된 것이 좋았습니다. 일상에 깊숙이 자리 잡은 IT 분야를 이해하지 않고서는 사회 흐름을 따라가기 벅찬 시대가 되었다는 점에서 도움이 많이 되었습니다. 각 페이지마다 시각화된 도표를 포함하고 있어서 내용이 좀 더 오래 기억에 남았습니다. 컬럼 코너에서는 인텔과 ARM의 비교, 무어의 법칙 등 상식으로 알아 두면 좋을 흥미로운 이야기가 담겨 있었습니다. 가상화, 클라우드, 인공지능 등 과거에 대두되지 않았던 기술을 자세히 살펴볼 수 있어 전공자도 새로운 영감과 아이디어를 얻을 수 있을 것이라고 확신합니다.

임혁_나일소프트 주임(연구원)

급변하는 세상에 하루가 다르게 쏟아지는 새로운 기술을 그림과 함께 단계별로 설명하기 때문에 "아~ 그랬구나!"를 외치며 막힘없이 술술 읽었습니다. 디지털 전환의 목표를 '변화에 민첩하게 대응할 수 있는 기업 문화나 체질'이라고 하면서 결단과 행동이 늦어지면 치명적인 결과를 초래할 수 있다는 경고도 하고 있습니다. 업무가 IT로, IT가 업무로 매끄럽게 변환되는 상태인 '디지털 전환'에서 물리적인 세계와 디지털을 구별하지 않고 하나의 시스템으로 움직이는 시대를 생각하며 비즈니스도 그렇게 바뀌어야 한다는 것이 와닿았습니다. 저의 업무와 생활 전반을 되돌아보게 된 이 책을 옆에 두고 반복해서 읽어 보아야겠습니다.

윤혜정_컴퓨터 전문 강사

"IT는 중요하다."

IT가 중요하다는 것은 알고 있지만 어려워서 따라갈 수 없다고 생각하고 있지는 않나요?

"새로운 IT 키워드를 따라가야 해."

자꾸만 새로운 키워드는 등장하지, 어느 것이 중요하고 어떻게 비즈니스에 도움이 되는지 알 수는 없지, 그저 못 따라가겠다고 생각하고 있지 않나요?

그런 어려움을 해결해 주려고 이 책이 나왔습니다.

IT와 관련된 트렌드는 다방면에 걸쳐 서로 복잡하게 얽혀 있습니다. IT 전문가조차 이를 꿰뚫어 보고 체계적으로 이해하기 힘듭니다. 게다가 IT 트렌드를 이해하기 쉽게 설명할 수 있는 사람은 더욱 한정되어 있습니다.

IT는 우리 일상에 깊게 스며들어 있어서 IT를 내 것으로 만들지 못하면 비즈니스에서 살아남기 어렵습니다. 적어도 IT 트렌드를 체계적으로 바라볼 수 있는 책이 있으면 했지만 마음에 드는 것을 찾을 수 없었습니다.

그렇다면 직접 써야겠다고 마음을 먹고 2015년에 이 책의 초판을 출간했습니다. 세상에 널리 흩어져 있는 IT 키워드를 테이블에 펼쳐 놓고, 이를 역사와 비즈니스의 맥락에서 정렬하고, 그 '요점', '역할', '가치'를 최대한 이해하기 쉬운 표현으로 체계적으로 정리하고자 노력했습니다.

그 후 4년 반이 지났습니다. 2017년 2판에서 최신 트렌드로 업데이트했지만, 3년이 지난 지금에 와서는 그마저도 '최신'이라고 할 수 없어졌습니다. 예를 들어 '디지털 전환'은 이제 누구나 보고 들을 수 있는 말이 되었지만, 3년 전에는 일부 IT 분석가가 언급하는 정도였으며 25년 전의 '인터넷', 10년 전의 '클라우드' 정도로 인지도도 높지 않았습니다. 그러나 인터넷과 클라우드가 세상의 모습을 크게 바꾸어 버린 것처럼 '디지털 전환'도 그럴 가능성을 보이면서 존재감을 높이고 있습니다. 또 AI는 이미 우리의 일상 속에 녹아들었고, IoT는 AI를 떠받치는 시스템으로 비즈니스에도 깊이 관여하고 있습니다. 이것도 3년 전에는 "굉장하네요, 그런 기술이 있군요."라는 정도로 어떻게든 넘길 수 있었지만, 어느새 그렇게 해서는 상식이 없다는 비난을 피할 수 없습니다. 5G(5세대 이동 통신 시스템)가 본격적으로 서비스되면, 사회와 비즈니스 상식을 뒤엎게 될 것입니다. 블록체인은 다양한 형태로 실용화 단계에 들어갔습니다. 얼마 전까지만 해도 미래 기술이라고 생각했던 양자 컴퓨터 역시 이제 비즈니스 상황에서 쓰기 시작했습니다.

이 책에서는 새롭게 '최신'을 바라보고, 지금까지 설명을 다시 검토하는 것과 동시에 이전 판에는 없었던 '현재'를 이어갈 기술도 설명을 충분히 담았습니다.

"IT는 어려워서 잘 모르겠어!"

이제 이런 변명은 그만둡시다. 우리 일상은 IT 없이는 성립할 수 없고, IT를 내 것으로, 아니 무기로 삼을 수 없는 비즈니스에 더는 미래가 없습니다. 하물며 'IT의 전략적인 활용'이나 '비즈니스의 디지털화' 같은 것을 할 수 있을 리가 없습니다. 전철이나 버스 타는 법을 모르면 생활할 수 없는 것처럼 IT를 모르면 비즈니스를 할 수 없는 시대가 된 것입니다.

예컨대 새로 집을 지을 때, 뭐든 상관없으니 싸고 살기 좋은 집을 지어 달라고 건축 회사에 부탁했다가 완성된 집을 보고 이런 집을 부탁한 것이 아니라고 불평해 보아야 소용없습니다. 어떻게 하고 싶은지 결정하는 것은 건축주입니다. IT도 마찬가지입니다. 무엇을 해결하고 싶은지, 무엇을 실현하고 싶은지를 결정하는 것은 '당사자'인 바로 당신입니다. IT가 할 수 있는 것과 할 수 없는 것, 자신이 어떻게 하고 싶은지 정도는 최소한 말할 수 있어야 합니다. 그것을 바탕으로 IT 전문가인 정보 시스템 부문이나 IT 기업에 상담하는 것이 기본입니다. IT에 관해서 아무것도 모른다면, "뭐라도 좋으니까, 돈 버는 시스템을 만들어 줘."라고 할 수밖에 없겠지요.

물론 시스템 설계, 프로그래밍, 네트워크 구축 등은 전문 지식이나 기능을 가진 사람들에게 맡기지만 최소한의 IT 상식이 없으면 그들과 제대로 된 대화조차 할 수 없습니다. 전문가들의 제안과 견적이 타당한지, 이 시스템으로 사업이 잘될지 알 수 없다면 일이 수월하게 진행되지 않습니다.

요즘은 시스템 개발 실패로 소송까지 가는 사건이 많습니다. 시스템 개발에 실패하는 이유는 반드시 전문가들의 실수만 원인이 아니라, 사업에 책임이 있는 당사자나 경영자가 최소한의 IT 상식조차 없이 통째로 내맡겨 버린 것이 원인인 경우도 많습니다. 적어도 이 IT 용어가 무엇을 말하는지 비즈니스에서 어떤 역할을 해 주는지 정도는 상식으로 가지고 있는 것이 좋습니다.

"진화가 너무 빨라서 따라갈 수가 없다."

따라가는 것이 아니라, 그 앞을 바라보아야 합니다. 한발 앞서가야 기회가 내 편이 되어 줄 것입니다. 예나 지금이나 변화가 없던 시절은 없었습니다. 앞으로도 똑같을 것입니다. 그리고 앞서서 변화했던 사람들이 기회를 잡아 왔다는 사실도 변함이 없습니다.

이 책은 앞을 내다보기 위한 최신 IT 지식을 누구나 이해할 수 있도록, 알기 쉽고 체계적으로 정리했습니다. 또 IT 업무에 종사하고 있어도 새로운 용어를 따라가지 못해서 어려움을 겪고 있는 분도 있을 것이라고 생각합니다. 그런 분들은 알고 있는 지식을 다시 한 번 정리하는 데 도움이 될 것입니다. 취업 준비생이나 신입 사원에게 실무 현장에서 필요한 IT 상식을 체계적으로 학습할 교과서로 안성

맞춤입니다.

하나하나 기술을 깊이 있게 이해하려면, 관련 전문서를 읽어 보세요. 이 책의 역할은 '깊이 이해하게 하는' 것이 아니라 '넓게 바라보게 하는' 것입니다. 또 이 책으로 여러분이 앞으로 나아갈 분야나 비즈니스에 IT를 잘 활용했으면 좋겠습니다.

"IT 지식을 비즈니스의 무기로 삼다."

그러기 위해 이 책을 활용해 준다면 더할 나위 없이 기쁠 것입니다.

2019년 12월

사이토 마사노리

IT는 이미 우리 생활 전반에 영향을 미치고 있으며, 그 활용 분야도 점점 더 확장되고 있습니다. 우리가 편리하게 일상생활을 영위할 수 있는 이유는 이면에서 IT의 도움을 받고 있기 때문입니다. 이제 정말 IT를 이용하지 않고는 살아가기가 불편한 세상이 되었습니다.

IT는 나날이 발전하고 있기 때문에 이렇게 최신 기술까지 책 한 권으로 정리하기가 쉽지 않습니다. 기존에 없었던 새로운 기술이 세상에 나오기도 하고 기술에 대한 정의가 변화하기도 합니다. 그래서 저자는 IT와 IT가 어떤 가치를 가져오는지 주요 키워드를 뽑아서 이 책에 정리했습니다.

우선 디지털 개념부터 시작하여 디지털화, 디지털 전환, 디지털 가상 세계와 우리가 살아가는 물리적인 실제 세계가 서로 주고받는 영향을 설명합니다. 나아가 IoT와 4차 산업 혁명, 클라우드 컴퓨팅, 가상화, 블록체인, 데브옵스, ERP 등까지 IT 트렌드를 이해하는 데 필요한 정보가 망라되어 있습니다. 게다가 단순히 IT를 소개하는 데 그치지 않고 향후 방향성도 잘 설명하고 있어 우리 사회와 업계가 어떻게 변화해 나갈지 파악할 수 있습니다. 고령화로 인한 인구 감소에 IT가 어떻게 도움이 되는지, 공유차와 자동차 산업의 미래 부분은 개인적으로 흥미롭게 읽었습니다.

이 책을 읽고 나면 적어도 IT 분야에서 어떻게 미래를 내다보고 대비해야 할 것인가 진지하게 생각하게 됩니다. 마지막 페이지를 덮을 때는 분명히 어렵게만 보이던 IT에 한층 더 친숙해진 자신을 만날 수 있을 것입니다.

끝으로 항상 하는 말이지만 독자 여러분께 이 책이 조금이나마 도움이 될 수 있다면 역자로서도 더할 나위 없이 기쁘겠습니다. 원고를 꼼꼼히 확인하시고 편집하시느라 고생하신 담당자분께 깊이 감사드립니다.

2021년 9월

김성훈

2장 IoT/사물 인터넷 ⋯⋯ 061

0^장

최신 IT 트렌드를
바라보다

디지털이 사회와 비즈니스 상식을 크게 바꾼다.

물리적인 세계의
사물이나 **사건**을
디지털로 **변환**하여 **가치**를 만들어 내고
디지털 가치를
물리적인 세계에 적용한다

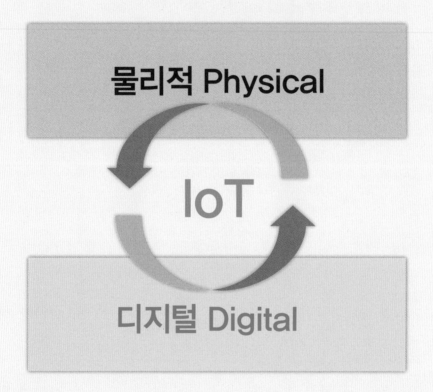

디지털 비즈니스, 디지털 전략, 디지털 전환 등 IT와 관련된 곳곳에 디지털이라는 단어가 빠지지 않습니다. 디지털이란 과연 무엇일까요? 도대체 디지털에는 어떤 가치가 있을까요? 왜 이렇게 디지털이라는 말이 주목을 받을까요? IT를 이해하려면, 이 디지털 용어를 이해할 필요가 있습니다. 우선 그와 관련된 주제부터 시작해 보겠습니다.

디지털(digital)이란 본래 '연속되지 않는 값만 있는 양(이산량)'을 의미하는 것으로, '끊이지 않고 이어지는 값을 가지는 양(연속량)'을 나타내는 아날로그와 반대되는 개념입니다. 손가락(digitus)을 뜻하는 라틴어가 어원이며, '손가락으로 세다'는 뜻에서 파생되어 이산적인 수 또는 숫자라는 의미로 사용합니다. 현실 세계의 사물이나 사건은 모두 '아날로그'입니다. 예를 들어 시간이나 온도, 밝기나 소리의 크기 등 물리 현상 이외에도 물건을 나르거나 누군가와 대화하는 등 인간 행위도 아날로그입니다. 하지만 아날로그 상태는 컴퓨터로 다룰 수가 없습니다. 컴퓨터로 다룰 수 있는 디지털, 즉 0과 1의 숫자 조합으로 변환해야 합니다. 이를 **디지털화**(digitize)라고 합니다.

현실 세계의 사물이나 사건은 디지털로 변환함으로써 컴퓨터가 처리할 수 있는 형태로 바뀝니다. 즉, 센서 혹은 웹이나 모바일 디바이스 등 다양한 디지털 세계와 접점을 매개로, 현실 세계의 사물이나 사건을 디지털 데이터로 변환하여 컴퓨터에 전달합니다. 그것을 위한 일련의 구조를 IoT(Internet of Things)(사물 인터넷)라고 합니다.

이렇게 컴퓨터 안에 아날로그 현실 세계와 쏙 빼닮은 디지털 쌍둥이, 즉 **디지털 트윈**(digital twin)이 만들어집니다. 즉, 디지털이란 '물리적(physical)'인 현실 세계의 상대적인 개념입니다.

디지털이 가져오는 세 가지 가치와 혁신

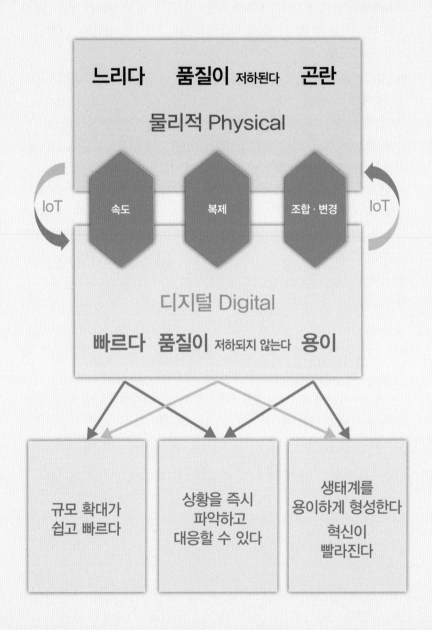

느리다　**품질이** 저하된다　**곤란**

물리적 Physical

| 속도 | 복제 | 조합 · 변경 |

IoT　　　　　　　　　　　　　　IoT

디지털 Digital

빠르다　**품질이** 저하되지 않는다　**용이**

규모 확대가
쉽고 빠르다

상황을 즉시
파악하고
대응할 수 있다

생태계를
용이하게 형성한다
혁신이
빨라진다

디지털은 '속도가 빠르다', '복제해도 품질이 저하되지 않는다', '조합하거나 변경하기 쉽다'는 세 가지 특징이 있습니다. 각 특징을 자세히 살펴봅시다.

속도가 빠르다

디지털화된 정보는 네트워크로 바로 전송할 수 있습니다. 물리적인 현실 세계에서 편지나 짐을 보내는 것과 비교하면 이 속도 차이는 확연합니다. 종이 전표를 주고받거나 대면 회의를 해야 하는 현실 세계의 업무와 비교하면 디지털화된 업무 프로세스, 즉 컴퓨터 프로그램으로 실행되는 업무는 순식간에 처리됩니다.

복제해도 품질이 저하되지 않는다

디지털 정보는 몇 번을 복제해도 원래 정보가 손상되지 않습니다. 종이 문서라면 복제를 거듭할수록 품질이 저하되고, 말로 전달하는 정보라면 전달 과정에서 내용이 변질되어 버리기도 합니다. 또 물리적인 실물을 복제하려면 복제 수량에 맞는 재료를 준비해야 합니다. 그러려면 아무래도 비용과 시간이 많이 듭니다. 하지만 디지털이라면 몇 번을 복제해도 비용이 증가하거나 시간이 오래 걸리지 않습니다.

조합하거나 변경하기 쉽다

디지털로 된 시스템은 매우 간단하게 변경하거나 조합할 수 있습니다. 네트워크를 연결하고 프로그램을 연계하는 작업 등은 설정을 바꾸거나 프로그램 코드를 바꾸어 쓰기만 하면 됩니다. 반면에 사람으로 구성된 조직을 변경하거나 업무 순서를 바꾸려면 절차를 익히거나 새로 교육하는 데 시간이 걸립니다. 또 하드웨어를 새로 만들거나 장치 연결을 변경하는 등 물리적인 구조를 변경할 때도 힘이 들고 시간이 걸리기 때문에 간단히 할 수는 없습니다.

디지털 특성인 '빠르다'와 '품질이 저하되지 않는다'를 조합하면, 단기간에 비즈니스 규모를 쉽게 확대할 수 있습니다. 구글이나 페이스북, 아마존 등 인터넷 기업은 이런 디지털 특성을 잘 받아들여 급속도로 비즈니스를 확장했습니다.

또 '빠르다'와 '쉽다'를 조합하면, 멀리 떨어져 있어도 변화를 그 자리에서 바로 파악할 수 있습니다. 그리고 네트워크로 기기를 제어하고 프로그램 코드를 변경해서 즉시 대처할 수 있습니다.

'품질이 저하되지 않는다'와 '쉽다'를 조합하면 다른 디지털 서비스나 구조와 쉽게 조합할 수 있습니다. 예를 들어 스마트폰 카메라로 촬영한 사진을 앱으로 꾸며 인스타그램이나 페이스북에 눈 깜짝할 사이에 올릴 수 있습니다. 또 배차 서비스인 우버(Uber)는 기상 정보 서비스를 이용하여 곧 비가 온다는 정보를 얻으면 인간의 해석이나 판단을 거치지 않고 요금을 자동으로 할증합니다. 이처럼 단독으로는 실현할 수 없는 일도 디지털 시스템과 연계하면 새로운 가치를 만들어 낼 수 있습니다.

지금까지 없었던 새로운 조합으로 새로운 가치를 창출하는 것이 **혁신**(innovation)입니다. 디지털에서는 간단히 새로운 조합을 시험해 볼 수 있습니다. 즉, 디지털은 혁신을 가속하는 기반이라고 할 수 있습니다.

이렇게 디지털 세계에서 만들어진 가치를 현실 세계에 피드백하면 물리적 세계에서는 실현할 수 없는 일이 가능해집니다. 예를 들어 공장의 공작 기계 로봇이나 설비에 내장된 센서가 내보낸 디지털 데이터로 생성된 공장의 '디지털 트윈'을 사용하면 공장에서 작업 절차나 준비 순서, 타이밍 등 조건을 다양하게 바꾸어 가며 실험할 수 있습니다. 이것을 **시뮬레이션**(simulation)이라고 합니다.

디지털로 진행하므로 많은 시뮬레이션을 단시간에 반복해서 최적의 답을 찾아낼 수 있습니다. 이 최적의 답을 활용해서 기계를 제어하고 현장에 지시를 내리면, 현실 세계인 공장에서는 항상 최적의 상태를 유지할 수 있습니다. 이 사이클을 반복하면, 공장은 항상 '짧은 납기', '높은 품질', '낮은 비용'을 유지할 수 있습니다. 디지털 세계와 현실 세계가 하나가 되어 실시간으로 계속 개선해 나가는 것입니다.

이런 시스템을 **가상 물리 시스템**(Cyber Physical System, CPS)이라고 하며, 여기서 언급한 제조업뿐만 아니라 유통업, 건설업, 교통 기관 등 다양한 분야에 적용할 수 있습니다. IoT는 그 가상 물리 시스템을 구성하는 거대한 장치라고 할 수 있습니다.

"물리적 현실 세계를 '디지털'로 전환해서 새로운 가치를 만들어 내고, 다시 물리적 현실 세계를 변화시킨다."

디지털은 그런 가치를 우리에게 가져다줍니다.

사회나 비즈니스를 변화시키는 디지털 전환

우리의 물리적인 일상이나 사회는 이미 디지털과 한 몸이 되어 작용하고 있습니다. 이를 다시 정리하면 다음과 같습니다.

- 물리적인 현실 세계의 사물이나 사건을 IoT 등 디지털 접점을 하여 디지털 세계로 옮겨서 컴퓨터로 다룰 수 있게 합니다.

- 만들어진 방대한 디지털 데이터(빅데이터)를 해석하여 '다음에는 어떤 상품이 팔릴까?', '누구에게 이 상품을 추천해야 팔릴 확률이 높은가?', '업무 효율을 높이려면 어떻게 해야 좋은가?', '사고를 일으킬 전조는 없는가?' 등을 찾아냅니다. 그 역할을 하는 것이 인공지능(Artificial Intelligence, AI) 기술의 하나인 **머신 러닝**(machine learning)입니다.

- 머신 러닝으로 얻은 해답(최적의 답)으로 '기기를 제어한다', '현장에 지시를 내린다', '상품을 추천한다' 등을 실행하고, 물리적인 현실 세계를 최적화해서 비즈니스에 속도를 더하고 편리성을 높입니다.

이 사이클, 즉 가상 물리 시스템(CPS)은 우리 사회와 비즈니스의 기반이 되고 있습니다. 가상 물리 시스템은 현실 세계와 디지털의 경계선을 모호하게 하여 이 둘을 하나의 시스템으로 돌아가게 합니다. 우리는 현실 세계와 디지털을 구별하지 않고 쇼핑을 하고 서비스를 받을 수 있습니다. 원할 때 필요한 '물건'이나 '서비스'를 편리한 방법으로 손에 넣을 수 있는 자유가 생긴 것입니다.

가상 물리 시스템으로 사회와 비즈니스는 더 나은 방향으로 변합니다. 이것이 **디지털 전환**(Digital Transformation, DX)입니다. 이 시스템과 가치를 이해하고 비즈니스에 잘 적용하는 것 또는 스스로 디지털 전환을 실현해 가는 것은 기업이 성장하고 생존할 수 있는 조건이 될 것입니다.

디지털 전환은 IT 역할과 관계 방식을 크게 바꾼다

이 변화 속에서 IT 역할도 크게 바뀝니다. 지금까지 IT는 업무 효율 향상이나 짧은 납기, 낮은 비용 등을 실현하는 수단이었습니다. 이런 역할이 없어지지는 않았지만, 지금 IT는 '사업을 차별화하는 무기'이자 '새로운 경쟁력의 원천' 이상으로 주목받고 있습니다.

디지털 전환은 디지털을 이용하는 비즈니스를 재정의한 것이며, 수익을 올리는 방법이나 작업 방식, 사업 목적 개혁을 수반합니다. 즉, 디지털 전환이란 IT로 기업 문화나 체질을 크게 바꾸는 일입니다. 그렇게 되면 IT는 업무 생산성을 향상시키는 도구일 뿐만 아니라 경쟁력을 창출하는 핵심 역량, 즉 '경쟁사를 압도적으로 능가하는 수준의 능력'이나 '경쟁사가 모방할 수 없는 비즈니스 속도'를 창출하는 원동력으로써 그 역할을 넓혀 갈 것입니다.

이렇게 중요한 IT를 타인에게 맡기는 것, 즉 SI(System Integration) 사업자나 IT 기업에 통째로 위임하는 것은 허용될 수 없습니다. 자사의 사업 자산으로 IT와 관련된 노하우나 스킬을 사내에 축적하고 배우고 익히는 것이 자연스럽습니다. IT는 자연스럽게 인소싱(insourcing)(내부 제작)을 지향합니다.

'생산성 향상을 위한 IT'가 가치를 잃지는 않을 것입니다. 단지 조금이라도 비용을 줄이고 좀 더 손쉽게 사용할 수 있는 방법을 선택하겠지요. 그렇게 되면 클라우드 서비스를 이용한다든가 자동화하는 등 수단을 구사할 것입니다.

한편 '새로운 가치를 창출하는 IT'는 부가 가치를 창출하는 비즈니스 로직인 애플리케이션을 빠르게 개발하거나 개선하여 비즈니스 현장에서 시간에 맞게 대응할 수 있어야 합니다. '생산성 향상을 위한 IT'와 '경쟁력의 원천인 IT'는 같은 IT라도 적용 방식이 크게 다릅니다.

새로운 기술 상당수는 이런 문맥 속에서 등장해서 빠르게 진화합니다. 이 흐름을 제대로 읽고, 스스로도 이에 맞추어 진화해 나갈 필요가 있습니다. 이 책에서는 디지털 전환과 디지털 전환을 지탱하는 IoT, 인공지능, IT 인프라, 클라우드나 지금 주목받는 새로운 기술을 폭넓게 설명합니다.

과거에서 현재, 그리고 미래로 향하는 IT 흐름을 읽어 낸다

역사를 되돌아보면 인류는 새로운 기술의 등장으로 몇 번이나 극적인 변화를 겪어 왔습니다.

18세기 후반 영국에서 일어난 산업 혁명은 증기 기관을 이용한 동력원을 발명하면서 생산력을 극적으로 향상시켰습니다.

20세기 초 동력원은 전력으로 대체되었고, 통계학을 이용한 과학적 관리 기법과 맞물려 생산력은 매우 향상되었습니다.

1950년대는 컴퓨터가 등장하면서 인력에 의지하던 업무 프로세스를 기계로 대체하려는 움직임이 시작됩니다. 기계를 이용하는 자동화 범위가 확대되었고, 생산성과 품질도 더욱 향상되었습니다.

1990년대는 인터넷이 보급되면서 사람들이 PC나 스마트폰, 웹, 앱을 이용하여 '사이버 공간'이라는 사회나 산업의 새로운 기반을 구축했습니다. 그리고 지금, 클라우드가 빠르게 성장하고 인공지능이 진화하면서 디지털 기술이 우리 일상에 넓게 침투하여 사회 구조나 비즈니스 형태를 크게 바꾸려고 합니다. 그런 현재 사회와 비즈니스 모습을 나타내는 말이 '디지털 전환'입니다.

앞서 말했던 'IT를 이해한다'는 것은 이런 흐름을 이해하는 것이며, 이를 도와주는 것이 책의 목적입니다.

따라서 이 책에서는 IT 트렌드를 '과거에서 현재, 미래로 이어지는 일련의 IT 이야기'로 이해하겠습니다. 거기에 자신의 비즈니스나 기술 키워드를 적용시켜 생각해 보면 앞으로 비즈니스에 어떻게 도움이 될지 아이디어가 떠오를 것입니다.

"그렇기는 하지만, 아직은 잘 모르겠다."

걱정하지 않아도 됩니다. 이 책을 읽으면서 "그렇구나!"가 계속해서 쌓일 것입니다. 책을 다 읽고 나서 다시 이 장을 읽어 보세요. 지금은 보이지 않는 IT의 미래와 큰 가능성, 여러분이 해야 할 역할이 보일 것입니다.

1^장

디지털 전환

디지털을 이용하여 변화에 민감하게 대응할 수 있는 기업 문화나 체질을 만든다.

가상 물리 시스템과 디지털 전환

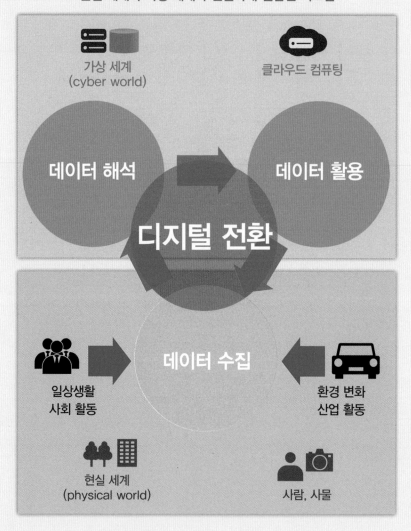

가상 물리 시스템
현실 세계와 가상 세계가 긴밀하게 결합된 시스템

가상 세계
(cyber world)

클라우드 컴퓨팅

데이터 해석

데이터 활용

디지털 전환

일상생활
사회 활동

데이터 수집

환경 변화
산업 활동

현실 세계
(physical world)

사람, 사물

현실 세계의 다양한 사물이나 사건은 물건에 내장된 센서나 모바일, 소셜 미디어 등 현실 세계와 인터넷 접점으로 실시간 디지털 데이터로 변환되어 클라우드로 보내집니다. 인터넷에 연결된 사물에는 복수 센서가 내장되어 있으며, 우리는 방대한 센서에 에워싸인 세계에서 살고 있습니다. 이렇게 현실 세계의 디지털 카피를 의미하는 '디지털 트윈(쌍둥이)'이 만들어집니다.

디지털 트윈은 방대한 데이터를 가진 빅데이터인데, 단순히 데이터를 모으는 것은 의미가 없습니다. 데이터에서 '누가 무엇에 흥미를 갖는가?', '누가 누구와 연결되는가?', '정체를 해소하려면 어떻게 해야 하는가?', '제품 품질을 높이려면 어떻게 해야 하는가?' 등을 찾아내야 합니다. 그러려면 AI 기술의 하나인 머신 러닝으로 데이터를 분석하고, 비즈니스를 최적으로 운영할 수 있게 예측하고 판단합니다. 그 결과에 따라 애플리케이션이나 서비스를 가동해서 기기를 제어하고 정보나 지시를 보내면, 현실 세계가 변화하고 디지털 데이터로 변환되어 다시 인터넷으로 보냅니다.

이처럼 현실 세계를 데이터로 파악해서 현실 세계와 IT가 일체가 되어 사회나 비즈니스를 움직이는 시스템을 **가상 물리 시스템**(Cyber Physical System, CPS)이라고 합니다.

인터넷으로 연결되는 사물 개수는 날마다 증가하고, 웹 서비스나 소셜 미디어도 그 종류나 사용자 수를 빠르게 늘리고 있습니다. 따라서 현실 세계와 인터넷 세계를 연결하는 디지털 접점은 계속 증가합니다. 데이터양은 증가하고 더욱 세밀한 디지털 트윈이 구축되어 갑니다. 그러면 한층 더 정확한 예측과 판단을 할 수 있습니다. 이런 작용 덕분에 사회와 비즈니스는 항상 최적의 상태로 유지됩니다.

디지털 전환은 이런 가상 물리 시스템을 기반으로 구현되는 비즈니스와 사회의 변환이라고 할 수 있습니다.

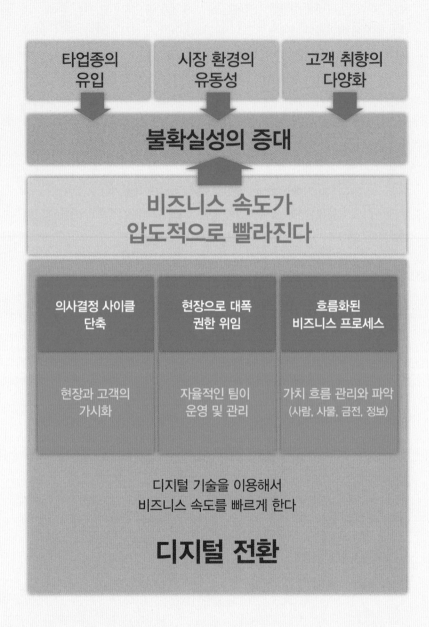

"IT 침투가 인간 생활의 모든 면을 더욱 좋은 방향으로 변화시키는 것"

디지털 전환(Digital Transformation, DX)은 2004년 스웨덴 우메오대학의 에릭 스톨터만(Erik Stolterman) 교수 등이 제창한 개념입니다. "정보 기술과 현실이 점차 융합되고 연결되는 변화가 일어난다."라고도 말했습니다. 이런 생각을 바탕으로 비즈니스에서는 '디지털 기술을 이용하여 기업 문화와 체질을 변환하고, 비즈니스 방식 및 조직의 행동을 변화시키는 것'이라는 의미로 사용합니다.

불확실성이 높아지는 시대에 기업이 사업을 지속하려면 압도적인 비즈니스 속도를 갖추어야 합니다. 급변하는 고객 요구 변화, 업계에 갑작스럽게 나타나는 도전자에게 대처하려면 그때의 최선을 판단하고 신속하게 의사 결정을 해서 행동으로 옮겨야 합니다.

비즈니스 기회는 오래 머물지 않습니다. 눈부시게 변화하는 시대에 타이밍을 놓치지 않으려면 압도적인 속도가 필요합니다. 고객 수요도 계속 달라집니다. 변화하는 고객 기호나 요구에 대응하는 속도가 기업 가치를 좌우합니다. 경쟁도 다시 교대로 찾아옵니다. 결단과 행동이 늦어지면 치명적인 결과를 초래할 수 있습니다.

따라서 IoT나 인터넷을 이용해서 현장을 '시각화'하고 데이터를 근거로 빠르고 정확하게 판단하여 사업 활동을 동적으로 계속 변화시킬 수 있는 기업 문화로 바꾸지 않으면 안 됩니다.

단지 IT만 이용한다고 되는 것이 아니라, 의사 결정 방식을 재검토하고 현장에 대폭적으로 권한을 위임해서 조직 역할이나 권한을 바꾸는 것, 장소나 시간에 묶인 근무 방식에서 벗어나 일하는 사람의 능력을 최대한으로 발휘할 수 있게 하는 것도 필요합니다. 또 비즈니스 프로세스 하나를 효율화하거나 최적화하는 것이 아니라, 프로세스를 서로 꾸준히 연계시켜서 비즈니스 프로세스 전체를 물 흐르듯이 진행하는 것이 필요합니다.

이런 구조는 아날로그적인 현실 세계에 의지하는 비즈니스 프로세스로는 실현할 수 없습니다. 디지털 기술을 이용하여 '변화에 민첩하게 대응할 수 있는 기업 문화와 체질로 변환하는 것'이 필요합니다. 디지털 전환이란 이런 비즈니스 본연의 자세를 실현하는 것입니다.

디지털 전환이 목표로 하는 '변화에 민첩하게 대응할 수 있는 기업 문화나 체질'을 만들면 다음 일을 할 수 있습니다.

더 나아가 이 일련의 대처를 당연하게 여기고 행동하는 습관을 조직에 뿌리내려야 합니다.

- **빠른 시각화**: IoT 및 비즈니스 프로세스의 디지털화로 다양한 접점에서 풍부하게 데이터를 수집하는 시스템을 비즈니스 기반으로 합니다.
- **빠른 판단**: 거기서 얻은 데이터를 분석하고 해석하여 고객 관계, 비즈니스 관련 과제나 테마를 찾아냅니다.
- **빠른 행동**: 찾아낸 과제나 테마에서 사용자 접점인 UI(User Interface)나 이해하기 쉽고 기분 좋은 경험을 만드는 UX(User Experience), 수익 원천인 제품이나 서비스, 비즈니스를 구동하는 비즈니스 프로세스를 빠르고 지속적으로 개선합니다.

이때 중요한 것이 조직의 '심리적 안전성'입니다. 심리적 안전성이란 대인 관계에서 위험한 행동을 해도 이 팀에서는 안전하다는 공유된 신념을 의미합니다. 단순한 친목 모임이 아니라, 자기 자신의 확고한 주장이나 의견에 따라 서로 부딪칠 수 있는 전문가끼리 높은 신뢰 관계가 전제입니다. 그리고 서로 상대방의 다양성을 인정하고 경의를 표하며 신뢰를 나눌 수 있는 관계를 의미합니다.

조직에 소속된 모든 구성원이 이런 '심리적 안전성'에 힘입어 자율적으로 업무에 몰두하게 되고, 또 다양한 생각이 허용되기에 압도적인 **비즈니스 속도**와 **혁신**(innovation)이 생겨납니다.

그런 조직에서 일하는 사람들은 더 부가 가치가 높은 일에 시간과 의식을 전환하는 '근로 방식 개혁'을 자율적이고 자발적으로 이루어 냅니다. 실패를 해도 시행과 착오를 반복하는 것이 가능한 분위기이므로 '신규 사업'을 계속 창출합니다. 또 비즈니스 최전선에 있는 사람들이 환경 변화를 민감하게 감지하여 주체적으로 비즈니스 모델을 전환하려고 힘쓰게 됩니다.

따라서 디지털 전환이란 '빠르게 지속적으로 변화할 수 있는 비즈니스 기반'을 만들어 내는 일이며, 기업 문화와 체질을 변환하는 일입니다.

디지털 전환에 이르는 세 단계

우리 인간의 삶에 어떤 영향을 주고
계속 진화하는 기술이며, 그 결과
사람들의 삶을
더 나은 방향으로 변화시킨다

생산성 향상
비용 삭감
납기 단축

1단계

**IT를 이용한
업무 프로세스 강화**

지원

인간이 진행하는 업무 프로세스 　　 정보 시스템

2단계

**IT를 이용한
업무 치환**

지원

인간의 업무 프로세스
+
기계의 자동화 　　 정보 시스템

3단계

**업무가 IT로, IT가 업무로
매끄럽게 변환되는 상태**

업무와 IT가 적재적소에서 매끄럽게 연계

속도 증가
가치 기준 전환
새로운 비즈니스 창출

디지털 전환의 제창자인 스톨터만 교수는 디지털 전환에 이르는 과정을 다음 세 단계로 구분했습니다.

1단계: IT를 이용한 업무 프로세스 강화

업무 프로세스를 표준화하고 매뉴얼로 만들어 현장에 그대로 적용해서 업무 효율이나 품질을 높여 왔습니다. 그다음 이 프로세스를 정보 시스템으로 대체하여 현장에서 일하는 직원이 사용하게 함으로써 업무 효율이나 품질을 한층 더 높일 수 있었습니다. 바꾸어 말하면, 종이 전표를 전달하거나 말로 하던 업무 흐름을 정보 시스템으로 바꾸는 단계입니다. 많은 기업이 이미 이 단계에 이르렀습니다.

2단계: IT를 이용한 업무 치환

1단계 업무 프로세스를 따르면서도 IT로 자동화하는 것이 이 단계입니다. 이것으로 인간이 일하는 데 따른 노동 시간과 안전 관리, 인적 실수 등 제약을 줄이고 효율과 품질을 더욱 높일 수 있습니다. RPA(Robotic Process Automation)(로봇 처리 자동화)도 이 단계에 속합니다.

3단계: 업무가 IT로, IT가 업무로 매끄럽게 변환되는 상태

IoT나 모바일, 웹에서 만들어진 '디지털 트윈'을 머신 러닝으로 분석하여 그때그때 최적의 답을 찾아내고, 업무 현장을 실시간으로 최적화해서 비즈니스 목표 달성에 매진합니다. 그런 IT와 업무 현장이 일체가 되어 개선 활동을 빠르게 반복하면서 항상 최적의 상태를 유지하고, 업무를 수행하는 것이 이 단계입니다.

디지털 전환이란 이 세 단계를 의미합니다.

디지털 전환이 만들어 내는 두 가지 가치

변화에 빠르게 대처할 수 있는 기업 문화 실현을 목적으로

디지털 기술을 이용하여 비즈니스 프로세스,
조직, 제품이나 서비스,
일하는 방식을 변환하는 것

변화에 대한 대응력

정적 관리 모델이 아니라
변화에 빠르게
대응할 수 있는
동적 관리 모델로
전환한다.

디지털 전환

파괴적 경쟁력

새로운 가치 기준
(가격, 납기, 편의성 등)을
제공하여 압도적이고
파괴적인 경쟁력을
갖춘다.

☑ **비즈니스 프로세스를** 아날로그에서 **디지털로 전환**한다

☑ 모든 조직을 **IT 서비스 공급자로 변화**시킨다

☑ **데이터를 수집, 분석, 활용할 수 있는 기반**을
비즈니스 프로세스에 편입시킨다

고객이나 점포, 영업이나 공장 등 비즈니스 현장은 매우 빠르게 움직입니다. 그 변화를 데이터로 파악하여 현장에서 '지금' 필요한 최적의 서비스를 즉석에서 제공할 수 있다면 비즈니스 성과로 연결될 것입니다.

그러려면 데이터를 활용해서 실시간으로 비즈니스를 최적화하는 능력이 필요합니다. 앞 절에서 소개한 '세 단계'는 이 능력을 구현한 단계라고 할 수 있습니다. 이 능력이 있으면 비즈니스 현장 변화에 즉시 대응하여 동적으로 서비스 내용을 변화시키고, 현장에서 들어오는 요구에 바로 필요한 서비스를 제공할 수 있습니다. 이제 이런 능력 없이 기업은 살아남을 수도 없고, 성장할 수도 없습니다.

디지털 전환을 실현하면 기업은 두 가지 가치를 손에 넣을 수 있습니다.

- 빠르게 변화하는 비즈니스 환경에 대응하고자 제품이나 서비스를 시간에 맞게 현장에 제공할 수 있는 '대응력'
- 압도적인 경쟁 우위를 차지하고자 생산성, 가격, 기간 등 지금까지 상식과 가치 기준을 뒤엎는 '파괴력'

즉시 반응할 수 있는 '대응력'을 손에 넣으려면 비즈니스와 관련된 데이터를 실시간으로 파악하고 시각화하여 신속하게 의사 결정을 할 수 있어야 합니다. 필요하다면 즉시 업무 프로세스를 구축하고 있는 정보 시스템을 수정하거나 기기를 제어하여 자동화 범위를 넓혀서 대처해야 합니다. 이렇게 해야 비즈니스 최전선에 필요한 서비스를 제시간에 제공할 수 있는 '대응력'을 가질 수 있습니다.

'파괴력'을 손에 넣으려면 비즈니스 가치 기준을 극적으로 전환할 필요가 있습니다. '가치 기준을 전환한다'는 의미는 기존 상식을 새로운 상식으로 덧씌워 사람들 마음에 심어 주는 것입니다. 예를 들어 지금까지 1만 원에 팔던 상품이나 서비스를 1000원에 제공하거나 보통 일주일이 걸리던 납기를 다음 날로 해 버리는 식입니다. 새로운 상식을 정착시키면 그렇게 할 수 없는 기업은 시장에서 도태되어 버립니다. 이렇게 해서 지금까지 상식을 뒤엎는 파괴적(disruptive)인 경쟁력을 얻게 됩니다.

아마존: 디지털 전환에 가장 가까운 기업

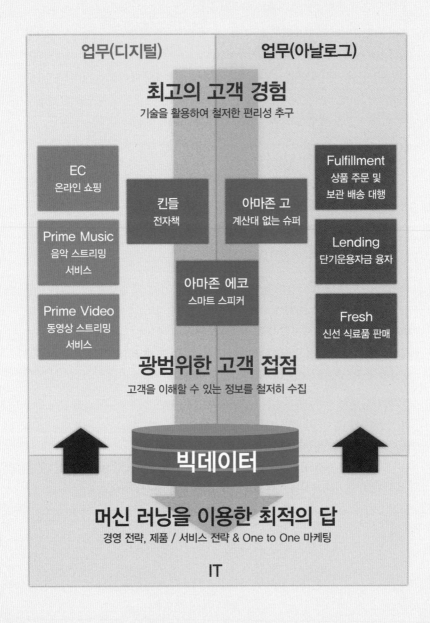

업무(디지털) | 업무(아날로그)

최고의 고객 경험
기술을 활용하여 철저한 편리성 추구

EC
온라인 쇼핑

Prime Music
음악 스트리밍
서비스

Prime Video
동영상 스트리밍
서비스

킨들
전자책

아마존 에코
스마트 스피커

아마존 고
계산대 없는 슈퍼

Fulfillment
상품 주문 및
보관 배송 대행

Lending
단기운용자금 융자

Fresh
신선 식료품 판매

광범위한 고객 접점
고객을 이해할 수 있는 정보를 철저히 수집

빅데이터

머신 러닝을 이용한 최적의 답
경영 전략, 제품 / 서비스 전략 & One to One 마케팅

IT

'대응력'과 '파괴력' 양쪽 모두를 겸비한 기업은 많지 않지만, 거기에 가장 가까운 기업이 바로 **아마존**(Amazon)입니다.

아마존은 '최고의 고객 경험'을 기업 이념으로 내걸고 있습니다. 예를 들어 상품 페이지에 '1-Click'이라고 바로 살 수 있는 버튼(원클릭 버튼)이 있습니다. 이 버튼을 클릭하면 주소나 신용 카드 번호를 입력하지 않고도 즉석에서 주문이 성립합니다. 게다가 프라임 회원이면 배송료가 들지 않습니다. 이런 편리함에 익숙해져 무심코 쓸데없는 것까지 사 버린 사람도 있을 것입니다. 이런 이유로 같은 물건이라도 이왕이면 아마존을 이용하는 사람도 많을 것입니다. 이 시스템은 아마존이 특허권을 가지고 있어 다른 업체는 같은 시스템을 설치할 수 없습니다. 또 아마존은 회원이 주문한 이력을 머신 러닝으로 분석하여 다음에는 무엇을 살지 예측하고, 배송지 근처 창고에 상품을 미리 가져다 놓아서 타사가 흉내 낼 수 없는 빠른 배송을 실현하고 있습니다.

이외에도 '최고의 고객 경험'을 실현하는 또 다른 예로 아마존 에코(Amazon Echo)라는 마이크가 장착된 스마트 스피커가 있습니다. 키보드로 입력하거나 스마트폰으로 화면을 조작하지 않고 스피커에 말만 해도 다양한 서비스를 이용할 수 있습니다. 물론 상품도 주문할 수 있습니다.

또 킨들(Kindle)이라는 조금 큰 스마트폰 정도의 디바이스를 사용하면, 무거운 종이책을 들고 다니지 않아도 어디서나 바로 읽고 싶은 책을 구해서 읽을 수 있습니다. 아마존 프라임 뮤직, 아마존 프라임 비디오를 이용하면 원하는 음악이나 영화를 스마트폰이나 PC로 언제 어디서나 편하게 즐길 수 있습니다.

아마존은 인터넷 서비스뿐만 아니라 오프라인 시장에도 진출했습니다. 2017년 시애틀에 계산대가 없는 슈퍼인 아마존 고(Amazon Go)를 연 것이 그런 시도 중 하나입니다. 이곳에서는 상품을 손에 들고 가방이나 주머니에 넣고 나가면 결제가 완료됩니다. 결제하려고 계산대에서 복잡하게 줄을 설 필요가 없습니다. 너무나 간단해서 '가게를 나올 때 몰래 가져가는 것 같아 꺼림칙한 생각이 든다'고 느끼는 사람도 있습니다. 아마존은 2021년까지 미국 전역에 점포를 3000개 열 계획입니다.

또 2017년 8월 아마존은 미국 전역에 대략 점포가 400개 정도 있는 Whole Foods Market을 인수했습니다. 유기농 식품이나 Non-GMO(비유전자 변형), 글루텐 프리 식품 등을 취급하는 종합 식품점입니다. 아마존은 이 점포를 이용해서 신선 식품을 포함한 식품 판매의 판로를 현실 세계로 확대시킴과 동시에 신선 식품을 온라인으로 판매할 수 있는 유통 거점으로 활용할 계획입니다.

거기서 더 나아가 뭔가를 판매하고 싶은 기업이 아마존 창고로 상품을 보내면 이후 재고 관리, 판매, 결제, 배송 같은 모든 업무를 대행해 주는 Amazon Fulfillment라는 서비스도 있습니다. 아마존은 상품을 판매하는 기업에도 '최고의 고객 경험'을 제공하여 생산자조차 고객으로 받아들입니다. 이렇게 아마존은 기존 창고업이나 운송업 상식을 파괴하는 경쟁력을 만들어 내고 있습니다.

이외에도 아마존은 '최고의 고객 경험'을 실현할 수 있도록 디지털 기술을 이용하여 압도적으로 편리한 시스템을 구축해서 타사가 흉내 낼 수 없는 새로운 가치 기준을 계속 만들어 냅니다. 그래서 고객들은 아마존의 다양한 서비스를 계속해서 이용할 수밖에 없는 것입니다.

이처럼 인터넷에서도, 현실에서도 고객과 접점을 넓혀 가면 각 고객별 방대한 행동 데이터가 축적됩니다. 머신 러닝으로 분석해서 데이터를 토대로 상품 구성을 최적화합니다. 적절한 타이밍에 필요한 상품을 추천하고, 주문이 들어오면 당일에 배송합니다. 이런 시스템을 지탱하고자 자동화된 창고 300개와 항공기 40대, 트럭을 수천 대 소유하고 있습니다.

아마존은 '최고의 고객 경험'을 추구하는 서비스를 확충하여 고객과 접점을 넓혀가며 다양하고 방대한 고객의 행동 데이터를 수집합니다. 그리고 데이터를 활용하여 '최고의 고객 경험'을 더욱 세밀하게 다듬고 있습니다.

확실히 아마존은 '업무가 IT로, IT가 업무로 끊임없이 변환되는 상태', 즉 디지털 전환의 세 단계를 실현해서 압도적인 '대응력'과 '파괴력'을 얻었습니다.

경쟁 환경의 변화와 디지털 전환

미국 컬럼비아대학 비즈니스 스쿨 교수, 리타 맥그래스(Rita McGrath)는 〈경쟁우위의 종말〉(경문사, 2014)에서 비즈니스의 기본적인 두 가지 가정이 크게 바뀌었다고 했습니다.

하나는 '업계라고 하는 틀이 존재한다'는 것입니다. 업계는 변화가 적은 경쟁 요인에 지배되며, 업계 동향을 지켜보고 적절한 전략을 구축할 수 있다면 장기적으로 안정된 비즈니스 모델을 그릴 수 있다는 것이 상식이었습니다. 업계를 둘러싼 시장은 어느 정도 예측 가능하며, 예측을 토대로 5년간 계획을 세우면 비록 수정하더라도 계획대로 실행할 수 있다고 생각했습니다.

또 하나는 '일단 확립된 경쟁 우위는 지속된다'는 것입니다. 한 업계에서 확고한 위치를 구축하면 실적이 유지됩니다. 그 경쟁 우위성을 중심에 두고 직원을 키워 조직에 배치하면 충분했습니다. 하나의 우위성이 지속되는 세계는 그 틀 안에서 효율을 높이고 비용을 절감하면서 기존 우위성을 유지할 수 있는 인재들이 승진합니다. 이런 관점에서 인재를 배분하는 사업 구조는 좋은 실적을 가져왔습니다. 또 이런 우위성을 중심에 두고 조직과 업무 프로세스를 항상 최적화하면 사업 성장과 지속을 보장받았습니다.

하지만 이제 이 두 가지 기본 가정은 성립되지 않습니다. 업계를 초월한 타업종 기업들이 업계의 기존 경쟁 원리를 파괴하고 있습니다. 예를 들어 우버(Uber)는 택시 업계를, 에어비앤비(Airbnb)는 호텔 및 숙박 업계를, 넷플릭스 및 스포티파이는 기존 임대 비디오 업계와 엔터테인먼트 산업을 계속해서 파괴합니다. 순식간에 일어난 일입니다.

"시장 변화에 맞추어 전략을 계속 수정한다."

그렇지 않으면 기업이 가진 경쟁 우위가 순식간에 사라질 수 있는 시장 특성을 **하이퍼컴피티션**(hypercompetition)(초경쟁)으로 소개하고 있습니다. 지금 비즈니스는 이런 상황에 처해 있습니다.

디지털 전환은 이런 비즈니스 환경 변화에 대처하려면 어떻게 변화해야 하는지 보여 줍니다.

아마존에서 읽어 낸 디지털 전환의 본질

전술적 시책(단기)

- 매력적이고 편리한 고객 경험 제공
- 구매하고 싶어지는 상품 및 서비스 확충
- 개개인의 취미 기호나 구매 동향을 바탕으로 추천

서비스를 이용한다 → 데이터를 수집한다 → 머신 러닝으로 분석한다

전략적 시책(장기)

- 고객 기대에 부응하는 사업 시책
- 서비스의 질과 효율을 높이는 구조 만들기
- 새로운 시장이나 고객을 개척할 수 있는 대책

아마존 전략을 다시 정리하면 다음과 같습니다.

- '최고의 고객 경험'을 제공하여 많은 고객이 서비스를 이용하게 합니다.
- 대량의 고객 행동 데이터를 모읍니다.
- 수집된 데이터를 머신 러닝으로 분석하여 상품 추천이나 상품 준비 등 고객 경험을 향상시키는 고객 관계 최적화를 단기 전술로 시행하고, 사업 시책이나 마케팅 등 장기 전략 최적화에 활용합니다.

즉, 고객 행동 데이터에 중심을 두고 '전술적 단기 시책'과 '전략적 장기 시책'의 최적화를 빠르게 반복하는 사업 기반을 구축합니다.

일단 이런 기반이 마련되면 다양한 사업에 수평적으로 적용하는 것도 용이합니다. 그 결과 지금까지 방식을 바꿀 수 없는 기존 산업은 아마존의 압도적인 '대응력'과 '파괴력' 앞에 힘든 싸움을 강요 당합니다. 이 절대적인 영향력을 **아마존 효과**(Amazon Effect)라고 하며 두려워하고 있습니다.

아마존 사례에서 알 수 있듯이, 디지털 전환을 실현한다는 것은 '비즈니스 환경 변화에 즉시 대응하고자 데이터를 최대한 활용해서 전술적 단기 시책과 전략적 장기 시책의 최적화를 지속적으로 수행할 수 있는 사업 기반을 구축하는 것'이라고도 할 수 있습니다. 인공지능이나 IoT 등 새로운 디지털 기술을 사용하고 있지만, 그것은 어디까지나 수단일 뿐 그 근간을 이루는 '사업 기반'이야말로 빠른 '대응력'과 '파괴력'을 낳는 원천입니다. 이 사업 기반을 만들고 지속적으로 활동하는 것이 디지털 전환의 본질입니다.

불확실성이 증가하는 시대에 기업이 살아남으려면 스스로 비즈니스 속도를 높여 변화에 대응하고, 비즈니스 현장에 필요한 서비스를 제시간에 제공할 수 있는 능력을 갖추어야 합니다. 그러므로 디지털 전환은 반드시 실현되어야 하고 앞으로 기업이 가져야 하는 '본연의 모습'이라고 할 수 있습니다.

디지털 전환과 OMO

OMO(Online Merges with Offline)

**물리적인 세계와 디지털을 구별하지 않고
하나의 시스템으로 움직인다**

**데이터를 활용해서
UI/UX 및 제품 개선을 빠르게 반복한다**

아마존은 전자상거래 사이트나 킨들 같은 디지털 접점뿐만 아니라 아마존 고나 Whole Foods Market 등 물리적 접점도 갖추고 이 둘을 일체화된 서비스로 제공합니다.

아마존 기업 이념에 비추어 보면, 이런 서비스 형태는 각각의 서비스 편리성을 추구하며 하나의 아마존 ID로 디지털과 물리적인 세계 구분 없이 고객에게 선택 자유를 주므로, '최고의 고객 경험'을 실현하는 일관성 있는 시나리오입니다.

아마존보다 디지털과 물리적인 세계 일체화를 추구하는 곳은 중국의 알리바바(Alibaba)가 운영하는 슈퍼마켓 '허마(HEMA)'입니다. 허마는 매장에서 3km 이내라면 주문 후 30분 안에 상품을 배송합니다. 현장에서도, 온라인에서도 살 수 있기 때문에 퇴근길에 매장에 들러 구매할 상품을 확인한 후 집에 가서 온라인으로 주문하면 무거운 짐을 들지 않고도 바로 받아 볼 수 있습니다. 신선 식품의 신선도를 확인한 후 사고 싶은 고객들이 애용한다고 합니다.

이런 편리성이 좋은 평가를 받아 허마는 중국 전역으로 점포를 늘려 가고 있습니다. 확실히 고객의 쇼핑 자유를 철저하게 추구했기에 가능한 시스템입니다.

그들은 이렇게 얻은 고객의 실시간 행동 데이터를 이용해서 고객 만족도를 한층 더 높이고자 고객 경험(UX)이나 유저 인터페이스(UI), 다양한 상품이나 서비스 등 제품 개선을 단기간에 빠르게 반복하고 있습니다.

아마존이나 허마의 대응에서 보이는 것은 디지털과 물리적인 세계의 경계선을 모호하게 만들어 양자의 차이를 의식하지 않고 고객이 자유롭게 최적의 수단을 선택할 수 있게 함으로써 고객 만족을 얻으려고 한다는 것입니다. 언제 어디서나 인터넷으로 연결되는 세상에서는 디지털이 물리적인 세계를 손안에 넣는 형태로 비즈니스 프로세스를 구축하는 편이 현실적입니다.

이런 사고방식을 **OMO**(Online Merges with Offline)라고 합니다. 이는 디지털 전환이 가져야 할 본연의 모습이며, '3단계' 그 자체이기도 합니다. 디지털 전환의 실현을 고려한다면, 디지털과 현실 세계를 별개로 보지 않고 이처럼 하나의 시스템으로 생각할 필요가 있습니다.

디지털 전환을 지탱하는 기술

비즈니스 환경에
대응

불확실성 증대
속도 가속

제품이나 서비스를
제시간에 제공할 수 있는
대응력

디지털
전환

경쟁 우위
확립

상식이나 가치
기준 전환

생산성, 가격, 기간에서
지금까지 상식을 뒤엎는
파괴력

머신 러닝
×
데이터 과학

데이터

IoT

디지털 전환 플랫폼

클라우드 컴퓨팅

에지 컴퓨팅[1]

5G(5세대 이동 통신 시스템)

애자일 개발 × 데브옵스

---

1 역주 에지 컴퓨팅은 응답 시간을 개선하고 대역폭을 절약하는 데 필요한 곳에 연산과 데이터 저장 장치를 도입하는 분산 컴퓨팅 패러다임의 하나입니다.

2 역주 신속한 반복 작업으로 실제 작동 가능한 소프트웨어를 개발해서 지속적으로 제공하는 소프트웨어 개발 방식입니다.

현장 사실을 파악하는 시스템은 IoT입니다. 바꾸어 말하면, 사물에 내장된 센서로 '사물' 그 자체나 사물 주변에서 일어나는 '사건'을 디지털 데이터로 획득하는 시스템입니다. 웹이나 모바일 같은 디지털 시스템도 현실 세계의 사물이나 사건을 데이터로 수집합니다.

수집된 데이터로 디지털 트윈이 만들어지고, 머신 러닝으로 분석해서 과제를 해결하는 최적의 답(최적해)을 찾아냅니다. 그러려면 무엇을 해결할 것인지 명확히 한 후 데이터에서 무엇을 찾아내야 할지, 어떻게 활용할지 판별해야 합니다. 이때 최적의 머신 러닝 알고리즘을 선택하고 적용하는 데이터 과학 스킬이 필요합니다. 또 그 성과를 활용해서 기계를 제어하고 현장을 지휘하고 정보를 제공합니다. 이것으로 현장이 변화하고, 변화된 현장을 다시 디지털 데이터로 포착합니다. 이 일련의 사이클이 가상 물리 시스템(CPS)입니다.

이런 시스템이 제대로 작동하려면 다양한 애플리케이션 시스템을 개발해야 합니다. 나아가 현장 수요의 변화에 따라 즉각적으로 시스템을 개발하거나 개선해야 합니다.

처음부터 전부 만드는 것은 현실적으로 어렵기 때문에 구현하는 데 필요한 기능이 갖추어진 플랫폼을 활용합니다. 플랫폼에는 최신 기술이 탑재된 애플리케이션을 개발하는 데 필요한 여러 기능이나 다른 애플리케이션의 연계에 필요한 인터페이스가 준비되어 있습니다.

다양한 애플리케이션이 클라우드 컴퓨팅에서 실행되고 데이터도 보관됩니다. 한편 지연을 줄이거나 네트워크로 보내기 위험한 인증이 필요한 애플리케이션 등은 사물에 내장된 컴퓨터나 주변에 있는 서버에서 처리합니다. 이런 구조를 에지 컴퓨팅(edge computing)이라고 합니다.

이 둘을 연결하고자 저지연, 고속, 방대한 단말기 접속을 실현한 5G(5세대 이동통신 시스템)가 주목을 받고 있습니다. 애자일 개발과 데브옵스도 변화에 즉시 대응하고 임기응변으로 현장 요구에 대처하는 데 필요합니다.

디지털 전환을 실현하는 네 가지 방법과 사고방식

변화에 민첩하게 대응할 수 있는
기업 문화와 체질을 만드는 것

디자인 싱킹

디자이너처럼 창의적 시각으로
최적의 해결책을 찾아낸다.

혁신 출현

데브옵스
(DevOps)

안정적인 가동을
유지하면서 개발된
시스템을 즉시
운영 환경으로 이행한다.

혁신과
비즈니스 속도
융합

린 스타트업

최소한의 기능으로
좁혀서 단기간에
개발하고 피드백을 받아
성공 확률을 높인다.

시간에 맞게 제공

애자일 개발

비즈니스 성과에 공헌하는
시스템을 버그 없이 변경할 때도
유연하게 개발한다.

디자인 싱킹(design thinking)은 디자이너처럼 창의적인 시점에서 최적의 해결책을 찾아내는 방법입니다. 논리적으로 사건을 정리해서 문제를 해결하는 것과 달리 창의적으로 사고하여 문제를 해결하려는 것입니다. 디자인 싱킹을 실천하려면 항상 사용자 관점에서 '사용자가 정말 고민하는 것은 무엇인가?', '어떻게 해결해야 하는가?', '왜 필요한가?', '가치를 느끼는 포인트는 어디인가?' 등을 생각해야 합니다. 그리고 활발하고 개방적으로 커뮤니케이션을 주고받아 많은 사람의 지혜를 끌어내고 아이디어를 완성해 갑니다. 아이디어가 완벽하길 요구하는 것이 아니라, 빠르게 프로토타입을 만들고 시행착오를 반복하며 최적의 해결책을 찾아냅니다.

린 스타트업(Lean Startup)은 신규 사업의 성공 확률을 높이는 방법론입니다. 신규 사업 아이디어가 잘 되도록 비용을 많이 들이지 않고 최소한의 기능만 담은 시험 작품을 만들어 고객에게 제공하고, 그 반응을 관찰 분석해서 개선합니다. 시장 가치가 없다고 판단되면 사업 철수도 고려합니다. 이를 단기간에 반복해서 신규 사업의 성공 확률을 높이자는 것입니다.

애자일 개발(Agile Software Development)은 비즈니스에 공헌하는 시스템을 버그 없이 개발하는 방법입니다. 사용할지도 모른다는 식의 추측을 섞은 사양을 확정하여 그대로 만드는 것이 아니라, 반드시 사용할 프로그램만으로 좁혀 기대되는 성과에 따라 우선순위를 정해 만들어 갑니다. 1주 또는 2주 정도의 짧은 주기로 사용자에게 보여 주고 피드백을 받아 완성도를 높이고 기능을 확장해 갑니다. 비즈니스 현장에서 충분하다고 판단하면 완성입니다.

데브옵스(DevOps, Development & Operation)는 개발된 시스템을 빠르게 배포하고 안정적으로 운영하는 개발 방법론입니다. 시스템이 완성되어도 빠르게 배포하지 않으면 현장에서 들어오는 요청에 바로 대응할 수 없습니다. 또 충분히 테스트하지 않은 시스템을 바로 배포하면 안정적으로 운영할 수 없습니다. 따라서 개발 부문과 운영 부문을 연계해서 이 둘의 갈등을 해소하고 개발된 시스템을 빠르게 배포하고 안정적으로 운영하려는 것입니다.

최적의 해결책을 찾는 디자인 싱킹

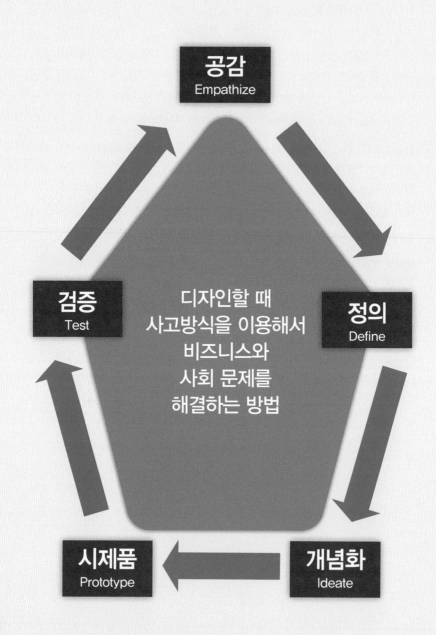

공감
Empathize

검증
Test

정의
Define

디자인할 때
사고방식을 이용해서
비즈니스와
사회 문제를
해결하는 방법

시제품
Prototype

개념화
Ideate

디자인 싱킹이란 디자이너가 디자인할 때 사고방식을 이용해서 비즈니스나 사회 문제를 해결하는 방법입니다.

디자인이란 사용자에게 좀 더 좋은 경험을 주고, 더욱 바람직한 상태로 바꾸어 가는 활동입니다. 우선 사용자를 깊이 있게 이해하고, 어떻게 하면 좋을지 가설을 세웁니다. 그리고 가설을 실현하는 형태나 외형, 순서 등을 만듭니다. 이런 사고방식을 전례가 없는 문제나 미지의 과제를 해결하는 데 적용하는 것이 디자인 싱킹입니다.

디자인 싱킹은 실제로 적용할 때 여러 가지 아이디어를 쏟아 내는 브레인스토밍, 시제품 제작, 사용자가 써 보고 확인하는 검증 등을 수반하기에 '실험적 사고방식'이라고도 합니다.

디자인 싱킹 방법론으로 여러 가지가 제안되었지만, 대표적으로 스탠포드대학 디자인 연구소(d.school)가 제안한 '디자인 싱킹 다섯 단계'를 소개하겠습니다.

- **1단계-공감**: 사용자에게 다가가 그 사람이 왜, 어떻게 행동하는가, 욕구는 무엇인가를 인터뷰나 관찰 등을 이용하여 이해하고 진정으로 원하는 것을 발견합니다.
- **2단계-문제 정의**: 사용자가 요구하는 것, 그것이 필요한 상황, 문제가 발생하는 요인을 분석해서 무엇을 실현해야 하는지 명확히 합니다.
- **3단계-개념화**: 브레인스토밍으로 '문제 정의'에서 명확히 정의한 일을 실현할 수 있는 아이디어를 최대한 많이 창출합니다.
- **4단계-시제품**: 몇 가지 아이디어를 시제품으로 만들어 실현 가능성을 확인합니다.
- **5단계-검증**: 시제품을 실제로 사용자가 써 보고 '문제 정의'된 사항을 실현할 수 있는지 검증합니다.

이 순서는 반드시 절대적인 것은 아니며, 때로는 동시에 혹은 왔다 갔다 하면서 최선의 방법을 찾아냅니다.

세계가 다양해지고 불확실성이 커지는 시대에 절대적인 정답을 찾아내기란 쉽지 않습니다. 그 때문에 다양한 아이디어를 서로 내고, 많은 사람이 만족할 수 있는 최적의 해결책을 찾아내는 수단으로 '디자인 싱킹'이 지금 주목받고 있습니다.

신규 사업의 성공 확률을 높이는
린 스타트업

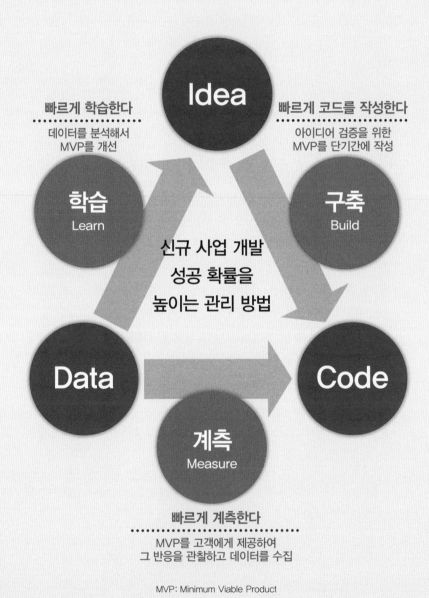

빠르게 학습한다
데이터를 분석해서
MVP를 개선

빠르게 코드를 작성한다
아이디어 검증을 위한
MVP를 단기간에 작성

Idea

학습
Learn

구축
Build

신규 사업 개발
성공 확률을
높이는 관리 방법

Data

Code

계측
Measure

빠르게 계측한다
MVP를 고객에게 제공하여
그 반응을 관찰하고 데이터를 수집

MVP: Minimum Viable Product

린 스타트업이란 기업가인 에릭 리스(Eric Ries)가 자신의 경험을 바탕으로 체계화한 스타트업 방법론입니다.

스타트업이란 '새로운 비즈니스 모델을 성공시켜 짧은 시간에 급격한 성장을 노리는 조직'으로, 이런 조직을 관리하는 방법을 이용해서 신규 사업 개발의 성공 확률을 높이려는 매니지먼트 방식입니다.

린(lean)은 '군살이 없고 탄탄하다'는 뜻으로, '낭비를 철저히 배제'한 도요타의 생산 방식의 근저에 있는 사상입니다. 도요타 생산 방식을 '새로운 비즈니스 모델 개발'에 활용해서 신규 사업을 실현하는 조직 운영이나 접근법으로 제시한 것이 린 스타트업입니다. 구체적인 순서는 다음과 같습니다.

- **구축**: 아이디어를 짜내 잘 동작하는지 확인하는 데 필수적이며 실제로 사용해서 확인할 수 있는 최소한의 기능을 가진 시제품, 즉 MVP(Minimum Viable Product)를 단기간에 만듭니다.
- **계측**: MVP를 고객에게 제공하여 반응을 관찰하고 데이터를 수집합니다.
- **학습**: 관찰 결과와 데이터를 분석하여 제품, 서비스가 시장에 받아들여질지 판단하고 결과에 따라 MVP를 개선합니다. 단 가설 자체가 잘못이라고 판단했을 경우에는 가설을 재검토하여 아이디어를 다시 내거나 철수를 포함해서 사업 방향을 크게 전환하는 것도 고려합니다.

이 사이클을 단기간에 반복하면 신규 사업의 성공률을 비약적으로 높일 수 있습니다.

린 스타트업은 어디까지나 신규 사업을 창출하는 관리 방법이며, 새로운 아이디어 자체를 만들어 낼 수는 없습니다. 디자인 싱킹을 이용해서 먼저 아이디어를 내고, 린 스타트업으로 성공 확률을 높이는 것이 현실적인 접근법입니다.

단 린 스타트업은 현재처럼 불확실한 비즈니스 환경 속에서 시작하므로, 압도적인 비즈니스 속도가 꼭 필요합니다. 또 반드시 실현하고자 하는 열정, 실패할 수도 있고 경우에 따라서는 기존 사업을 대체하게 될지도 모르는 위험을 허용할 수 있는 조직 문화가 전제됩니다.

변해 가는 IT에 대한 기대

디지털 전환 전

인간이 주체로 비즈니스를 움직이고 IT가 지원한다

생산성 향상, 비용 절감, 기간 단축

IT는 비용을 절감하는 역할

항상 비용 절감 압력에 시달린다.

철저히 안정성×높은 품질을 추구한다.

비용 절감 수단으로써 **아웃소싱**

사양서대로 QCD를 지켜 정보 시스템을 완성시킨다

디지털 전환 후

인간과 IT가 일체가 되어 비즈니스를 움직인다

변화에 대한 대응력, 파괴적 경쟁력과 가치 창출

IT는 경쟁력의 원천, 투자 대비 효과로 평가

비즈니스에 기여할 수 있다면 투자는 확대된다.

유연×신속과 시행착오

경쟁력의 원천으로써 **인소싱**

변화에 유연하고 신속하게 대응하여 비즈니스를 성공시킨다

지금까지 IT의 주된 역할은 업무 생산성 향상, 비용 절감, 기간 단축이었습니다.

비즈니스 가치를 창조하고 실현 가능하게 하는 것은 인간 역할이며, IT는 그것을 지원하는 데 무게를 두고 왔습니다. 따라서 IT는 수단이지 핵심 역량(core competence)이 아니라는 말까지 들어 왔습니다.

이런 위치에 있는 IT는 비용(경비)으로 여겨집니다. 물론 시스템 장비 구매나 프로그램 개발을 위한 투자는 하지만, 새로운 투자나 기존 장비에 대한 추가 투자는 IT에 관련된 모든 자산의 연차 감가상각분의 범위로 억제되는 경우가 대부분이라 실질적으로는 비용처럼 취급합니다.

비용은 조금이라도 줄이는 것이 정의입니다. 비용 절감 수단으로는 아웃소싱이나 클라우드 서비스로 이행을 들 수 있습니다. 또 기존 업무 과제 해결이나 효율화가 주된 목적이므로 사양서대로 QCD(품질, 코스트, 납기)를 준수해서 시스템을 완성해야 하며, 안정적인 가동과 고품질이 요구됩니다.

그러나 디지털 전환은 IT를 이용해서 새로운 경쟁력의 원천을 창출하려는 움직임입니다. 즉, IT가 핵심 역량으로 자리매김하게 됩니다.

핵심 역량으로써 IT는 '비즈니스적 요구에 기초한 투자'이며, 사업 성과에 따라 투자액도 바뀝니다. 이것이 비용과 크게 다른 점입니다. 경쟁력 원천인 IT 기술이나 노하우는 사업 자산이므로 인소싱이 진행되며, 사용자 기업이 직접 엔지니어를 고용하는 움직임도 두드러집니다.

또 무엇을 하는 것이 사업 성과에 공헌하는지 미리 결정할 수 없기 때문에 유연하고 신속하게 시행착오를 반복하는 것도 필요합니다. 그러려면 시스템 자산을 가지지 않고 최신 기술을 구사할 수 있는 클라우드 서비스 활용이나 애자일 개발, 데브옵스가 유효한 수단이 됩니다.

기존 IT가 없어지지는 않습니다. 단 비용 절감이 정의인 이상 자동화나 클라우드 서비스로 이행, IT 사업자에 대한 비용 절감 요구는 계속될 것입니다. 그런 반면에 디지털 전환을 위한 IT에는 사업 성과에 기여할 수 있는 매력적인 아이디어가 있으며, 그것으로 성과가 오르면 투자도 늘어납니다. IT 사업자에게는 그런 기업들의 인소싱(insourcing)을 지원하는 새로운 역할이 필요합니다.

COLUMN 디지타이제이션과 디지털라이제이션

| 디지타이제이션
Digitization | 디지털라이제이션
Digitalization |

디지털 기술을 이용하여
비즈니스 프로세스를 변환하고
효율화 및 비용 절감,
부가 가치를 향상시킨다.

디지털 기술을 이용하여
비즈니스 모델을
변환시켜 새로운 이익과 가치를
만들 기회를 창출한다.

유저 인터페이스
효율화, 합리화, **부가 가치**

사용자 경험
경쟁력, 차별화, **새로운 가치**

- 종이책 → 전자책
- 아날로그 방송 → 디지털 방송
- 수작업으로 복사 및 붙여 넣기 → RPA

- 자동차 소유 → 카셰어링
- 다운로드 → 스트리밍
- 물건 판매 → 구독형 서비스

디지털화

디지털 전환

디지타이제이션과 디지털라이제이션은 비슷한 말이지만 다르게 씁니다.

디지타이제이션

디지타이제이션(digitization)은 디지털 기술로 비즈니스 프로세스를 변환시켜 효율화나 비용 삭감, 혹은 부가 가치 향상을 실현하는 경우에 사용됩니다. 예를 들어 아날로그 방송을 디지털 방송으로 변환하면 주파수 대역을 효율적으로 이용하여 한정된 전파 자원을 효과적으로 쓸 수 있습니다. 또 종이책을 전자책으로 만들면 언제든지 원할 때 책을 구입하고, 많은 책을 가방에 넣어 둘 수 있습니다. 수작업으로 웹 화면에서 엑셀로 복사하여 붙이는 작업을 RPA(Robotics Process Automation)로 대체하면, 작업 공정 단계를 큰 폭으로 절감할 수 있어 일손 부족 해소에 도움이 됩니다.

이와 같이 사용자와 접점이 되는 사용자 인터페이스(User Interface, UI)와 작업 절차를 바꾸어 효율화와 합리화 혹은 부가 가치 향상에 기여할 때 쓰는 말입니다. '디지털화'라고 하는 경우 이 범위에 머무르고 있는 것도 적지 않습니다.

디지털라이제이션

디지털라이제이션(digitalization)은 디지털 기술로 비즈니스 모델을 변환하여 새로운 이익이나 가치를 낳는 기회를 창출하는 경우 사용됩니다. 예를 들어 자동차를 인터넷에 연결해서 가동 상황을 공개하면, 필요할 때 비어 있는 자동차를 이용할 수 있는 카셰어링이 됩니다. 자율 주행 자동차라면 스스로 마중을 나와 줄 것이기 때문에 자동차를 소유할 필요가 없어집니다. 좋아하는 곡을 들으려면 CD를 사거나 인터넷에서 내려받아 구입해야 했지만, 스트리밍을 이용하면 언제든지 원할 때 어떤 곡이든 들을 수 있습니다. 또 개별 구매가 아니라 월정액(구독)으로 하면 무제한으로 들을 수 있어, 음악과 동영상을 즐기는 방법이 크게 바뀝니다.

이처럼 디지털 기술로 사용자 경험(User Experience, UX)과 비즈니스 모델을 변환해서 전례가 없는 경쟁 우위를 실현함으로써 새로운 가치를 창출할 때 쓰는 말이 '디지털라이제이션'입니다.

디지털 전환은 디지털라이제이션의 다음 단계라고 할 수 있습니다.

디지털 전환 시대의 서비스 관리

디지털 전환이란
모든 비즈니스를 서비스화하는 것
**IT뿐만 아니라 기업 수준에서
서비스 관리에 힘쓸 필요가 있다**

모든 비즈니스가 서비스화	디지털 전환을 실현하려면 업종이나 업태에 관계없이 모든 기업이나 조직이 IoT나 AI, 클라우드 네이티브 등 최신 IT를 활용한 서비스를 제공하는 공급자가 될 필요가 있다.
IT 서비스 관리에서 기업 수준의 서비스 관리가 필요	모든 비즈니스를 서비스화하면 기업 수준에서 서비스를 관리할 필요가 있다. IT 서비스 관리 프레임워크인 ITIL로는 불충분하며 비즈니스 부문도 포함한 기업 수준의 서비스 관리로써 SIAM, 애자일 개발, 데브옵스(DevOps) 등을 조합할 필요가 있다.
모든 기업이 이용 가능한 맞춤형 접근 필요	서비스 종류, 비즈니스에서 우선 사항, 업계 제약, 조직 규모, 문화, 사람의 능력 및 기술 등에 차이가 있다는 전제에서 오더 메이드 가능한 서비스 관리 접근법을 제공할 필요가 있다. 애자일 개발이나 데브옵스 등은 그 실현 수단이 된다.

Value-driven(가치 주도)
Evolving(발전·전개한다)
Responsive(민감하게 반응한다)
Integrated(통합·결합된다)
Service(서비스)
Management(관리)

기업 수준에서 서비스를 관리하는
운용 모델

GAFA(Google/Amazon/Facebook/Apple)로 대표되는 인터넷 기업의 주요 성공 요인은 기존 기업에서는 쉽게 대적할 수 없는 압도적인 속도입니다.

타업종에서 반입되는 파괴적인 비즈니스 모델, 장래를 예측할 수 없는 시장 유동성, 시장 변화에 공명해서 다양화하는 고객 기호 등 불확실성이 더욱 높아지는 세상에서 살아남아 성장을 계속하려면 곧바로 바뀔 수 있는 기업 문화나 체질로 변환할 수밖에 없습니다.

디지털 전환은 그런 변환을 위한 비즈니스 속도, 디지털 기술을 구사하여 손에 넣는 것입니다. 다만 디지털 전환을 성공시키려면, 새로운 기술로 비즈니스 프로세스를 디지털화하는 것만으로는 충분하지 않습니다. 관리도 역시 빨라지는 속도에 대처할 수 있도록 동적인 구조로 바꾸어 나가야 합니다.

VeriSM이란 이를 위한 기본 요소를 체계적으로 정리한 프레임워크입니다. Value-driven(가치 주도), Evolving(발전·전개한다), Responsive(민감하게 반응한다), Integrated(통합·결합된다), Service(서비스), Management(관리)라는 여섯 가지 기본 요소의 머리글자를 조합해서 이름을 지었습니다.

디지털 전환을 진행해 나가면, 기업이나 조직이 최신 IT를 활용한 서비스를 제공하는 공급자로 역할을 바꾸어 갈 것입니다. 그렇게 되면 기업 수준에서 서비스를 관리할 필요가 있습니다. 이전에도 ITSM이나 ISO, MBA 등 관리 기법이 있었지만, 이 기법들은 정적인 프레임워크로 디지털 전환을 구현한 기업에는 그대로 적용할 수 없습니다. 이에 변화하는 동적 관리를 실현한 프레임워크로 등장한 것이 VeriSM입니다.

VeriSM이 유일한 우수 사례를 제시하는 것은 아닙니다. VeriSM은 기업마다 서비스 종류, 우선 사항, 조직 제약, 조직 규모, 문화, 사람의 능력 및 기술 등에 차이가 있다는 사실을 전제하고, 개개의 기업에 최적화된 관리 시스템을 실현하는 것을 목표로 합니다.

memo

2^장

IoT/사물 인터넷

현실 세계를 데이터로 파악하고, 현실 세계와 IT가 일체된 사회를
실현한다.

IoT란

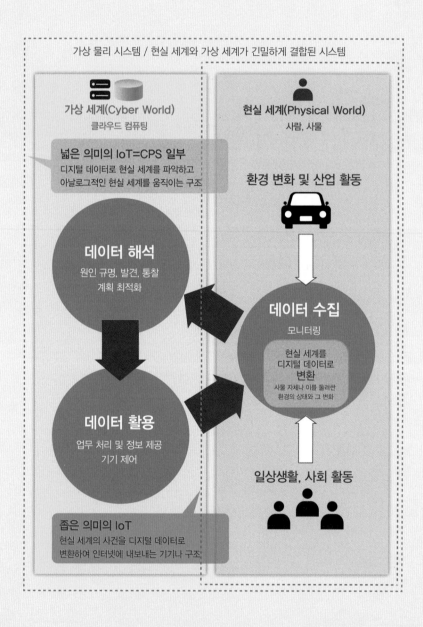

가상 물리 시스템 / 현실 세계와 가상 세계가 긴밀하게 결합된 시스템

가상 세계(Cyber World)
클라우드 컴퓨팅

현실 세계(Physical World)
사람, 사물

넓은 의미의 IoT=CPS 일부
디지털 데이터로 현실 세계를 파악하고
아날로그적인 현실 세계를 움직이는 구조

환경 변화 및 산업 활동

데이터 해석
원인 규명, 발견, 통찰
계획 최적화

데이터 수집
모니터링

현실 세계를
디지털 데이터로
변환
사물 자체나 이를 둘러싼
환경의 상태와 그 변화

데이터 활용
업무 처리 및 정보 제공
기기 제어

좁은 의미의 IoT
현실 세계의 사건을 디지털 데이터로
변환하여 인터넷에 내보내는 기기나 구조

일상생활, 사회 활동

사물이 인터넷에 연결되어 데이터를 교환하는 IoT(Internet of Things)(사물 인터넷)가 빠르게 확장되고 있습니다.

2010년 인터넷에 연결된 것은 125억 개였으나, 2015년에는 250억 개가 되고 2020년에는 500억 개에 이를 것이라는 예측도 있었습니다. 사물은 우리가 사는 현실 세계의 사물이나 사건을 센서로 파악해서 데이터를 이용하여 인터넷으로 보냅니다. 그리고 우리 현실 세계의 디지털 복사본인 '디지털 트윈'이 만들어져 인터넷 너머 클라우드로 보내집니다.

방대한 수의 사물이 내보내는 데이터양 또한 방대해서 '빅데이터'라고 합니다. 빅데이터를 분석하여 인과 관계를 밝히고, 다양한 데이터상의 시뮬레이션을 실시해서 우리 사회나 생활을 쾌적하고 안심할 수 있게 만드는 정보를 생성합니다. 이 정보를 바탕으로 '자동차나 항공기를 움직인다', '공장의 기계를 제어한다', '건강을 위한 조언을 한다'는 가치가 제공됩니다.

그렇게 해서 현실 세계가 바뀌면 그 변화를 다시 센서가 포착해서 인터넷으로 내보내는 순환 사이클이 만들어집니다. 이것을 **가상 물리 시스템**(Cyber Physical System, CPS)이라고 합니다.

"디지털 데이터로 현실 세계를 파악하여 현실 세계를 최적화하는 구조"

IoT를 굳이 짧은 말로 정리하면 이렇게 표현할 수 있습니다. 달리 말하면 현실 세계와 디지털 세계가 일체가 되어 개선 활동을 반복하는 시스템입니다. 인터넷으로 연결되는 사물 개수가 증가하면 디지털 트윈은 더욱더 정교해지고 최적화 정밀도도 높아질 것입니다. IoT에는 다음 두 가지 사고방식이 있습니다.

- 현실 세계의 현상이나 사건을 사물에 내장된 센서로 파악해서 인터넷으로 보내는 장치나 구조를 IoT로 보는 사고방식
- 데이터를 수집·분석·활용하는 일련의 주기, 즉 CPS로 가치를 창출하는 시스템을 IoT로 보는 사고방식

전자는 시스템을 구축하거나 구축할 수 있는 소프트웨어와 플랫폼, 하드웨어 제품을 제공하는 등의 비즈니스가 있습니다. 후자는 CPS에서 창출되는 가치를 서비스로 제공하고 대가를 얻는 비즈니스가 있습니다.

IoT가 가져오는 세 가지 가치

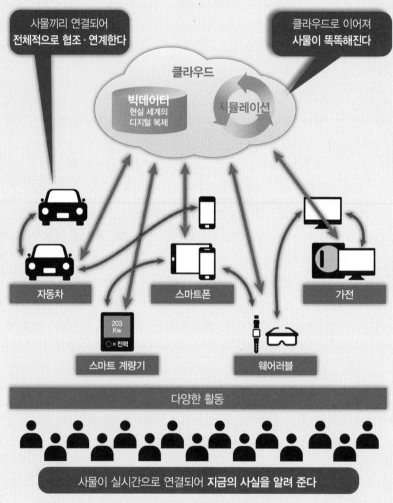

사물끼리 연결되어
전체적으로 협조·연계한다

클라우드로 이어져
사물이 똑똑해진다

클라우드

빅데이터
현실 세계의
디지털 복제

시뮬레이션

자동차

스마트폰

가전

203
Kw
○×전력

스마트 계량기

웨어러블

다양한 활동

사물이 실시간으로 연결되어 **지금의 사실을 알려 준다**

디지털로 현실 세계를 파악하고
현실 세계를 최적화하는 구조

IoT 보급으로 과연 어떤 가치가 만들어질까요?

사물끼리 연결되어 전체적으로 협조·연계한다

앞 차의 속도에 맞추어 자동차가 달리고 통행량과 연동해서 신호등을 점등하면, 정체가 해소되어 에너지를 적게 소비하면서도 원활하게 수송할 수 있습니다. 이처럼 사물끼리 연결되어 서로 협조하면서 '전체적인 최적화'를 실현해 줍니다.

클라우드로 이어져 사물이 똑똑해진다

전자레인지가 유행하는 요리 레시피를 인터넷에서 받아 와 시간과 조리법까지 설정합니다. 냉장고는 줄어든 식자재를 감지해서 자동으로 주문합니다. 자동차에 원하는 음식을 알려 주면 추천 레스토랑을 소개하고 예약까지 한 후 교통 체증이 없는 경로로 자율 주행을 합니다.

부피가 한정된 사물에 데이터나 두뇌를 갖게 하는 데는 한계가 있지만, 인터넷과 연결된 그 너머에는 거의 무진장한 '데이터 저장소'와 강력한 처리 능력을 가진 두뇌인 '클라우드'가 있습니다. 사물은 클라우드에 데이터를 보내 다양한 데이터 처리를 맡김으로써 단독으로는 이룰 수 없는 두뇌를 손에 넣습니다.

사물이 실시간으로 연결되어 지금의 사실을 알려 준다

제트 엔진의 가동 상황을 실시간으로 알게 되면 고장이나 오류를 즉시 파악하여 조종사에게 적절한 지시를 내릴 수 있습니다. 착륙할 공항에서 교환 부품이나 엔지니어를 대기시키면, 착륙 후 즉시 점검하고 수리한 후 비행을 결정하지 않아도 될 것입니다. 또 제트 엔진을 제품으로 판매하는 비즈니스를 사용 시간이나 출력량에 따른 종량제 서비스 비즈니스로 바꿀 수도 있습니다.

재해가 발생할 때는 안전하게 대피할 수 있도록 타고 있는 자동차가 GPS 위치 정보를 바탕으로 주위 상황과 도로 혼잡을 고려해서 최적의 경로로 유도합니다.

이처럼 사물이 인터넷에 연결되면 그때그때 최적인 사물이나 사람의 움직임을 실현할 수 있습니다.

IoT가 가져오는 두 가지 패러다임 전환

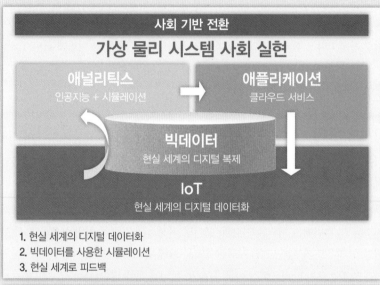

사회 기반 전환

가상 물리 시스템 사회 실현

애널리틱스
인공지능 + 시뮬레이션

애플리케이션
클라우드 서비스

빅데이터
현실 세계의 디지털 복제

IoT
현실 세계의 디지털 데이터화

1. 현실 세계의 디지털 데이터화
2. 빅데이터를 사용한 시뮬레이션
3. 현실 세계로 피드백

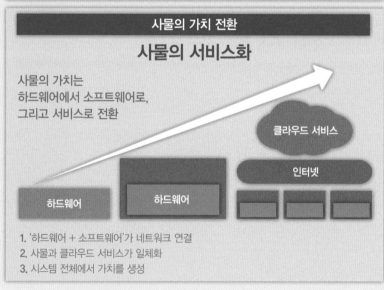

사물의 가치 전환

사물의 서비스화

사물의 가치는
하드웨어에서 소프트웨어로,
그리고 서비스로 전환

클라우드 서비스

인터넷

하드웨어

하드웨어

1. '하드웨어 + 소프트웨어'가 네트워크 연결
2. 사물과 클라우드 서비스가 일체화
3. 시스템 전체에서 가치를 생성

사회 기반 전환: 가상 물리 시스템 사회

IoT가 가져오는 상식의 전환(패러다임 전환) 중 하나는 현실 세계와 디지털 세계가 일체화된 새로운 사회 기반의 실현입니다.

사물에 내장된 센서로 수집한 현실 세계의 사물이나 사건의 디지털 데이터에서 디지털 트윈이 만들어집니다. 이를 이용하여 머신 러닝이나 시뮬레이션을 실시하면 현실 사회를 깊게 이해할 수 있고, 다양한 통찰이나 최적해를 이끌어 낼 수 있습니다. 이 사이클, 즉 가상 물리 시스템(CPS)이 현실 세계를 항상 최적인 상태로 유지합니다.

사물의 가치 전환: 사물의 서비스화

또 하나의 패러다임 전환은 '사물' 가치의 본질이 하드웨어에서 서비스로 전환되는 것입니다.

예전에는 하드웨어 완성도나 구조 같은 물리적 실태로 사물 성능과 기능, 품질과 조작성이 실현되었습니다. 그러나 지금은 많은 사물에 컴퓨터가 내장되어 이것들을 소프트웨어로 실현합니다.

하드웨어 가치가 사라진 것은 아니지만, 이제 하드웨어만으로는 사물 가치를 실현할 수 없는 시대가 되었습니다.

IoT는 '하드웨어+소프트웨어'가 결합된 사물을 인터넷에 연결해서 디지털 세계와 일체화시켜 새로운 가치를 만들어 냅니다.

예를 들어 기계에 내장된 센서에서 얻은 데이터를 클라우드로 분석하면 보수가 필요한지, 언제쯤 보수해야 하는지 정확히 판단할 수 있습니다. 이렇게 미리 점검하고 보수하면 고장을 방지할 수 있습니다. 당연히 고객 만족도는 올라가고, 보수 및 점검 시점이나 필요한 기재와 부품, 엔지니어 가동이 최적화되어 서비스 비용을 절감할 수 있습니다. 또 가동 상황을 정확히 측정할 수 있어 제품을 파는 것이 아니라 사용량에 따라 요금을 부과하는 비즈니스를 시작할 수 있습니다.

자동차는 네트워크로 자동차에 내장된 소프트웨어를 갱신함으로써 기능이나 성능, 조작성을 향상시킬 수 있습니다. 게다가 안전한 운전인지 난폭한 운전인지를 데이터로 파악해서 보험료를 변동시키는 보험 상품도 등장했습니다.

이렇게 사물 자체가 아니라 '사물을 포함한 서비스 전체'가 사물 가치로 여겨집니다.

사회 기반을 전환하는 가상 물리 시스템

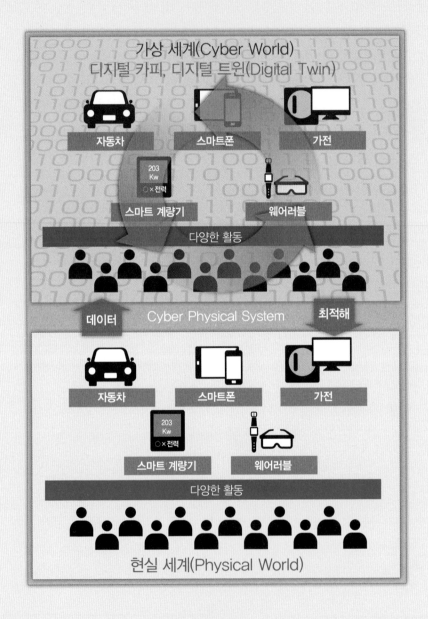

현실 세계의 사건을 충실하게 모방한 디지털 카피, 즉 '디지털 트윈'을 사용해서 현실 세계에서는 할 수 없는 모의 실험(시뮬레이션)을 실시하면, 우리의 사회 활동이나 생활을 쾌적하고 안심할 수 있게 하는 방법을 찾을 수 있습니다.

공장의 생산성 및 유연성 향상

공장의 제조 장치나 설비에 내장된 센서가 내보내는 진척 상황이나 가동 상황 등을 실시간으로 전달받아 가장 효율이 높은 작업 순서를 찾아냅니다. 찾아낸 순서대로 현장의 제조 장치를 자동으로 제어하면 납기나 작업 기간을 큰 폭으로 단축하고 비용을 절감할 수 있습니다. 신제품을 제조 라인에 투입할 때 일정이나 순서를 변경하면 시뮬레이션을 이용하여 최적의 타이밍을 찾아내 부자재 낭비를 없애고 작업 효율을 높일 수 있습니다.

도로 정체 완화

정체된 도로의 디지털 트윈에서 신호등이 바뀌는 간격을 조정하거나 고속 도로 진입을 통제하는 등 조건을 바꾸어 정체를 해소할 수 있는 최적의 방법을 찾습니다. 이 정보를 현실 세계로 피드백하면 교통 체증을 해소할 수 있습니다.

재난에 강한 도시 계획

도시 구조나 활동을 모방한 디지털 트윈으로 모의 대규모 재해를 일으켜 '도로의 교각을 붕괴시킨다', '화재로 통행을 금지한다' 등 현실에서는 할 수 없는 실험을 하여 어떻게 유도하면 더 많은 인명을 구할 수 있는지 검증할 수 있습니다. 이 결과를 바탕으로 재해가 발생했을 때 대피 유도 계획을 세우거나 도시 계획에 반영할 수 있습니다.

신체의 건강과 안전을 지원

스마트폰과 웨어러블 단말기로 자세한 신체 정보를 파악하면 이용자의 건강 문제를 찾아내 적절한 조언을 할 수 있습니다.

넘어지거나 발작 등 신체 이상이 감지되면 자동으로 119나 병원에 통보되고, 신체 정보가 전송되어 즉시 필요한 조치를 취할 수 있습니다.

사물 가치를 전환하는 사물의 서비스화

사물 가치는
하드웨어에서 **소프트웨어**로,
그리고 **서비스**로 전환

서비스
기능과 성능을
지속적으로 갱신 가능

소프트웨어
기능과 성능을 수시로 갱신 가능

하드웨어
기능과 성능의 고정화

사물 가치를 평가하는 기준 전환

최근에는 카메라의 노출, 초점, 조리개, 셔터 속도, 색상은 기기에 내장된 소프트웨어로 조정합니다. 예전에는 톱니바퀴나 스프링 등 하드웨어로 실현되었습니다. 그러나 이제 하드웨어는 사물 구성 요소의 일부고, 소프트웨어가 사물 가치를 결정하는 비율이 커지고 있습니다.

IoT는 이를 인터넷에 연결해서 가치 본질을 서비스로 전환시키려고 합니다.

예를 들어 텔레비전에 내장된 소프트웨어를 방송 전파를 이용하여 갱신하면 기능이나 조작성을 개선할 수 있습니다. 카메라도 인터넷에 연결하여 소프트웨어를 갱신하면 연사 기능이 향상되거나 필터 종류가 늘어나는 등 처음 구매했을 때보다 기능이 좋아집니다. 그 밖에 하드웨어적으로 이미 자율 주행 기능이 포함된 자동차의 경우 법률 규제가 사라지면 소프트웨어를 갱신하여 실제로 자율 주행을 할 수 있게 됩니다.

이처럼 소프트웨어로 작동하는 제품은 네트워크와 연결하면 구입 후에도 지속적으로 가치를 향상시킬 수 있습니다. 따라서 제품을 만들 때도 지속적인 사용을 전제로 생각하게 되었습니다.

예를 들어 일찍이 애플 아이팟(iPod)이 폭발적으로 팔린 이유는 iTunes Music Store 서비스 때문이었습니다. 그 이전에도 같은 종류의 제품으로 소니의 워크맨이 있었지만, 그것을 넘는 기세로 아이팟이 점유율을 넓힐 수 있었던 이유는 서비스와 사물을 하나로 생각하고 가치를 만들어 냈기 때문입니다.

더 나아가 아이팟 이후 등장한 아이폰은 소프트웨어 덕분에 전화도 되고, 카메라도 되고, 지도도 되고, 손전등도 됩니다. 게다가 인터넷으로 소프트웨어를 업데이트하면 조작성이나 기능을 개선할 수 있습니다. 또 디바이스에서 얻은 데이터를 이용해서 내비게이션, 사진 공유 서비스, SNS 등 서비스를 사용할 수 있습니다.

사물이 인터넷과 연결되면서 사물 그 자체가 아니라 서비스와 하나가 되어 가치가 정해지게 되었습니다.

하드웨어에서 소프트웨어로 사물 가치는 전환되고, IoT 보급과 함께 서비스로 전환되고 있습니다.

소프트웨어화하는 사물

하드웨어	소프트웨어
프로그램으로 제어 또는 실현할 수 있는 기능과 성능	물리적이고 물질적인 사물로만 실현할 수 없는 부분

☑ 렌즈	☑ 셔터 속도
☑ 셔터, 바디	☑ 발색, 감도
☑ 이미지 센서 등	☑ 포커싱 등

☑ 타이어	☑ 브레이크 타이밍	
☑ 엔진	☑ 엔진 제어	
☑ 차체 등	☑ 기기의 온·오프 등	

☑ 기체, 날개	☑ 자세와 방향 제어	
☑ 제트 엔진	☑ 엔진 제어	
☑ 연료 탱크 등	☑ 기내 환경 제어 등	

가능한 한 단순하게	**가능한 한 기능을 많게**
● 제조 비용 저감	● 개발 비용 저감
● 고장 요인 저감	● 고기능화하기 쉬움
● 보수 용이성 실현	● 보수 용이성 실현

모듈러화
기능을 표준화, 부품화함으로써 생산 비용 저감과 보수성을 향상시킨다.

IoT화
통신 기능을 내장하여 인터넷에 연결함으로써 사물을 서비스화한다.

카메라나 자동차 혹은 항공기 등 우리 가까이에 있는 기계 제품은 하드웨어와 소프트웨어가 하나되어 그 기능을 실현합니다. 예를 들어 카메라는 렌즈나 셔터, 버튼, 바디 등 물리적이고 물질적인 하드웨어로만 실현할 수 있는 부분과 셔터 속도, 발색, 감도, 포커스 등 소프트웨어 기능으로 실현되는 부분이 하나가 되어 동작합니다.

지금은 소프트웨어로 실현하는 기능도 이전에는 하드웨어로 실현했습니다. 예를 들어 셔터 속도는 기어와 스프링으로 조절했고, 발색과 감도는 필름에 도포된 약제로 조절했습니다. 그러나 하드웨어로 그런 기능이나 품질을 실현하려면 높은 수순의 제작 기술과 설비가 필요하며, 시간과 비용이 많이 들어갑니다. 또 만들고 난 후에는 변경할 수 없기 때문에 개발도 신중해져 시간이 더 소요됩니다.

그래서 하드웨어를 가능한 한 단순하게 만들고, 소프트웨어에 최대한 많은 기능을 부여함으로써 이런 상황을 개선하려고 했습니다. 그렇게 하면 기계적인 복잡성이 줄어들어 제조 비용을 절감할 수 있으며, 고장 원인도 감소하여 보수하기가 쉬워집니다.

한편 소프트웨어 기능을 높이면 개발 비용을 절감하면서 성능도 향상시킬 수 있으며, 하드웨어를 전 세계 어디에서 만들어도 해당 소프트웨어를 배포하면 동일한 기능을 실현할 수 있습니다. 또 인터넷에 연결되어 있으면 제품 출하 후에 소프트웨어 업데이트로 기능을 추가 및 변경할 수 있어 불편을 해소할 수도 있습니다. 그렇게 하면 처음 샀을 때보다 기능이나 성능, 사용 편의성이 향상됩니다.

나아가 사용 방식이나 불편 사항을 생산자가 파악할 수 있으므로, 제품 개발이나 고객 지원에 데이터를 활용할 수 있습니다. 또 인터넷을 활용한 서비스를 제공하여 새로운 비즈니스를 창출할 수도 있습니다.

사물 서비스화는 이런 '사물의 소프트웨어화'가 전제되어 새로운 가치 창출에 공헌합니다.

사물 서비스화의 본질

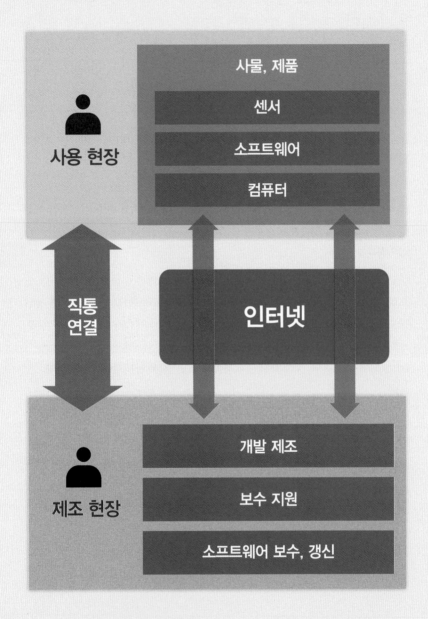

사용 현장

사물, 제품
센서
소프트웨어
컴퓨터

직통
연결

인터넷

제조 현장

개발 제조
보수 지원
소프트웨어 보수, 갱신

사물 서비스화의 본질은 '사물을 사용하는 현장'과 '사물을 제조하는 현장'을 직접 연계시키는 데 있습니다. 사용 현장의 변화나 요구를 재빨리 제조 현장에 반영하고, 다시 사용 현장으로 성과를 피드백하는 것이라고 할 수도 있습니다. 이를 위해 인간 의지나 조작에 관계없이 센서를 통해 현장에서 실시간으로 데이터를 전달받아 분석하고 활용할 수 있게 하는 IoT가 꼭 필요합니다.

사물 서비스화는 소프트웨어화를 전제로 합니다. 하드웨어 부분을 가능한 한 단순하게 만들면 제조 비용을 절감할 수 있습니다. 게다가 구조가 단순해지면 장애도 감소하므로 유지 보수에 드는 노력이나 비용을 줄일 수 있습니다. 그 대신 기능이나 성능을 소프트웨어로 실현하는 것입니다.

소프트웨어가 제품 기능과 성능에서 차지하는 비율이 커지면, 네트워크를 통해 소프트웨어를 업데이트하여 즉석에서 제품을 이용하는 현장에 개입할 수 있습니다. 예를 들어 IoT로 현장에서 발생한 불편을 바로 파악하고 소프트웨어를 변경하여 그 자리에서 해결할 수 있습니다. 또 사용자가 제품을 이용하는 방식을 분석해서 현장 요구를 파악하고, 소프트웨어를 변경함으로써 고객이 제품을 구입한 후에도 사용 편의성이나 기능, 성능을 개선할 수 있습니다.

이것이 사물 서비스화의 본질입니다. 하드웨어×소프트웨어×서비스가 하나가 되어 제품 가치를 만들어 냅니다. 또 수익 면에서 생각해 볼 수도 있습니다. '제품=하드웨어×소프트웨어'를 한 번에 팔아 버리면, 서비스 가치를 지속적으로 제공하는 수익을 확보하기 어렵습니다. 따라서 '제품=하드웨어×소프트웨어×서비스'를 하나로 묶어 수익을 지속적으로 얻을 수 있는 구독(월정액)이나 종량제 서비스 같은 수익 모델이 필요합니다.

관점을 바꾸어 생각해 보면 사물 서비스화는 마케팅과 제조의 일체화이며, 지원 서비스와 제조의 일체화이기도 합니다. 고객의 비즈니스 성과에 직접적이고 계속적으로 공헌할 수 있는 제조라고도 할 수 있습니다.

사물의 서비스화를 단순히 '제품을 서비스처럼 빌려서 사용하고, 구독이나 종량제 서비스로 수익을 올리는 비즈니스 모델'로 파악해선 안 됩니다. 이 본질을 이해해야 비로소 사물 서비스화가 진가를 발휘할 수 있습니다.

IoT의 3층 구조

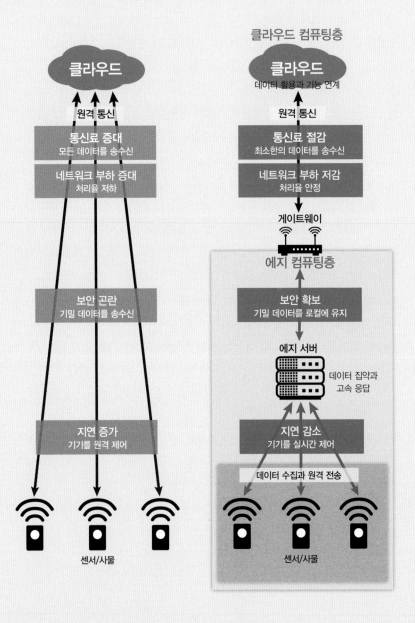

클라우드 컴퓨팅층

클라우드

클라우드
데이터 활용과 기능 연계

원격 통신

통신료 증대
모든 데이터를 송수신

통신료 절감
최소한의 데이터를 송수신

네트워크 부하 증대
처리율 저하

네트워크 부하 저감
처리율 안정

원격 통신

게이트웨이

에지 컴퓨팅층

보안 곤란
기밀 데이터를 송수신

보안 확보
기밀 데이터를 로컬에 유지

에지 서버

데이터 집약과
고속 응답

지연 증가
기기를 원격 제어

지연 감소
기기를 실시간 제어

데이터 수집과 원격 전송

센서/사물

센서/사물

IoT는 데이터를 수집해서 네트워크에 내보내는 '디바이스층', 그 데이터를 수집하고 집약해서 클라우드에 데이터를 보내고 곧바로 처리해서 결과를 돌려주는 '에지 컴퓨팅층', 방대한 데이터를 해석하거나 애플리케이션을 실행하는 '클라우드 컴퓨팅층' 등 세 계층으로 크게 나눌 수 있습니다.

디바이스층은 센서나 외부 기기와의 인터페이스, 네트워크로 데이터를 전송하는 통신 기능, 애플리케이션을 처리하는 프로세서가 포함된 층으로 획득한 데이터를 네트워크에 전송합니다.

에지 컴퓨팅층은 디바이스층에서 데이터를 받아 바로 처리하고 피드백하거나 집약해서 필요한 데이터만 클라우드로 전송하는 역할을 합니다. 이런 구조가 필요한 이유는 사물 개수가 방대해지면 다음 문제가 발생하기 때문입니다.

- 개개의 사물에 대한 회선을 확보하려면 상당한 비용이 듭니다.
- 전송되는 데이터가 방대해져서 네트워크 부하가 커집니다.
- 사물 감시나 제어에 부하가 걸려 클라우드에 집중하는 방식으로는 다 처리할 수 없습니다.

그 밖에도 인터넷을 이용하여 클라우드로 데이터를 보내 피드백을 받으려고 해도 사물과 클라우드 거리가 떨어져 있으면 지연 시간이 많이 생깁니다. 그러면 바로 결과를 낼 필요가 있을 때 지장이 있으므로, 사물 주변에 '에지 서버'를 두어 처리를 분산시켜 해결합니다.

이 방법은 개인이나 사물을 인증할 때 기밀성이 높은 데이터를 인터넷에 내보내지 않고 처리하여 보안 위험을 경감하는 데 사용됩니다.

이 에지 컴퓨터가 서로 연계해서 저지연, 대규모 처리를 하는 구조를 '포그(안개) 컴퓨팅'이라고 합니다. 클라우드(구름)보다 지면에 가까운 사물 주변에 설치되기에 이런 이름을 붙였습니다.

클라우드 컴퓨팅층은 디바이스층과 에지 컴퓨팅층에서 보내진 데이터를 분석하고 애플리케이션을 가동하여 다른 클라우드 애플리케이션과 연계 기능을 제공합니다.

IoT는 이런 3층 구조로 구현됩니다.

COLUMN Intel과 Arm

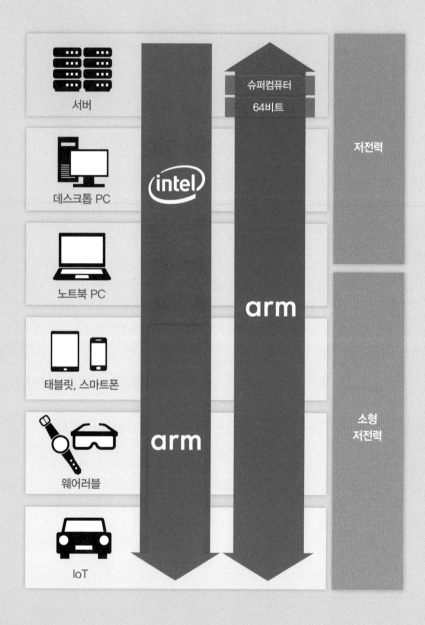

PC의 심장부라고도 할 수 있는 프로세서(CPU)에 대부분 인텔(Intel) 제품을 사용합니다. 반면에 스마트폰이나 태블릿에서는 대부분 영국 Arm(암)에서 설계한 CPU를 탑재합니다. 스마트폰이나 태블릿이 PC를 훨씬 능가하는 기세로 보급되는 요즘 Arm의 CPU도 점유율을 확대하고 있습니다.

그러나 일반적으로는 Arm이라는 이름을 잘 모릅니다. 그 이유는 자체적으로 CPU 칩을 제조하고 판매하지 않기 때문입니다. 그들은 CPU 설계 정보를 전 세계 기업에 라이선스 형식으로 판매하고, 각 기업은 거기에 독자적인 기능을 넣어 CPU를 제조 판매해서 판매 개수에 따라 요금을 지불합니다.

예를 들어 애플은 Arm의 설계 정보를 사용해서 그래픽이나 머신 러닝 등 독자 기능을 추가한 프로세서를 만들어 아이폰이나 아이패드에 탑재하고 있습니다. 또 퀄컴(Qualcomm)은 스마트폰에 필요한 기능을 부가한 제품을 만들어 안드로이드를 탑재한 스마트폰 시장에서 독점적인 점유율을 확보하고 있습니다. 인텔 또한 라이선스를 받는 기업 중 하나입니다.

Arm 프로세서의 특징은 '소비 전력이 적다', '그에 비해 처리 능력이 높다', '독자적인 기능을 확장할 수 있다'는 세 가지입니다. 이런 특징으로 소형화와 저전력이 요구되는 스마트폰이나 임베디드 기기 분야에서 채용했습니다. 향후 수요 확대가 예상되는 IoT 기기에도 널리 사용할 것으로 전망하고 있습니다.

2016년 소프트뱅크는 3.3조 엔이라는 거액에 Arm을 인수했습니다. IoT 시대를 눈여겨보고 Arm 프로세서의 수요는 더욱 늘어날 것이며, Arm을 내장한 수많은 사물을 통해 방대한 데이터가 모여 앞으로 비즈니스에 중요한 자원이 되리라 생각했기 때문입니다. 또 세상의 '현상'이나 '사건'을 모방한 데이터로 미래를 간파하여 비즈니스 나침반으로 삼으려는 생각이 있었기 때문이라고도 알려져 있습니다.

초분산 시대

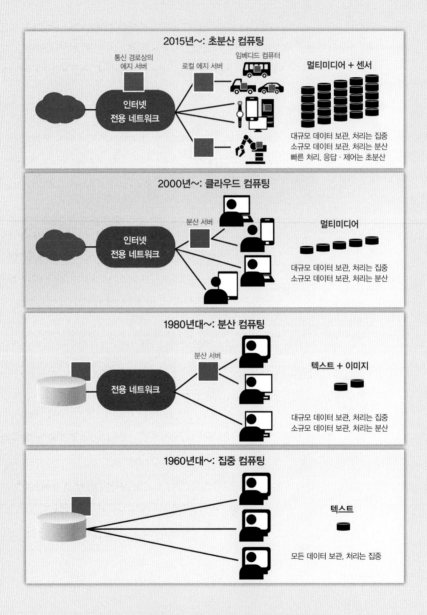

2015년~: 초분산 컴퓨팅

통신 경로상의
에지 서버

로컬 에지 서버

임베디드 컴퓨터

멀티미디어 + 센서

인터넷
전용 네트워크

대규모 데이터 보관, 처리는 집중
소규모 데이터 보관, 처리는 분산
빠른 처리, 응답·제어는 초분산

2000년~: 클라우드 컴퓨팅

분산 서버

멀티미디어

인터넷
전용 네트워크

대규모 데이터 보관, 처리는 집중
소규모 데이터 보관, 처리는 분산

1980년대~: 분산 컴퓨팅

분산 서버

텍스트 + 이미지

전용 네트워크

대규모 데이터 보관, 처리는 집중
소규모 데이터 보관, 처리는 분산

1960년대~: 집중 컴퓨팅

텍스트

모든 데이터 보관, 처리는 집중

1950년대 비즈니스 분야에서 컴퓨터를 도입하기 시작한 초기에는 계산 업무를 담당 부서에 의뢰하면, 순차적으로 처리한 후 결과를 알려 주는 배치 처리 방식으로 컴퓨터를 이용하는 것이 일반적이었습니다.

1960년대 들어와서는 컴퓨터를 타이프라이터 터미널이나 CRT 디스플레이(브라운관 TV) 터미널에서 이용하는 시분할(time sharing) 방식이 발전했습니다. 이런 터미널에는 지금의 PC 같은 데이터 처리나 저장 기능은 없었습니다. 따라서 데이터 입력과 출력만 터미널로 하고 처리와 저장은 별도의 컴퓨터에서 집중적으로 처리되었습니다. 또 터미널과 컴퓨터를 연결하는 통신 회선의 속도가 느려서 주고받을 수 있는 데이터도 텍스트로 한정되었습니다.

1970년대부터 1980년대에 걸쳐 미니컴퓨터, 사무용 컴퓨터, 퍼스널 컴퓨터(PC) 같은 값이 싼 소형 컴퓨터가 등장했습니다. 대형 컴퓨터를 공동으로 이용하는 것뿐만 아니라, 부서별 또는 개인도 컴퓨터를 살 수 있게 되었습니다. 이렇게 함으로써 대규모 데이터 처리나 보관은 대형 컴퓨터를 이용하고, 고유 업무나 개인이 진행하는 업무는 소형 컴퓨터를 사용하는 분산 처리가 확산되었습니다.

하지만 통신 회선 속도는 아직 느려서 주고받을 수 있는 데이터는 여전히 텍스트가 주류였습니다. 그래서 텍스트 위주의 가벼운 업무 처리는 공동 이용을 상정한 서버 컴퓨터를 사용하고, 결과 표시나 가공, 편집, 이미지 이용은 클라이언트 컴퓨터의 처리 능력을 연계해서 사용하는 '클라이언트 서버 방식'이 고안되어 보급되었습니다.

1990년대 인터넷이 등장하여 2000년대 접어들 무렵부터 인터넷 너머에 있는 컴퓨터를 이용하는 '클라우드 컴퓨팅'이 싹트기 시작했습니다. 그 후 인터넷은 고속ㆍ광대역 회선을 이용할 수 있게 되었고, 취급할 수 있는 데이터도 음성이나 동영상으로 다양해졌습니다.

기술 진화와 더불어 클라우드 컴퓨팅은 급속도로 보급될 것입니다. 이용할 수 있는 단말 종류도 PC뿐만 아니라 스마트폰이나 태블릿, 웨어러블 기기 등이 추가되어 적용 업무 범위와 이용자도 확대되었습니다.

요즘은 인터넷에 연결되는 디바이스가 자동차나 가전제품, 빌딩 설비나 일용품까지 퍼져 디바이스에 내장된 센서가 대량의 데이터를 내보내고 있습니다. 그 때문에 대량의 데이터가 통신 회선(주로 모바일 통신 회선)으로 흘러나와 회선 대역폭을 압박할 가능성이 있습니다. 그래서 디바이스 주변에 서버를 배치해서 중간 처리를 하고, 필요한 데이터만 회선으로 내보내는 '에지 서버'를 사용합니다.

에지 서버는 단순히 데이터를 집약하는 것만이 아니라 디바이스를 이용하는 현장에서 즉시 처리해서 응답하거나 대량의 센서에서 데이터를 수집하는 장치로도 사용합니다. 또 앞으로는 디바이스 주변뿐만 아니라 더 넓은 지역을 커버하려고 통신 회선의 경로상에 배치될 수도 있습니다.

최근에는 사물에 내장되는 컴퓨터 성능이 향상되었고, 머신 러닝 기능을 탑재한 제품도 등장하여 빠른 응답이나 저지연이 요구되는 처리는 에지 서버에서 디바이스 측으로 옮기거나 디바이스 자체에서 자율적으로 제어할 수 있습니다.

또 고속, 대용량, 저지연을 특징으로 하는 5G(5세대 이동 통신 시스템)가 보급되면, 에지 서버가 담당하던 일시적인 데이터 보관, 디바이스 관리나 제어 역할을 클라우드로 옮기는 움직임이 시작될지도 모릅니다.

IoT 보급과 함께 클라우드만으로는 할 수 없는 데이터 처리나 빠른 응답을 담당하는 에지 서버와 사물에 내장된 컴퓨터를 이용한 초분산 컴퓨팅은 앞으로 IoT를 지탱하는 인프라로 자리 잡을 것입니다.

무어의 법칙

1965년 봄, 페어차일드 세미컨덕터 창립 멤버 중 하나인 고든 무어(Gordon Moore)는 〈일렉트로닉스 매거진〉에서 창간 35주년을 기념하여 컴퓨터 미래에 관한 기사를 의뢰받습니다. 당시 집적 회로는 최첨단 시제품이더라도 반도체 칩 하나에 넣을 수 있는 트랜지스터 개수는 30개가 한계였습니다.

그런 시대에 무어는 기사를 쓰려고 데이터를 수집하다가 놀라운 사실을 발견했습니다. 무려 칩 하나에 집적되는 트랜지스터 개수가 1959년부터 매년 2배로 증가한 것입니다. 앞으로도 이런 추세가 계속될 것으로 가정한다면, 1975년에는 6만 5000개라는 엄청난 개수의 트랜지스터가 집적될 것이었습니다. 그는 이 조사를 바탕으로 "Cramming More Components onto Integrated Circuit(집적 회로에 더 많은 구성 요소 장착하기)"라는 기사를 썼습니다. 그는 이 기사에서 가정용 컴퓨터와 휴대용 통신 기기, 어쩌면 자율 주행 자동차까지 등장할지 모른다고 예측했습니다.

"반도체의 집적도는 18~24개월이면 2배가 되고, 가격 성능비도 2배가 된다."

나중에 '무어의 법칙'이라고 불린 이 경험칙은 현실화되었습니다. 1971년에 등장한 세계 최초의 마이크로프로세서 'Intel4004'에는 트랜지스터가 2300개 정도 채워졌습니다. 그리고 이 기사가 발표된 50년 후에 등장한 인텔의 'Intel Core I'에는 10억 개 정도가 채워져 있습니다. 물론 가정용 컴퓨터와 휴대용 통신 기기, 자율 주행 자동차가 실현된 것은 말할 것도 없습니다.

2007년 아이폰이 등장한 지 10년 만에 사회와 비즈니스 상식은 완전히 변했습니다. 스마트폰 출하 대수는 20억 대에 달하며 신분증이나 신용 카드, 지갑 대용으로도 사용됩니다. 이 포터블 컴퓨터에 신분증 같은 기능을 탑재하는 법 개정도 진행되고 있습니다. 이제 컴퓨터는 경제뿐만 아니라 우리 일상생활이나 사회의 관계 방식도 크게 바꾸고 있습니다. 확실히 무어가 예측한 대로, 컴퓨터는 우리 사회와 일상으로 구석구석 퍼져 나가 사회와 비즈니스 형태를 계속해서 크게 변화시킬 것입니다.

5세대 이동 통신 시스템 1: 세 가지 특징

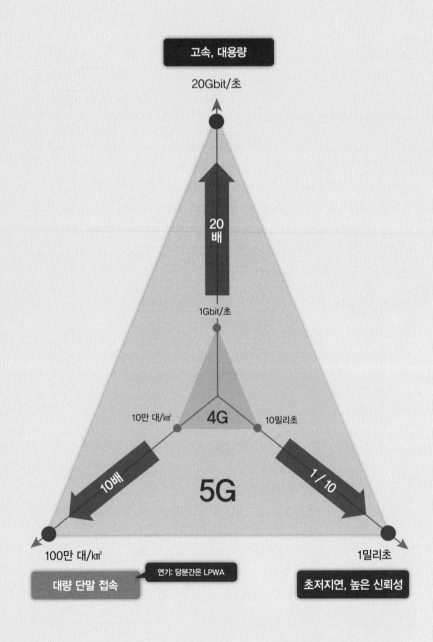

고속, 대용량

20Gbit/초

20배

1Gbit/초

10만 대/km²　　4G　　10밀리초

10배

5G

1/10

100만 대/km²

1밀리초

연기: 당분간은 LPWA

대량 단말 접속

초저지연, 높은 신뢰성

5세대 이동 통신 시스템, 즉 5G(IMT-2020)는 현재 4G에 이은 차세대 이동 통신으로 2020년 상용화를 목표로 개발이 진행되었습니다. 한국의 이동 통신은 1960~1961년에 수도권 일부 지역에서 단방향 통화만 가능한 '차량 전화 서비스'로 시작했습니다. 그리고 1984년에는 한국이동통신에서 AMPS(Advanced Mobile Phone System) 방식의 셀룰러 서비스를 수도권 지역에 제공했습니다. 아날로그 통신 방식으로 '음성 통화'를 실현했는데 이 시기를 1세대, 즉 '1G'라고 합니다. 1996년 한국은 세계 최초로 CDMA 기술을 상용화했고, 신세기통신과 한국이동통신에서 디지털 방식의 2G 통신 서비스를 시작했습니다. 디지털 방식으로 바뀌면서 음성뿐만 아니라 '텍스트 통신(문자 메시지)'도 사용할 수 있게 되었습니다. 2000년에는 SK텔레콤에서 2.5세대로 분류되는 CDMA 1x 방식을 세계 최초로 상용화했습니다. 이후 세계적 추세에 따라 WCDMA 방식을 도입했고, 2002~2003년에 걸쳐 SK텔레콤과 KTF(현 KT)에서 전국 상용화에 성공했습니다. 본격적인 '3G' 시대가 열린 것입니다. 3G 통신의 등장으로 비로소 고속 데이터 통신을 이용할 수 있습니다. 휴대 전화로 웹 서핑을 하거나 이메일을 주고받을 수 있게 된 것입니다. 국내에서는 2011년부터 '4G' 서비스가 시작되었고, 스마트폰 보급과 함께 한층 더 빨라진 데이터 통신 속도 덕분에 '영상 통화'까지 가능해졌습니다.

2020년부터 본격화된 5G에서는 4G 기능과 성능을 한층 더 높였을 뿐만 아니라, 새롭게 IoT에 대비한 기능도 준비되어 있습니다. 5G에서는 '고속·대용량 데이터 통신', '대량 단말 접속', '초저지연, 초고신뢰성'을 실현합니다.

'고속·대용량 데이터 통신'이란 4G보다 20배는 빠른 속도 및 대용량화된 데이터 통신으로, 10G~20Gbps의 최고 속도(peak rate) 실현을 목표로 합니다. 2시간짜리 영화를 3초에 내려받을 수 있는 속도입니다. '초저지연, 초고신뢰성'이란 어떤 경우라도 최소한의 지연 시간으로 통신할 수 있는 성질입니다. 5G 지연 시간은 4G 10분의 1인 1밀리초입니다. 예를 들어 통신 지연이 사고로 이어질 수 있는 자율 주행이나 긴급한 상황에서 확실한 통신이 요구되는 재해에 대응할 때 사용될 수 있습니다. 그 밖에도 이용자가 시간 차이를 의식하지 않고, 실시간으로 원격지 로봇을 조작할 때도 필요할 것입니다. '대량 단말 접속'이란 현재의 10배에 달하는 접속 단말 대수와 전력 절약 성능을 실현하는 것입니다. 4G에서도 1㎢당 단말기를 약 6만 대 접속할 수 있지만, IoT가 보급되면 부족합니다. 5G에서는 1㎢당 단말기 100만 대를 동시 접속하는 것이 목표이므로, 앞으로 스마트폰이나 PC뿐만 아니라 주변의 모든 기기가 인터넷에 접속되는 시대를 맞이하고 있습니다.

5세대 이동 통신 시스템 2: 네트워크 슬라이싱

에너지 관련 기기의 감시 및 제어	원격 의료	재해 대응	의료 원격 의료와 지역 의료	기업 내 업무 시스템
농업 설비와 장비의 감시 및 제어	각종 설비 기기의 감시 및 제어	자동차 TIS와 자율 주행	지자체 행정 서비스	각종 클라우드 서비스
물류 트레이서빌리티	게임	공공 교통 기관	금융 서비스	. . .
고효율 네트워크 슬라이스	**저지연** 네트워크 슬라이스	**고신뢰** 네트워크 슬라이스	**보안** 네트워크 슬라이스	**기업별** 네트워크 슬라이스

네트워크 슬라이싱

5G

고속 · 대용량 데이터 통신	대량 단말 접속	초저지연 초고신뢰성

5G는 '고속 · 대용량 데이터 통신', '대량 단말 접속', '초저지연, 초고신뢰성' 같은 서로 다른 요건을 모두 하나의 네트워크로 충족할 수 있도록 개발되었지만, 실제 이용에서는 각각 이용 목적에 따라 네트워크를 가상으로 분리하여 제공할 수 있습니다. 이 기술은 '네트워크 슬라이싱'이라고 하며, 5G의 핵심 기술 중 하나로 자리매김했습니다.

현행 4G 및 무선 LAN에서는 이용 목적에 관계없이 음성 및 동영상, 드론 조종과 센서 데이터 수집 등 모두 동일한 속도와 대역, 즉 같은 서비스 품질로 이용합니다. 하지만 스마트폰으로 고화질 영상을 볼 때는 대용량 고속 통신이 적합하며, 드론을 조종하는 용도로는 큰 통신 대역이 필요하지는 않지만 저지연으로는 통신할 수 있어야 합니다.

다양한 용도로 광범위하게 사용할 것으로 기대되는 5G이지만, 필요한 통신 속도나 대역이 다른 용도를 지금처럼 구별하지 않고 동일한 서비스 품질로 이용하면 한정된 전파 자원이 소모됩니다. 그래서 5G에서는 네트워크 슬라이싱 기술을 사용해서 용도에 따라 네트워크 서비스 품질을 바꾸어 전파 자원을 효율적으로 사용하려는 것입니다.

예를 들어 지연을 줄여야 할 때 한 번에 보내는 데이터 크기를 최대한 줄여 데이터 송신 시간을 시작부터 완료까지 짧게 하면, 기계에 데이터가 도달할 때까지 지연되는 것을 줄일 수 있습니다. 동영상처럼 대량의 데이터를 고속으로 보낼 때는 대역을 크게 해서 대용량 데이터를 전송할 수 있습니다.

또 기업의 개별 네트워크인 폐역망으로 이 네트워크 슬라이싱을 이용할 수 있어 비용이 많이 드는 통신 기기를 직접 소유하고 운용 및 관리하는 일이 없어집니다. 이처럼 서비스 품질을 바꾸면 전파 자원을 효율적으로 사용할 수 있고, 그에 따라 요금 설정도 바뀌게 됩니다.

5G 등장은 통신 용도를 크게 확장함과 동시에 지금까지 네트워크 본연의 모습을 크게 바꾸었습니다.

5세대 이동 통신 시스템 3: 로컬 5G

5G: 주택가, 역, 상업 지역 등 광역/통신 사업

로컬 5G: '자신의 건물 내' 또는 '자신의 토지 내', 그 장소를 이용할 권리를 가진 자

로컬 5G란 자신의 건물 내 또는 자신의 토지 부지 내 등 특정 지역에 한정된 5G 통신망으로, 5G 특화망 또는 프라이빗 5G라고도 합니다.

일본은 기업이나 자치 단체 등 그 장소를 이용할 권리를 가진 사람에게 사업 면허가 교부되며, 전국 규모의 통신 사업자는 사업 면허를 취득할 수 없습니다. 로컬 5G 면허 제도가 만들어진 이유는 기업이나 지역의 개별 수요에 세심하게 대응하기 위해서입니다. 또 다양한 사업자에게 사업 진입 기회를 제공하려는 정책적 의도가 있기 때문입니다.

로컬 5G는 기업이나 지자체 의뢰를 받은 기업이 사업 면허를 취득할 수 있게 하는 제도입니다. 이용자 기업이 사업 면허를 취득하고, SI 사업자에게 시스템 구축을 위탁하거나 아예 면허 취득 및 운영을 맡깁니다. SI 사업자에게 클라우드 서비스 차원에서 일련의 시스템을 제공하는 등 로컬 5G를 이용하면 새로운 비즈니스 기회가 많아질 수 있습니다. 로컬 5G 사업자는 자치 단체나 철도 회사, CATV 사업자 등 지역과 관련된 기업, IT 벤더나 SI 사업자, 장비 기업 등 IT 비즈니스 사업자 등이 상정되어 있습니다.

로컬 5G는 5G와 마찬가지로 '고속·대용량 데이터 통신', '대량 단말 접속', '초저지연, 초고신뢰성'이라는 세 가지를 특징으로 하는 통신 규격이지만, 그 용도는 미지수입니다. 현행 4G 기술에 바탕을 둔 프라이빗 LTE(Long Term Evolution)나 Wi-Fi(무선 LAN)로도 대체할 수 있는 사례가 적지 않기 때문입니다.

그런데도 5G만이 가능한 특성을 살려 공장 제조 라인이나 장치를 유연하게 재조합하는 무선 접속이나 건설 기계의 원격 제어, 농지 감시나 관리 등 산업 용도, AR(증강 현실)/VR(가상 현실)을 사용한 관광 서비스 등 가능성이 논의되고 있습니다. 그 밖에도 높은 수준의 보안 기능이나 가용성을 살려서 경찰, 소방, 의료 기관 등 중대한 영역에서 사용할 수 있도록 검토하고 있습니다. 장래에는 광역인 퍼블릭 5G와 로컬 5G를 매끄럽게 연결하는 것도 생각하고 있으니 모든 사물이 인터넷으로 연결되는 사회가 한층 더 진화할 것입니다.

IoT 보안

대항목	중항목	지침	주요 요점
IoT 보안 대책의 다섯 가지 지침	방침	지침 1	IoT 성질을 고려한 기본 방침을 정한다.	■ 경영자가 IoT 보안에 위탁한다. ■ 부문성과 실수에 대비한다.
	분석	지침 2	IoT의 리스크를 인식한다.	■ 지켜야 할 것을 특정한다. ■ 연결에 따른 리스크를 상정한다.
	설계	지침 3	지켜야 할 것을 지키는 설계를 한다.	■ 연결되는 상대에게 피해를 주지 않는 디자인으로 설계한다. ■ 불특정 상대와 연결되어도 안전, 안심을 확보하는 디자인으로 설계한다. ■ 안전, 안심을 실현하는 설계를 평가하고 검증한다.
	구축 접속	지침 4	네트워크상에서 대책을 생각한다.	■ 기능 및 용도에 따라 적절하게 네트워크를 연결한다. ■ 초기 설정에 유의한다. ■ 인증 기능을 도입한다.
	운용 보수	지침 5	안전하고 안심할 수 있는 상태를 유지하고 정보를 발신·공유한다.	■ 배송, 출시 후에도 안전하고 안심할 수 있는 상태를 유지한다. ■ 출하, 출시 후에도 IoT 리스크를 파악하여 관계자가 지켜야 하는 점을 전달한다. ■ IoT 시스템, 서비스에서 관계자의 역할을 인식한다. ■ 취약한 기기를 파악해서 적절하게 주의를 환기시킨다.
일반 이용자를 위한 규칙			■ 문의 창구나 지원이 없는 기기나 서비스의 구입, 이용을 삼가한다. ■ 초기 설정에 주의한다. ■ 사용하지 않게 된 기기는 전원을 끈다. ■ 기기를 처분할 때는 데이터를 지운다.

컴퓨터가 내장되어 인터넷에 접속되는 사물, 즉 IoT 기기에서는 다른 컴퓨터와 마찬가지로 직접 공격에 노출될 뿐만 아니라 이를 발판으로 한 대규모 공격이 일어날 수도 있습니다. 실제로 감시 카메라에 접근해서 관리자 허가 없이 영상을 공개해 버리는 사건이나 사내 네트워크에 침입해서 데이터를 탈취하는 사건이 일어나고 있습니다. 이외에도 다수의 IoT 기기를 해킹하고 해킹된 기기를 발판으로 특정 인터넷 서비스에 대량 액세스를 집중시켜 시스템을 과부하로 정지시키는 DDoS 공격(Distributed Denial of Service attack)(분산 서비스 거부 공격)도 일어나고 있습니다.

IoT 보급에 따라 IoT 기기에 대한 부정 접속이 급증하고 있어 이제 개인이나 한 기업의 문제가 아니라, 사회나 경제에 손해를 초래하는 사태로 인식되고 있습니다.

IoT 기기에는 라우터와 감시 카메라, 가전제품이나 설비 등 다양한 기기가 있습니다. 각각에는 일반적인 컴퓨터와 마찬가지로 ID나 패스워드가 있지만, 초기 설정 그대로 사용하거나 소프트웨어 업데이트에 소홀하면 해킹 피해를 당할 가능성이 높아집니다. 이와 같은 위협에 대한 사용자 측의 인식이 부족하여 적절한 대책이 마련되지 않을 때도 많아 현재로서는 효과적인 대책이 없는 상태입니다.

'IoT 보안 가이드라인'은 이런 상황을 널리 알리고, 사용자 기업뿐만 아니라 시스템을 제공하는 IT 기업도 포함해서 각각의 역할 분담과 협력 방식을 기술하고 있습니다.

IoT 기기 보안은 범위가 넓고 대책도 쉽지 않아 이전과는 다른 대책이 필요합니다.

공간을 데이터화하는 드론

원격 조종
자율 비행
+
프로그래밍

클라우드

수집 데이터

분석
시뮬레이션

GPS/카메라
각종 센서
컴퓨터

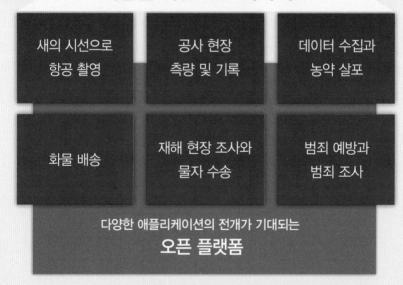

공간을 데이터화하는
하늘을 나는 IoT 디바이스

새의 시선으로
항공 촬영

공사 현장
측량 및 기록

데이터 수집과
농약 살포

화물 배송

재해 현장 조사와
물자 수송

범죄 예방과
범죄 조사

다양한 애플리케이션의 전개가 기대되는
오픈 플랫폼

드론(drone)은 원격 조종이 가능한 무인 비행기를 총칭하는 말로, 윙윙 날개 소리를 내며 나는 수벌을 뜻하는 영어 단어에서 바뀐 이름입니다. 원래는 전쟁터에서 정찰이나 공격 등 군사용으로 개발되었습니다. 하지만 농약 살포, 항공 촬영, 벽지에서 운송 수단, 사람이 하려면 대대적인 준비가 필요한 교량이나 터널 등 검사 작업, 비행 조종을 즐기는 취미 등 여러 가지 용도로 퍼져 나가고 있습니다.

비행기나 헬리콥터로는 고도가 너무 높지만 사다리나 망루로는 너무 낮은 장소, 즉 '새의 시선'에서 일하는 기계라고 할 수 있습니다.

크기는 몇 센티미터 정도의 소형기에서 10m가 넘는 대형기까지 있고, 형상은 여러 개의 프로펠러를 가진 헬리콥터(멀티콥터)나 고정 날개를 가진 기체가 있습니다.

기능 면에서는 정지 화면이나 동영상을 촬영하는 카메라를 장착하고 있으며 위치 정보를 파악하는 GPS 속도, 움직임을 감지하는 가속도 센서 기울기나 각도 등을 감지하는 자이로 센서 등을 탑재합니다. 그런 기능을 이용해서 스스로 기체를 안정시키고, 지정한 경로를 비행하여 원래 위치로 돌아오는 자율 비행을 할 수 있는 기체도 있습니다. 이런 부분이 기존 무선 조종 기기와는 다른 점입니다.

드론에 사용되는 전자 부품은 스마트폰에 들어가는 카메라나 센서, 프로세서, 전지 등 공통되는 것이 많습니다. 요즘에는 스마트폰 대량 생산에 따라 부품 가격이 내려가고, 드론 판매 가격도 낮아져 업무 용도뿐만 아니라 개인 용도로도 점점 확대됩니다.

드론은 카메라나 센서를 통해 다양한 데이터를 포착할 수 있고, 무선으로 인터넷과 연결되어 클라우드로 데이터를 보낼 수 있습니다. 이런 특징을 살려 다양한 용도로 활용·연구하고 있으며, 탑재할 애플리케이션을 누구나 쉽게 개발할 수 있도록 프로그래밍 방식을 공동으로 개발하는 노력도 진행합니다.

드론에 최적화된 운영체제와 필요한 기능이 표준으로 탑재된 프로세서, 전자 부품 모듈도 출시되었습니다. 특히 인텔이나 퀄컴 등 PC나 스마트폰에서 표준 플랫폼을 제공하는 기업은 드론에서 다음 패권을 장악하고자 적극적으로 제품을 개발하고 있습니다.

사물 서비스화로 이동 개념을 바꾸는
MaaS

현재 개인이 소유, 개별적으로 준비

전차	택시	버스
자가용	(사람)	렌터카
배차 서비스	카셰어링	공유 자전거

MaaS 주머니 속으로 모든 교통을 담다

전차	택시	버스
자가용	경로 탐색 / 예약 MaaS 지불 / 배차 준비	렌터카
배차 서비스	카셰어링	공유 자전거

수단 제공: 자차 소유나 개별 준비·예약으로는 할 수 없는 최적화된 '이동 경험'을 제공

가치 실현: 자차 이용을 줄여 환경 부하 저감, 이동의 편리성과 효율화를 실현

2018년 1월 도요타는 'e-Palette Concept'라는 서비스를 발표했습니다. 이동 수단인 자동차가 아닌 '이동 그 자체'를 서비스로 제공하자는 것입니다. 그리고 동시에 자동차 제조사에서 '모빌리티 컴퍼니'로 전환한다는 취지를 선언했습니다.

지금 자동차 업계는 100년에 한 번 있는 변혁기를 거치며, 이를 상징하는 'CASE'라는 말도 등장했습니다. CASE는 Connected(연결), Autonomous(자율), Shared(공유), Electric(전동)의 머리글자 네 개를 따서 만든 것으로, 사람과 자동차 또는 차량 간, 나아가 신호등이나 도로의 센서가 연결되어 서로 정보를 공유하고 주변 상황에 맞게 자율 주행을 실현하는 것을 의미합니다. 자동차 가동 상황은 인터넷을 통해 실시간으로 공유할 수 있어 비어 있는 시간은 서로 융통할 수 있습니다. 스마트폰으로 호출하면 바로 저편에서 마중을 나오기에 지금처럼 많은 차는 필요 없습니다. 이제 차가 팔리지 않는 시대를 맞이하고 있는 것입니다.

'이동' 수단에는 자가용뿐만 아니라 버스나 철도 등 공공 교통 기관, 자전거 공유 서비스도 존재합니다. MaaS(Mobility as a Service)는 이런 교통 수단을 통합하여 이동자에게 최적의 편의성을 제공하는 서비스입니다. 스마트폰으로 최적의 이동 수단 조합을 찾아내어 차량을 준비하고 예약한 후 요금을 지불합니다. 월정액(구독)으로 지불하면 무제한 서비스도 제공됩니다. 그렇게 이동 수단을 종합적으로 제공하는 플랫폼 서비스가 MaaS입니다.

MaaS의 선구적 시도 중 하나가 헬싱키에 본사를 둔 MaaS Global의 구독형 서비스인 Whim입니다. Whim의 헬싱키 회원 수는 2018년 말에는 도시 인구의 12%인 7만 명을 넘어섰으며, 현지 외에도 서비스를 전개하고 있습니다. 서비스가 보급되면서 도시 지역에서 자가용 유입이 줄어들고 있는데, 차량 정체나 대기 오염이 해소되고 이동 시간이 단축될 것으로 기대하고 있습니다.

고령화 사회를 맞이하는 우리나라에서 MaaS가 보급되면 이동 수단이 없는 고령자도 안심하고 면허를 반납할 수 있고, 대중교통 수단이 제한된 과소 지역 주민에게도 편리하게 이동 수단을 제공할 수 있을 것입니다.

자동차 산업에 밀어닥친 CASE의 영향 1

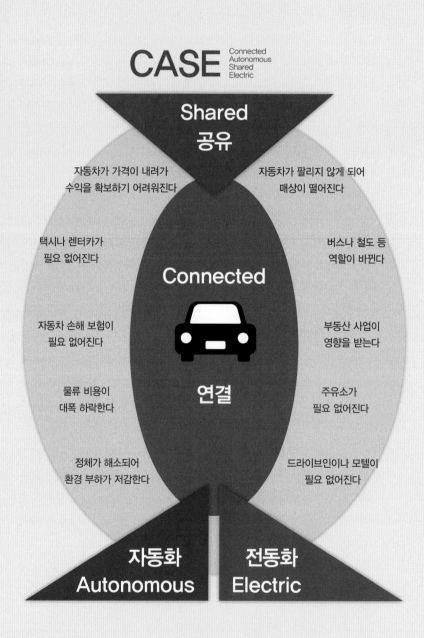

지금 자동차 산업은 Connected(연결), Autonomous(자율), Shared(공유), Electric(전동)의 'CASE' 물결에 휩쓸리고 있습니다. 이 물결은 자동차 산업을 넘어 다양한 산업 전반에 변화를 강요할 것입니다.

요즘 자율 주행이라는 말을 들을 기회가 많아졌는데, 자율 주행은 자동차 한 대가 단독으로 주위를 인식할 수 있는 것만으로는 실현되지 않습니다. 커브 끝에 있는 장애물이나 300미터 앞에 있는 차선 규제 정보, 교차로에서 자동차나 자전거 진입 예측 등은 자동차끼리 서로 정보를 교환하거나 신호등이나 도로에 설치된 센서가 보내는 정보가 있어야 비로소 알 수 있는 것입니다.

목적지로 가는 길에 도로 표지판이나 신호등, 건물 같은 입체적인 배치도 정확하게 파악해야 합니다. 그렇게 하려면 방대한 데이터양의 3차원 지도가 필요한데, 모든 데이터를 자동차가 개별적으로 가지기는 힘들기에 필요에 따라 클라우드에서 내려받습니다. 새로운 건물이나 도로가 건설되어 지도가 바뀌면 그 변화를 자동차가 파악하여 클라우드의 3차원 지도에 갱신된 정보를 보내 부근을 달리는 다른 차의 지도를 갱신합니다. Connected 없이는 Autonomous는 실현될 수 없습니다.

자동차가 인터넷으로 Connected되면 각각의 가동 상황을 실시간으로 파악할 수 있습니다. 차량을 운행하지 않는 빈 시간을 서로 이용할 수 있다면 지금처럼 많은 차가 필요 없을 것입니다. 즉, Shared로도 충분하다는 것입니다. 공간 효율화나 지구 자원의 효율적 활용이라는 관점, 이용자의 경제적 부담을 낮추고 대중교통과 달리 개인이 자유롭게 목적지로 이동할 수 있다는 편리성은 Shared 보급에 기여할 것입니다.

또 배기가스나 소음 등 환경 부하 저감 및 부품 개수 감소에 따른 제조 비용 삭감을 요청함으로써 'Electric'도 큰 흐름을 보입니다. 중국이나 EU, 유럽 국가에서는 가솔린이나 디젤로 구동하는 자동차를 법률로 규제하고 Electric으로 이행을 촉구하는 움직임도 나타납니다.

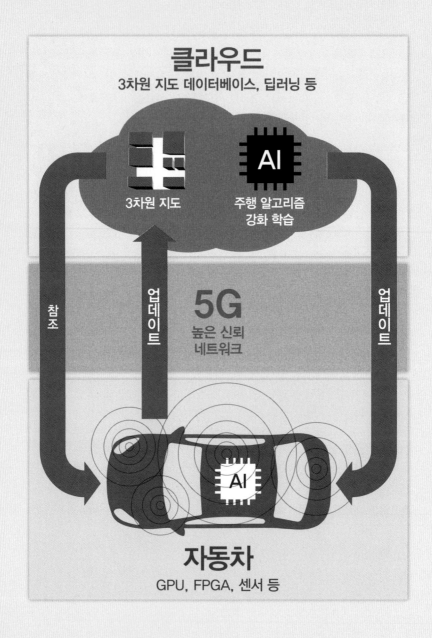

CASE에 제일 먼저 영향을 받는 것은 자동차 산업입니다. 자동차 생산 대수와 제조 비용이 내려가고 판매 가격도 내려갈 것입니다. 생산 대수도 감소합니다. 자동차 산업은 큰 폭의 수익 감소가 불가피합니다.

또 완전 자율 주행이 실현되면 교통사고 책임은 제조사인 자동차 회사가 지게 됩니다. 그러면 교통사고 책임이 운전자 측에 있는 것을 전제로 만들어진 자동차 손해 보험도 필요 없습니다. 완전 자율 주행이 보급될 때까지 시간은 걸리겠지만, 부분적으로 자율 주행을 보급하는 과정에서 교통사고가 감소하여 보험 회사 수익에 변화를 가져오는 것은 피할 수 없습니다.

택시나 렌터카 이용자도 감소할 것입니다. 이미 라이드셰어링 서비스가 보편화된 미국이나 동남아시아에서는 택시와 렌터카 회사가 도산으로 내몰리고 있습니다.

주유소도 필요 없어집니다. 자동차 연비가 향상되면서 이미 수지가 맞지 않는 주유소 폐업이 늘어났지만, 전기차가 더 보급된다면 더 이상 살아남기 더욱 어려워질 것입니다.

주차 공간도 감소해서 주차장으로 사용되는 넓은 땅도 필요 없어집니다. 그 결과 도시 지역의 땅값이 크게 내려가 건설이나 부동산 업계에도 변화가 일어날 것입니다. 도시 계획의 기본 방침도 바뀝니다. 물류에서는 탠덤 주행(다수의 자동차가 수십 센티미터의 거리를 두고 연속 주행하는 것)이 가능해지면서 수송 효율은 대폭 향상되고 비용은 낮아질 것입니다. 특히 미국처럼 국토가 광대한 나라에서는 며칠에 걸친 트럭 수송이 특별한 일은 아니지만, 운전자가 없는 Autonomous가 실현되면 휴식 없이 주행할 수 있어 수송 시간을 많이 단축할 수 있습니다. 반면에 도로변의 드라이브인이나 모텔은 필요 없어져 지역 경제에 영향을 미칠 것입니다.

자동차 대수가 감소하고 자동차끼리, 신호등끼리 한층 더 연결하여 서로 정보 교환하면서 주행하면 정체도 해소할 수 있고 운송이나 이동도 효율적으로 할 수 있습니다. 또 도로 보수나 공사도 감소해서 건설 업계의 수익 구조에도 큰 영향을 미칩니다. 고속 도로망 등 도로 계획에도 아마 영향이 있을 것입니다.

이처럼 자동차 산업에 밀어닥친 CASE 물결은 자동차 업계뿐만 아니라, 주변 산업까지 끌어들여 파괴적 변화를 일으킬지도 모릅니다.

가솔린 자동차	전기 자동차

부품 3만 개 (엔진 8000개)	**부품 1~2만 개** (모터 30~40개)
기능 및 성능 **하드 〉 소프트**	기능 및 성능 **하드 〈 소프트**
전용 설계 및 제조 필요 하드웨어의 범용화 **곤란**	**범용 부품**의 적용 범위 넓음 하드웨어의 범용화가 **비교적 용이**
경쟁력의 원천 **하드웨어 개발과 제조에 필요한** **노하우의 축적과** **자금력, 규모**	경쟁력의 원천 **소프트웨어 개발력** 차재 OS 패권 **구글 vs. 애플 vs. 테슬라**
공급력과 노하우의 **수직 결합(계열)으로** **폐쇄적 시스템**	**공급력과 노하우의** **수평 분업으로** **오픈 생태계**
타업종 및 기업의 **진입 장벽이 높다** 현대, 기아, 쌍용 등 자동차 제조업체	타업종 및 기업의 **진입 장벽이 낮다** 구글, 애플, 테슬라 등 타업종 기업

전기 자동차(EV)는 엔진 자동차와 비교하면 부품 수가 적고 구조가 단순하여 시장 진입이 용이합니다. 덧붙여서 현재 중국 국내에서 EV를 생산하는 기업은 수백 곳에 달합니다.

향후 자동차 기능이나 성능은 대부분 소프트웨어에 의존할 것입니다. 이것은 엔진 자동차에서도 마찬가지로, EV에서는 그 비율이 한층 더 높아져 소프트웨어 개발력이 제품 경쟁력의 주요 부분을 차지할 것입니다.

구글이나 애플, 마이크로소프트는 이 소프트웨어를 다양한 차에서 이용할 수 있는 차재 OS로 제공할 계획입니다. 구글의 안드로이드 오토(Android Auto)와 애플의 카플레이(CarPlay), 마이크로소프트의 마이크로소프트 오토(Microsoft Auto)는 아직 차량용 내비게이션과 차량 무선 인터넷 서비스 기능에 한정되어 있습니다. 하지만 조만간 자율 주행 기능을 제공하여 자동차 주행을 제어하는 차량 운영체제로 진화할지도 모릅니다. 이외에도 블랙베리(BlackBerry)의 QNX 등도 주목받고 있습니다.

차재 OS에서 패권을 쥐게 된다면 윈도가 컴퓨터, 안드로이드가 스마트폰에서 그랬던 것처럼 하드웨어는 상품화될 것입니다. 그러면 기존 자동차 회사들은 오랜 세월 축적해 온 독자적인 제품 개발력, 기계 가공 및 조립 등 경쟁력의 원천을 잃어버리게 됩니다. 반도체 업체인 미국의 NVIDIA는 이런 움직임을 바탕으로 자율 주행도 시야에 넣은 차재 SoC(System on a Chip)(칩 하나로 컴퓨터 기능을 모두 통합한 칩)를 제공하기 시작했습니다. 테슬라(Tesla)는 독자적으로 자율 주행 컴퓨터 'HW3'를 개발하여 다른 반도체나 전자 기기 업체와 마찬가지로 전기 자동차를 위한 범용 부품을 제공하는 데 힘을 쏟고 있습니다.

소프트웨어 기업의 움직임에 맞서 자동차 업체와 차량 기기 및 반도체 업체가 주도하여 개방형 차재 OS로 AGL(Automotive Grade Linux)을 개발하기 시작했습니다. 자동차는 connected car로 인터넷에 연결되고 차재 OS와 클라우드가 연계해서 차량 단독으로는 할 수 없는 기능과 서비스를 제공할 것입니다. 이렇게 자동차 역할이나 가치가 크게 바뀌었습니다.

미국의 무배출 시스템(zero emission, ZEV) 규제, 중국 신에너지 자동차(NEV) 규제, 유럽 CO_2 규제 등 법규가 강화되는 가운데 EV 수요를 확대시키려는 움직임이 있는 한편, 제조에서 폐기까지 제품 라이프 사이클로 CO_2 배출량을 평가하는 LCA(Life Cycle Assessment) 논의도 시작되어 제조 과정에서 대량의 CO_2를 배출하는 EV를 보급하는 데 어려움이 생겼습니다.

IoT와 인더스트리 4.0(4차 산업 혁명) 1

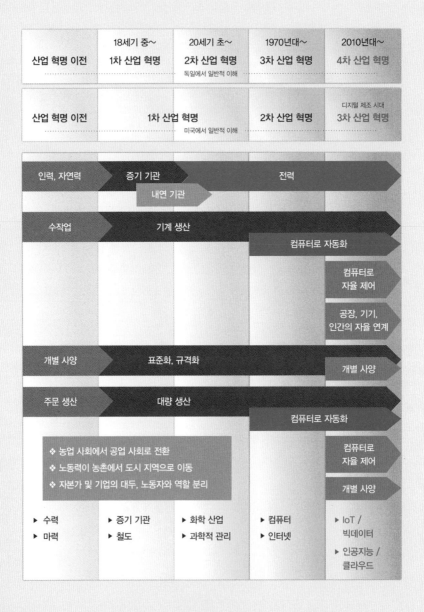

산업 혁명 이전	18세기 중~ 1차 산업 혁명	20세기 초~ 2차 산업 혁명 독일에서 일반적 이해	1970년대~ 3차 산업 혁명	2010년대~ 4차 산업 혁명
산업 혁명 이전	1차 산업 혁명 미국에서 일반적 이해		2차 산업 혁명	디지털 제조 시대 3차 산업 혁명

인력, 자연력	증기 기관		전력	
		내연 기관		
수작업	기계 생산			
			컴퓨터로 자동화	
				컴퓨터로 자율 제어
				공장, 기기, 인간의 자율 연계
개별 사양	표준화, 규격화			
				개별 사양
주문 생산	대량 생산			
			컴퓨터로 자동화	
❖ 농업 사회에서 공업 사회로 전환 ❖ 노동력이 농촌에서 도시 지역으로 이동 ❖ 자본가 및 기업의 대두, 노동자와 역할 분리				컴퓨터로 자율 제어
				개별 사양
▶ 수력 ▶ 마력	▶ 증기 기관 ▶ 철도	▶ 화학 산업 ▶ 과학적 관리	▶ 컴퓨터 ▶ 인터넷	▶ IoT / 빅데이터 ▶ 인공지능 / 클라우드

산업 혁명 이전 생산자는 지역 수요를 채우고자 수작업이나 물레방아, 말의 힘 등 자연력을 사용해서 제품을 만들었습니다.

그러다 1764년 영국에서 제니 방적기를 발명하면서 방적 생산성이 비약적으로 향상됩니다. 또 같은 시기에 제임스 와트(James Watt)가 증기 기관을 개량하자 고효율 동력원으로 보급하기 시작하면서 광범위한 제조에 사용했습니다. 이 '기계화', 즉 수작업에서 기계를 사용하는 대량 생산 시대로 바뀌었는데, 이를 1차 산업 혁명이라고 합니다. 이 시대 노동자는 담당 기계를 자신의 경험과 판단으로 조작해서 공정을 관리하는 역할을 담당했고, 또 공정을 넘나드는 정보 전달도 인간 몫이었습니다.

그 후 20세기 전반에 전력이 보급되면서 대량 생산을 지탱하는 동력원으로 사용하기 시작합니다. 또 표준화, 규격화와 함께 통계적 기법에 따른 과학적인 관리 기법도 보급되어 생산성과 품질 향상에 공헌했습니다. T형 포드로 대표되는 효율화를 추구한 양산 시스템이 등장하고, 화학 산업의 대두 등 경공업에서 중공업으로 산업 중심이 옮겨 간 시대이기도 합니다. 이 전력과 과학적 관리 기법을 구사해서 '효율화'를 진행시킨 시대를 2차 산업 혁명이라고 합니다. 이 시대 노동자는 과학적인 관리 기법으로 효율적인 기계 조작이나 공정 관리를 했지만, 1차 산업 혁명 시대와 마찬가지로 공정을 넘나드는 정보 전달이나 관리는 여전히 인간의 몫이었습니다.

1950~1960년대부터는 상용 컴퓨터를 이용했습니다. 처음에는 사무 작업의 기계화가 주된 용도였지만, 1970년대가 되자 생산 현장에도 컴퓨터를 사용하기 시작했습니다. 공작 기계가 진화하고 산업용 로봇을 보급하여 생산 자동화가 진행되었습니다. 이 '자동화' 시대를 3차 산업 혁명이라고 합니다. 컴퓨터 기술 발전과 함께 다품종 소량 생산에 대응한 FMS(Flexible Manufacturing System)로 적용이 확대되어 갔습니다.

이런 생산 시스템을 유지하려면, 생산에 관련된 사람, 물건, 돈 등 경영 자원을 일원적으로 관리해서 계획적으로 배분해야만 합니다. ERP(Enterprise Resource Planning)는 이를 위한 시스템으로 보급되었습니다. 이에 따라 생산 기계의 자동화뿐만 아니라 공정이나 이를 포함한 기업 전체의 정보 전달 및 관리도 자동화하는 시대로 옮겨 갑니다.

IoT와 인더스트리 4.0(4차 산업 혁명) 2

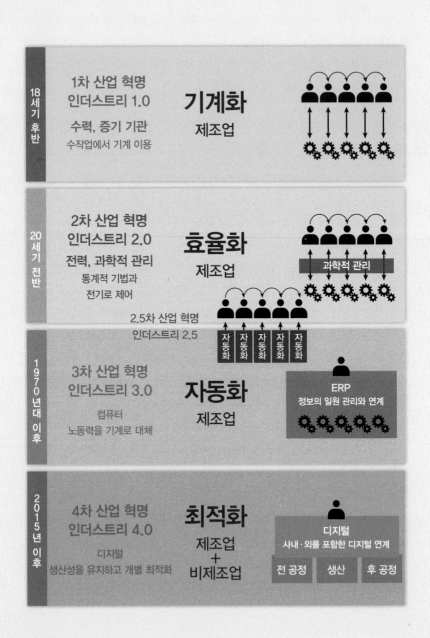

18세기 후반

1차 산업 혁명
인더스트리 1.0
수력, 증기 기관
수작업에서 기계 이용

기계화
제조업

20세기 전반

2차 산업 혁명
인더스트리 2.0
전력, 과학적 관리
통계적 기법과
전기로 제어

효율화
제조업

과학적 관리

2.5차 산업 혁명
인더스트리 2.5

자동화

1970년대 이후

3차 산업 혁명
인더스트리 3.0
컴퓨터
노동력을 기계로 대체

자동화
제조업

ERP
정보의 일원 관리와 연계

2015년 이후

4차 산업 혁명
인더스트리 4.0
디지털
생산성을 유지하고 개별 최적화

최적화
제조업
+
비제조업

디지털
사내·외를 포함한 디지털 연계

전 공정   생산   후 공정

3차 산업 혁명 이후, 독일에서는 자동화 기술을 바탕으로 고객마다 다른 개별 사양의 주문을 저렴한 비용과 짧은 납기로 제공하여 경쟁력을 높이려는 노력을 시작했습니다. 이것이 4차 산업 혁명, 즉 인더스트리 4.0입니다. 디지털 기술을 활용해서 낮은 비용, 짧은 납기로 개인화나 개별화에 대응하여 제조 최적화를 진행하자는 것입니다.

그러려면 생산 공정뿐만 아니라 '설계나 조달, 수주 등 전(前) 공정', '물류나 보수 등 후(後) 공정'도 데이터와 연계해서 전체 최적화를 실현해야 합니다. 전체 최적화를 하려면 생산에 그치지 않고 비즈니스의 모든 공정에서 광범위하게 데이터를 수집한 후 이를 머신 러닝으로 분석하여 최적해를 찾아내고, 최적해로 자동화나 자율화를 실현해야 합니다. 이것이 앞서 설명한 IoT를 포함하는 가상 물리 시스템(CPS)입니다.

이렇게 살펴보면 1차 산업 혁명에서 3차 산업 혁명은 제조업을 중심으로 하는 변환이었다고 할 수 있습니다. 반면에 4차 산업 혁명은 이 범위를 넘어 비제조업을 포함하는 변환이기도 한 점이 큰 차이라고 할 수 있습니다.

memo

3^장

인공지능

인간의 지적 능력을 확장하고 인류의 진화를 촉진한다.

인공지능과 로봇

범용형 인공지능
인간 지능을 가진 기계를 만든다

특화형 인공지능
인간이 지능을 사용해서 하는 일을 기계가 대신한다

인간만 할 수 있던 일
작업 효율화

인간은 할 수 없던 일
능력 확장

인공지능
Artificial Intelligence

하드웨어, 로봇
또는 스마트 머신

인간을 대신해서 작업하는
기계적인 구동 장치

소프트웨어, 로봇
또는 봇

인간을 대신해서 작업하는
컴퓨터 프로그램

인간의 지적 능력을 기계로 대체하는 기술을 사용하기 시작했습니다. **인공지능**(Artificial Intelligence, AI)이라는 이 기술은 이제 공상 과학 영화 속 꿈같은 이야기가 아니라, 실제로 우리 일상에 다양한 혜택을 가져옵니다.

인공지능이란 말에는 다양한 해석이 있지만, 대체로 '인간이 하는 지적 작업을 소프트웨어로 실현하는 기술이나 연구'를 의미합니다. 인공지능은 넓게는 음성을 텍스트로 변환하는 '음성 인식', 영상에 무엇이 그려져 있는지 분석하는 '영상 인식', 대량 데이터 속에 숨은 규칙성이나 관계성을 찾아내는 '머신 러닝' 등이 있고 이를 응용한 기술이나 연구도 포함됩니다.

인공지능을 탑재한 로봇도 등장했습니다. 로봇은 지금까지도 여러 분야에서 사용됩니다. 예를 들어 다음 사례가 있습니다.

- 공장의 제조 현장에 사용되는 산업용 로봇
- 창고에서 화물을 옮기는 운반 로봇
- 우주 정거장의 외부 활동을 돕는 로봇 팔

이 로봇들을 프로그램대로 움직이거나 원격 조작하는 등 지적인 부분은 인간이 담당합니다. 여기에 인공지능을 탑재하면 스스로 주위 상황을 파악하여 어떻게 해야 할지 판단해서 행동하는 기계로 진화합니다. 전자를 자동화(automation)로, 후자를 자율화(autonomy)로 구별합니다.

로봇 중에는 형체 없이 소프트웨어만 있는 것도 있는데, 이를 **봇**(bot)이라고 합니다. 사람을 대신해서 작업하는 컴퓨터 프로그램을 의미합니다. 여기에 인공지능 기술을 접목한 봇도 등장했습니다.

- 음성을 이해하고 자연스러운 대화로 대응합니다.
- 모호한 지시에서 그 사람이 하고 싶은 일을 추측합니다.
- 기기와 소프트웨어 조작, 검색 및 요약 등 지적 작업을 대체합니다.

아마존 알렉사(Amazon Alexa), 구글 홈(Google Home), 애플 시리(Apple Siri), 마이크로소프트 코타나(Microsoft Cortana) 등 음성으로 응답할 수 있는 스마트 스피커나 서비스에 이 기술을 사용합니다.

인공지능과 인공지능을 탑재한 로봇은 다음 두 가지를 실현합니다. '인간만 할 수 있던 작업을 대체하여 효율화하는 것'과 '인간은 할 수 없었던 일을 실현하여 인간 능력을 확장하는 것'입니다.

다음은 전자의 예입니다.

- 자율 주행 자동차가 트럭이나 택시 기사를 대신해서 일을 합니다.
- 산업용 로봇이 공장 제조를 담당합니다.
- 자율 비행 가능한 무인기(드론)가 설비 점검이나 짐을 전달합니다.
- 음성을 인식하고 말의 의미와 문맥을 해석해서 검색과 프로그램을 조작합니다.
- 어떤 언어를 다양한 언어로 즉석에서 번역합니다.

다음은 후자의 예입니다.

- 인간이 일평생 다 읽을 수 없는 방대한 학술 문헌이나 법률 문서를 읽고 분석하여 최적의 해석과 판단 기준을 제시합니다.
- 유전자나 단백질의 방대한 조합을 검증하여 지금까지 없었던 약이나 개인에게 최적화된 맞춤형 약을 만듭니다.
- 장애인과 고령자의 근력 및 인지 능력을 로봇으로 보완하여 일상생활을 쾌적하게 만들어 줍니다.
- 언어가 다른 사람끼리 실시간으로 대화할 수 있게 도와줍니다.

한편 인간이 해 오던 일을 기계에 빼앗겨 버리는 것은 아닐까 하는 우려도 있습니다. 과거에도 불도저와 포크레인 같은 새로운 기계가 등장했습니다. 하지만 효율적으로 토목 공사를 할 수 있게 되면서 단기간에 공사를 끝낼 수 있었고, 그 이전에는 상상할 수 없을 정도로 큰 공사도 할 수 있었습니다.

공장 자동화로 생산 공정에서 인간이 할 일은 줄었지만, 납기 단축과 생산 비용 절감으로 인간은 관리나 서비스 쪽으로 역할을 전환해 왔습니다. 이처럼 기술이 새로운 가치를 만들어 내고, 그에 따라 인간이 맡은 역할이 변화된 것은 예나 지금이나 다름없습니다. 인간이 도구와 함께 진화해 왔듯이 인공지능이나 로봇도 인간이 진화한 연장선에서 파악해야 할지도 모릅니다.

기계가 인간보다 지능이 뛰어나게 되어 인간을 지배하는 시대가 올지도 모른다고 걱정합니다. 아직 '지능이란 무엇인가?'는 해명되지 않았고, 그것을 공학적으로 실현하는 방법도 예측할 수 없는 것이 현실입니다. 그것을 걱정하기보다는 '인간을 대신하여 안전하고 확실하게 효율적으로 작업할 수 있다', '인간의 지적 능력을 확장해서 불가능하던 일을 할 수 있다' 같은 장점을 적극적으로 활용하는 편이 현실적으로 인공지능을 다루는 방법이라고 할 수 있습니다.

특히 저출산, 고령화가 진행되는 나라에서는 일손이 부족합니다. 부족한 노동력을 보충하고 경제와 삶의 질을 유지하려면 인공지능이나 로봇을 잘 다룰 필요가 있습니다. 예를 들어 과소화, 고령화된 지방에서 자율 주행 자동차는 중요한 교통 수단이나 운송 수단이 될 것입니다. 흔히 기계는 다루기 어렵다고 생각하는데, 사람에게 지시하듯이 말로 조작할 수 있다면 나이가 많거나 신체에 장애가 있는 사람에게 많은 도움이 될 수 있습니다.

다만 이렇게 만들려면 인공지능을 잘 다루는 노하우와 기술이 필요합니다. 이를 연구하는 학문 영역이 데이터 과학입니다. 데이터 과학은 '무엇을 위해 어떤 인공지능 기술을 적용하면 좋은가?', '인공지능 기술이 성과를 올리고 있는가?'를 검증하고 개선을 반복하는 방법론입니다. 나아가 그 연구 성과를 기계로 구현할 공학 기술이 없으면 로봇을 만들 수 없습니다.

인간이 하던 일을 기계로 대체하려면 안전이 충분히 뒷받침되어야 하고, 사람들의 감정적인 면을 고려한 사회적 합의가 필요합니다. 또 법률적인 측면에서 보완이 필요할 수도 있습니다. 예를 들어 요즈음 화제가 되고 있는 자율 주행 자동차는 안전이라는 측면에서는 상당한 수준에 있지만, 아직 사회적으로 합의가 충분하지 않고 자율 주행 법률도 보완하지 못하고 있습니다. 인공지능이 인간이 하는 일을 대체하려면, 기술적인 문제뿐만 아니라 이런 점도 해결해 나가야 합니다. 인공지능과 로봇을 실생활에 활용하는 연구를 계속하고 있으며, 이제 이것들은 없어서는 안 될 존재가 되었습니다. 적극적으로 기술과 노하우를 받아들여 비즈니스 부가 가치를 높이지 않으면 살아남을 수 없는 시대가 될지도 모릅니다.

각 시대에서 인공지능으로 불리던 것

연역법: 인간의 경험이나 관찰을 바탕으로 한 일반적이고 보편적인 사실에서 결론을 도출하는 방법

1차 인공지능 붐
1960년대

추론과 탐색

규칙과 목표가 정해져 있는 게임 안에서 컴퓨터가 가능한 한 목표에 도달할 수 있도록 최선의 선택을 하는 것

할 수 있는 일

- 퍼즐이나 미로를 푼다.
- 수학의 정리를 증명한다.
- 체스를 둔다 등

규칙과 목표가 엄밀하게 정해져 있는 것이 전제. 규칙을 다 기술할 수 없고, 규칙이나 목표가 모호한 현실 세계에서는 도움이 되지 않는다 (장난감 문제(toy problem)).

2차 인공지능 붐
1980년대

규칙 기반과 전문가 시스템

장난감 문제에서 벗어나 현실 문제를 해결하고자 전문가(엑스퍼트)의 지식을 컴퓨터에 이식해서 현실의 복잡한 문제를 풀게 하려는 것

할 수 있는 일

- 환자 증상으로 병명을 특정한다.
- 일어나는 현상으로 기계 고장을 진단한다.
- 환자 증상으로 세균 감염을 진단한다.

규칙으로 가르쳐야만 하고, 서로 모순되는 규칙이 생기면 처리할 수 없다. 또 가르치지 않은 예외적인 사례가 나오면 대처할 수 없다.

귀납법: 사실이나 사례(데이터)에서 도출되는 경향으로 결론을 이끌어 내는 방법

3차 인공지능 붐
2010년대

딥러닝을 포함한 통계적 머신 러닝

인간이 규칙을 부여하는 것이 아니라, 데이터를 분석하여 거기에 포함된 패턴을 찾아내고 기계에 규칙을 입력하는 것

할 수 있는 일

- 이미지를 인식하여 분류한다.
- 자연스럽게 표현된 문장으로 번역한다.
- CT나 엑스레이 사진으로 암이 발병한 위치를 발견한다.

화상 처리, 음성 인식, 언어 번역 등 용도별로 특화된 기술이 현재 상황. 인간 지능처럼 범용적이며, 의식이나 마음을 적용할 수 있는 기술은 아니다.

시대에 따라 인공지능 의미는 달랐습니다.

1차 인공지능 붐 – 1960년대: 추론과 탐색

규칙과 목표가 정해진 게임(퍼즐이나 미로, 수학의 정리, 체스 등)에서 가능한 한 목표 상태에 도달하도록 최선의 선택을 해 나가는 프로그램을 인공지능이라고 했습니다. 다만 규칙과 목표가 엄밀하게 정해져야 한다는 전제가 있습니다. 게임이면 괜찮지만 규칙이나 목표를 기술할 수 없고 모호하기도 한 현실 세계에서는 도움이 되지 않는다는 '장난감 문제(toy problem)'가 지적되어 1차 인공지능 붐은 쇠퇴해 버렸습니다.

2차 인공지능 붐 – 1980년대: 규칙 기반과 전문가 시스템

장난감 문제에서 벗어나 전문가 지식을 입력해서 '환자 증상으로 병명을 특정한다', '일어나는 현상을 보고 기계 고장을 진단한다' 등 현실의 복잡한 문제를 해결하는 시스템을 인공지능이라고 합니다.

다만 사람이 규칙을 가르쳐야 하고, 서로 모순된 규칙이나 가르치지 않은 예외적인 사례가 나오면 대처할 수 없다는 문제가 있었습니다. 기계가 고장 난 원인을 파악하거나 특정 분야의 약제를 조합하는 등 한정된 영역에서는 실용적이기도 했지만, 여러 분야에서 널리 사용하기 어려워 이 붐은 쇠퇴했습니다.

3차 인공지능 붐 – 2010년대: 딥러닝을 포함한 통계적 머신 러닝

지금은 '영상을 인식해서 분류한다', '자연스럽게 표현된 문장으로 번역한다', 'CT나 엑스레이 사진으로 암이 발생한 위치를 발견한다' 등 인간이 판별이나 분류 규칙을 정해 주지 않아도 데이터를 스스로 분석하고 거기에 포함된 특징 조합을 찾아내 규칙을 획득하는 것을 인공지능이라고 합니다.

지금 실현되고 있는 것은 영상 처리, 음성 인식, 언어 번역처럼 용도별로 특화된 기술(특화형 인공지능)입니다. 인간 지능처럼 범용적이고 의식이나 마음이 머무는 기술(범용형 인공지능)은 아닙니다. 단 특화형 인공지능의 실용성이 높고 여러 분야에 광범위하게 적용하고 있어서 인공지능 붐이라고 할 수 있는 양상을 보이고 있습니다.

규칙 기반과 머신 러닝

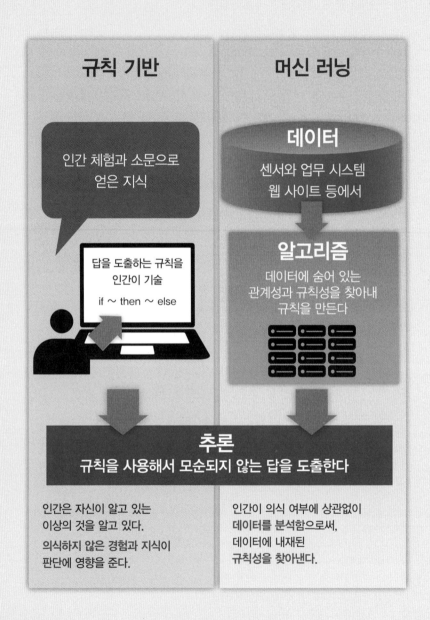

규칙 기반

온라인 상점에서 '이 상품은 어떤가요?'라고 다른 상품을 추천하는 기능은 이렇습니다. 담당자가 A 상품과 B 상품은 서로 관련이 있으니, A를 사는 사람은 B도 살 확률이 높을 것이라고 판단하여 'A를 검색한 사람에게는 B를 추천한다'는 규칙을 등록해서 작동합니다. 이런 규칙을 많이 준비할수록 다양한 상품에서 똑같은 일을 할 수 있습니다.

이 방법을 응용해서 어떤 조건이 성립될 때 무엇을 해야 하는가? 즉, 'if 조건 then 액션 또는 상태 else 다른 액션'이라는 규칙을 미리 준비해 두면 여러 가지 문제를 해결할 수 있습니다.

다만 인간이 규칙을 만드는 일에는 대단한 노력이 필요하고, 규칙으로 만들 수 없는 것도 많습니다. 기계가 고장 난 원인이나 어떤 보험의 약관 등 대상이 한정되어 규칙을 명시적으로 기술할 수 있는 경우 외에는 사용할 수 없습니다.

머신 러닝

'A를 사는 사람은 B도 살 확률이 높다'는 것은 담당자만 하는 생각으로, 사실은 C를 사는 사람의 비율이 더 높을지도 모릅니다. 그래서 데이터를 분석하고 규칙성을 찾아내 분류나 판별 규칙을 생성하려는 **머신 러닝**이 등장한 것입니다. 예를 들어 과거 거래 데이터를 분석해서 'A와 B를 함께 산 사람의 비율'과 'A와 C를 함께 산 사람의 비율'을 비교해서 비율이 높은 쪽을 추천하면 그 효과는 올라갑니다.

이 방법은 다른 일에도 적용할 수 있습니다. 예를 들어 한국어와 영어로 된 같은 내용의 문서를 번역한다고 합시다. 이 문서를 기계가 읽고 '나는 당신을 사랑합니다'와 'I love you'가 동시에 나오는 확률이 높은 경우는 이 두 문장이 같은 의미라고 생각해도 좋을 것이라고 해석해서 번역할 수 있습니다. 정말 의미를 이해한 것은 아니지만 실용성은 있습니다.

또 영상에 적용한다면 각각의 데이터에서 특징을 추출하고, 거기에 높은 공통성이 있으면 같은 그룹으로 분류할 수 있습니다. 예를 들어 미리 개와 고양이의 특징을 조합해 두고 어떤 영상과 대조했을 때 '개의 특징보다 고양이의 특징과 일치하는 비율이 높으니 이것은 고양이다'고 식별할 수 있습니다. 이 방법은 응용 범위가 넓으며 실용화되고 있습니다.

머신 러닝과 데이터 과학

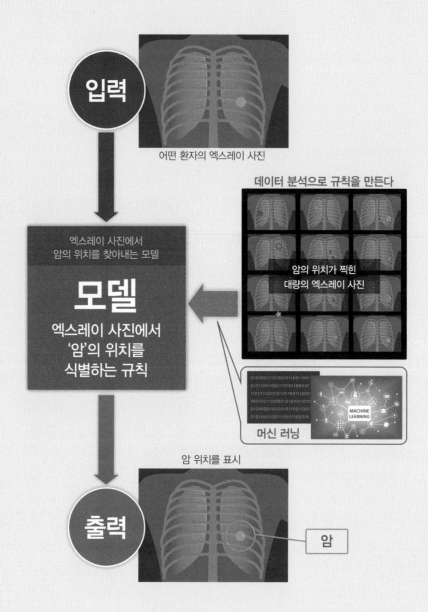

입력

어떤 환자의 엑스레이 사진

데이터 분석으로 규칙을 만든다

엑스레이 사진에서
암의 위치를 찾아내는 모델

모델

엑스레이 사진에서
'암'의 위치를
식별하는 규칙

암의 위치가 찍힌
대량의 엑스레이 사진

머신 러닝

암 위치를 표시

출력

암

우리는 사과와 귤을 바로 알아볼 수 있습니다. 평소 사과나 귤을 많이 보았기 때문에 '사과는 이런 특징의 조합이다' 또는 '귤이란 이런 특징의 조합이다'는 지식이 있고, 그 지식과 눈앞에 있는 대상을 비교해서 사과와 귤을 구별하는 것입니다.

머신 러닝은 이 특징의 조합을 바탕으로 데이터를 분석해서 찾아내는 기술입니다. 예를 들어 폐암 환자의 엑스레이 사진을 폐암이 찍혀 있다는 정보와 함께 머신 러닝 프로그램에 입력합니다. 이때 입력되는 엑스레이 사진이 '학습 데이터'입니다.

프로그램은 폐암이 찍혀 있다는 것이 어떤 특징의 조합인지 찾아내려고 합니다. 그러려면 대량의 사진을 분석해야 합니다.

대량의 사진을 기반으로 폐암이 찍힌 경우에 공통되는 특징 조합을 프로그램이 찾아냅니다. 이렇게 특징을 조합하는 것을 '추론 모델'이라고 하며, 이 추론 모델을 만드는 처리를 '학습'이라고 합니다.

폐암의 추론 모델로 다른 폐 엑스레이 사진과 대조하여 공통되는 특징이 어느 정도인지 계산해서 폐암이 있는지 판별하는 과정을 '추론'이라고 합니다.

이처럼 인간 경험이나 사고에 따르지 않고, 데이터를 분석하여 학습하고 추론하는 것이 '머신 러닝'입니다. 머신 러닝으로 생성된 추론 모델은 때때로 우리가 몰랐던 특징들의 조합을 찾아낼 수도 있습니다. 한편 왜 그렇게 되는지 명확하게 설명할 수 없는 것이 과제이기도 해서 설명할 수 있는 머신 러닝을 실현하려는 연구도 진행하고 있습니다.

다만 결과적으로 유효한지 판단하고 어디에 도움이 될까 생각하는 것은 인간 역할이며, 머신 러닝 프로그램이 스스로 결정하는 것은 아닙니다. 유효한 학습 데이터를 갖추는 것도, 적절한 머신 러닝 알고리즘을 만들거나 선택하는 것도 인간이 할 역할입니다.

머신 러닝을 이용하면 편리한 분야가 많지만, 머신 러닝을 사용하는 인간 역할은 광범위합니다. 그것을 명확히 하고 정비하는 학문이 '데이터 과학'입니다.

학습과 추론의 적절한 배치

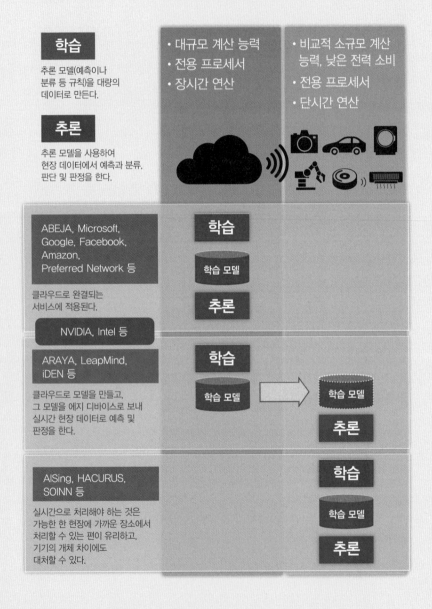

학습

추론 모델(예측이나 분류 등 규칙)을 대량의 데이터로 만든다.

추론

추론 모델을 사용하여 현장 데이터에서 예측과 분류, 판단 및 판정을 한다.

- 대규모 계산 능력
- 전용 프로세서
- 장시간 연산

- 비교적 소규모 계산 능력, 낮은 전력 소비
- 전용 프로세서
- 단시간 연산

ABEJA, Microsoft, Google, Facebook, Amazon, Preferred Network 등

클라우드로 완결되는 서비스에 적용된다.

NVIDIA, Intel 등

학습

학습 모델

추론

ARAYA, LeapMind, iDEN 등

클라우드로 모델을 만들고, 그 모델을 에지 디바이스로 보내 실시간 현장 데이터로 예측 및 판정을 한다.

학습

학습 모델

학습 모델

추론

AISing, HACURUS, SOINN 등

실시간으로 처리해야 하는 것은 가능한 한 현장에 가까운 장소에서 처리할 수 있는 편이 유리하고, 기기의 개체 차이에도 대처할 수 있다.

학습

학습 모델

추론

클라우드 서비스로 완결되는 애플리케이션, 예를 들어 검색 서비스나 소셜 미디어, 온라인 쇼핑 등은 클라우드상에 배치된 시스템에서 학습하고 추론하는 것이 일반적입니다.

한편 IoT에 적용할 때는 학습은 클라우드에서 하고, 학습한 모델을 디바이스에 전송하여 추론합니다. 그 결과로 얻은 데이터는 다시 클라우드로 피드백해서 학습 모델의 정밀도를 높여 가는 방법을 이용했습니다. 그러나 이 방식으로는 빠른 학습이나 추론이 요구되는 상황에 대처할 수 없습니다.

예를 들어 공장의 공작 기계를 제어하거나 자동차 및 드론을 조작할 때 디바이스에는 클라우드와 같은 윤택한 시스템 자원이 없어 한정된 리소스로 센서에서 얻은 데이터를 빠르게 처리해야 합니다. 이때 클라우드와 디바이스 간 통신에서 발생하는 '지연'이 병목 현상을 일으킵니다. 병목 현상으로 처리가 늦어지면 인명과 관련된 큰 사고를 일으킬 수도 있습니다.

또 공장에 설치된 기계도 개체마다 차이가 있어 약간씩 동작이 다를 수 있는데, 기계의 이런 차이에 맞추어 변화를 재빨리 예측하고 자동으로 보정해서 제어해야 합니다. 이때는 멀리 있는 데이터 센터에 설치한 클라우드에서 학습하고, 디바이스에서 추론 과정을 거치는 방식은 통신이 지연되었을 때 치명적인 문제가 생길 수 있습니다.

이런 상황에 대처하려면 디바이스 자체나 디바이스에 가까운 곳에 학습과 추론하는 시스템을 배치하고, 통신에 따른 지연을 최대한 없애서 실시간으로 학습과 추론을 할 수 있어야 합니다.

이런 요구를 충족시키고자 낮은 소비 전력으로 빠르게 학습과 추론을 처리할 수 있는 반도체 디바이스(인공지능 칩)나 처리 능력이 낮은 프로세서라도 처리 목적을 한정시켜 빠르게 학습과 추론을 하는 머신 러닝 소프트웨어가 사용됩니다.

머신 러닝을 효과적으로 사용하려면 용도에 따라 **적절한 장소에 학습과 추론을 배치해야 한다**는 점에 유의하세요.

통계와 머신 러닝의 관계

통계 Statics		머신 러닝 Machine Learning	
기술 통계 Descriptive Statistics	추론 통계 Inferential Statistics	예측 Prediction	분류 Classification 식별 Identification 판단 Decision
얻은 데이터 특징이나 경향을 알기 쉽게 표현한다.	일부 데이터에서 그 데이터를 포함한 전체 특징을 추측한다.	학습된 모델로 미래를 예측한다.	학습된 모델에서 분류, 식별, 판단한다.
수집한 데이터의 통계량(평균이나 분산 등)을 계산해서 데이터가 나타내는 경향이나 성질을 안다.	채취한 데이터 (표본이나 샘플이라 고도 함)에서 모집단(전체)의 성질을 추측한다.	학습을 위한 데이터를 계산함으로써 예측을 위한 모델(추론 모델)을 생성한다.	학습을 위한 데이터를 계산함으로써 분류, 식별, 판단을 위한 모델(추론 모델)을 생성한다.
인간이 데이터에서 규칙, 경향을 발견하고 설명하는 것을 지원한다		**기계(소프트웨어)**가 데이터에서 규칙, 경향을 발견하고 예측과 분류, 식별, 판단을 자동화한다	

데이터를 이용하여 문제를 해결하는 방법론이라는 점에서 '통계학'이나 '머신 러닝'은 큰 차이가 없습니다. 양자의 차이는 방법론, 즉 알고리즘이나 기술에 있다기보다 그 목적에 있다고 할 수 있습니다.

통계학은 데이터를 설명하는 것이 목적이며, 기술 통계(descriptive statistics)와 추론 통계(inferential statistics)로 나눕니다.

기술 통계는 데이터 특징이나 경향, 구조를 평균이나 분산 같은 통계량으로 설명하는 것입니다. 예를 들어 내 시험 성적이 전교에서 어느 정도의 수준에 들어가는지 알아보거나 원 그래프로 전교 성적 분포를 시각화해서 내 시험 성적 분포의 특징이나 경향을 알 수 있습니다.

추론 통계는 채취한 일부 데이터, 즉 표본이나 샘플 데이터로 그 데이터를 포함하는 전체, 다시 말해 모집단의 특징이나 경향, 구조를 설명하는 것입니다. 예를 들어 샘플로 선정된 사람의 직업과 수입 관계를 조사한 데이터로 대한민국 전체 직업과 수입 관계를 설명하고, 과거 지진 발생 지역과 빈도로 지역별 지진 피해의 위험도를 설명하는 것입니다.

데이터 특징이나 경향, 구조를 인간이 이해하기 쉬운 형태로 설명하여 정확하게 판단하고 의사 결정을 할 수 있게 도와줍니다.

한편 머신 러닝은 데이터에서 예측하고 분류하고 식별하고 판단하는 것이 목적입니다.

예측에서는 아직 모르는 답을 알기 위한 모델(추론 모델)을 데이터로 만들고, 추론 모델을 현재 데이터와 대조하여 '앞으로 무슨 일이 일어날지 예측한다', '대상을 어느 그룹으로 분류하는 것이 적절한지 결정한다', '지금 눈앞에 있는 대상은 무엇인지 식별한다' 등 명령을 실행합니다. 즉, 데이터를 주면 추론 모델과 대조하여 자동으로 분류, 식별, 판단을 하는 것이 목표입니다.

통계학과 머신 러닝은 모두 데이터를 바탕으로 수학적인 기법을 사용해서 문제를 해결합니다. 하지만 '무엇을 알고 싶은가', '무엇을 해결하고 싶은가'는 인간이 결정해야 합니다. 또 설명이나 예측 결과로 인과 관계나 원인을 해석하고, 어떻게 활용할지 생각하는 것도 결국 인간이 할 역할입니다.

자동화에서 자율화로

기계가 스스로 규칙이나 판단 기준을 정하여
인간이 개입하지 않고 실행

상황에 따라 스스로 판단하는 작업 자동화 = 자율화

미지의 상황에도 대응해서 스스로 판단하고 실행한다.

인간이 부여한 규칙이나 판단 기준에 따라
인간이 개입하지 않고 실행

최적 대응이 요구되는 작업 자동화

현재 상황의 변화를 센서나 로그를 통해 수집하고
패턴화된 규칙에 따라 기기를 제어한다.

연속되는 작업 자동화

생산 관리, 판매 관리, 공정 관리 등
전표 및 작업 흐름 등을
온라인으로 처리한다.

단일 작업 자동화

급여 계산 및 부품표 전개 등
일괄 처리한다.

'수고를 덜고 싶다', '효율을 올리고 싶다'고 생각하는 것은 인간 본연의 욕구입니다. 도구는 그런 인간 욕구를 충족시키려고 발전해 왔습니다. 인공지능 또한 그런 역사의 연장선으로 자리매김할 수 있을 것입니다. 인공지능이 이전 도구와 다른 점은 '자율화(autonomy)'를 실현하려고 하는 것입니다. 지금까지도 인간의 개입 없이 부여한 절차나 기준에 따라 실행하는 자동화(automation)는 다양한 상황에서 사용됩니다. 자동화 단계를 정리하면 다음과 같습니다.

- **반복적으로 수행되는 단일 작업**: 급여 계산 및 부품표 전개 등 단일 작업, 즉 일상 업무의 자동화를 의미합니다. 동일한 작업의 반복으로 단일 작업 순서에 따릅니다.
- **규칙화된 일련의 작업**: 생산 관리, 판매 관리, 공정 관리 등 연속되는 일련의 작업에서 규칙에 근거한 작업의 자동화를 의미합니다. 상황에 따라 조건 분기가 되고 일정한 범위 내에서 처리 순서에 변화가 주어집니다.
- **피드백에 따른 최적화**: 센서나 로그로 상황 변화를 수집하고, 인간이 부여한 기준으로 최적의 조건을 찾아내 실행시키는 자동화를 의미합니다. 미리 '예상'되는 범위나 기준에 근거한 것으로, 예외적인 상황에서는 인간이 판단합니다.

한편 인공지능에서는 기계 스스로 규칙이나 판단 기준을 찾아내서 실행하는 '자율화'를 실현하려고 합니다. 구체적인 사례는 다음과 같습니다.

- 공장의 검사 공정 등 여러 특징을 조합하여 판별이나 분류 기준이나 규칙을 생성하고, 그에 따라 실행합니다.
- 자동차의 자율 주행 등 주위 상황에 대응하고 판단하여 실행합니다.
- 공장의 로봇 등 주어진 목표를 달성하고자 시행착오를 거듭하며, 최적의 순서와 노하우를 찾아내 처리 방식을 다듬습니다.

인공지능은 자동화를 자율화로 발전시키는 수단이라고 할 수 있습니다.

특화형 인공지능과 일반형 인공지능

범용형 인공지능

서로 다른 영역에서 다양하고 복잡한 문제를 해결한다

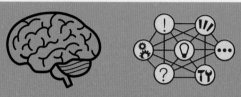

자기 이해나 자기 제어, 의식이나 의욕을 가짐

스스로 과제를 발견하여 자율적으로 능력을 높여 간다

특화형 인공지능

개별 영역에서 지적으로 행동한다

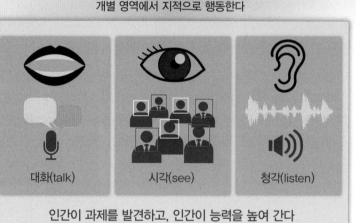

대화(talk)   시각(see)   청각(listen)

인간이 과제를 발견하고, 인간이 능력을 높여 간다

인공지능 진화에는 놀라운 점이 있습니다. 예를 들어 영상 인식 분야에서 영상 속에 무엇이 찍혀 있는지 식별하는 능력은 이미 인간을 초월하여 성과를 얻고 있습니다. 그 기술로 CT나 엑스레이 영상에서 병이 생긴 위치를 찾아내거나 방범 카메라에 찍힌 방문객 행동에서 절도 가능성을 감지하는 등 실제로 적용한 사례도 등장했습니다. 또 음성 인식 분야에서는 다른 언어 사이의 대화를 실시간으로 번역하는 서비스가 등장했습니다. 대화 응답 분야에서는 아마존 에코(Amazon Echo)나 구글 홈처럼 자연스럽게 말을 걸기만 해도 에어컨을 조작하고, 온라인으로 물건을 사고, 좋아하는 음악을 재생하는 등 일을 할 수 있게 되었습니다.

이처럼 인공지능은 특정한 지적 작업 영역에서 이미 인간 능력을 능가할 정도의 실력을 갖추고 있습니다. 이런 인공지능을 '특화형 인공지능'이라고 하지만, 인간처럼 하나의 뇌로 영상이나 음성을 인식하고 대화를 하고 그것들을 조합한 고도의 지적 작업을 해낼 수는 없습니다.

또 인간 뇌에는 자신이 무엇인가에 대한 '자기 이해', 자신이 무엇을 하고 있는지와 하려고 하는지 알 수 있는 '의식', 관심을 가지고 자신의 행동을 선택하는 '의욕' 등이 있지만, 그런 능력은 아직 인공지능으로 실현되지 않았습니다. 예를 들어 구글의 인공지능인 알파고(Alpha Go)가 세계 바둑 챔피언을 이겼습니다. 하지만 알파고는 스스로 '자기 이해'를 하지 못하고, 그 승리를 바탕으로 자신의 능력을 다른 데 활용하려는 '의욕'도 없으며, 자신의 '의지'로 과제를 찾아내 능력을 갈고 닦지 않습니다. 이 모든 것은 인간만이 할 수 있습니다.

확실히 바둑 분야에서 알파고는 인간을 웃도는 능력을 발휘하며, 자율 주행이나 콜센터 고객 응대, 범죄 증거 분석 등에 사용되는 **특화형 인공지능**은 이미 인간 능력을 넘어선 것도 적지 않습니다. 하지만 뇌의 모든 기능을 대체할 수 있는 것은 아니며, 무엇을 위해 어떻게 사용할지는 인간이 결정합니다.

인간 두뇌의 전체 구조를 밝혀 내 '범용형 인공지능'을 만드는 연구도 진행하고 있습니다. 장기적으로는 인간 뇌를 대체하는 인공지능이 등장할지도 모르지만, 현재 단계에서 실현될 전망은 보이지 않습니다. 현재는 특화형 인공지능의 실용성을 높여 적용 분야를 넓혀 가려는 노력이 대부분입니다.

인공지능과 머신 러닝의 관계

인공지능(Artificial Intelligence)

**인간의 '지능'을 기계로
인공적으로 재현한 것**

응용적

게임	전문가 시스템	정보 검색
휴먼 인터페이스	음성 인식	데이터 마이닝
영상 인식	신경망	로봇
감성 처리	자연어 이해	멀티 에이전트
추론	탐색	계획
지식 표현	**머신 러닝** (인공지능의 한 연구 분야)	유전 알고리즘

기초적

인공지능과 머신 러닝을 구분하지 않고 모호하게 쓸 때가 있습니다.

이 둘의 차이점을 정리해 보겠습니다.

인공지능

1956년 미국 다트머스에 연구자들이 모여 '곧 인간 지능을 기계로 시뮬레이션할 수 있게 된다'고 하면서 **인공지능**(Artificial Intelligence, AI)이라고 이름을 붙였습니다. 그러나 용어를 엄밀하게 정의한 것은 아니라, 연구자마다 다양하게 해석하여 각각 다른 접근 방식으로 연구를 진행했습니다.

한 가지 접근 방식은 '인공지능 목적은 인간 지능 구조를 이해하는 것이며, 그것을 위해 컴퓨터를 활용하는 것'이라고 해석하고, 인간 두뇌에서 어떻게 지적 활동이 일어나는지 분석하여 그대로 컴퓨터 소프트웨어로 재현하고자 했습니다.

또 다른 방식은 '인공지능 목적은 지적인 일을 할 수 있는 소프트웨어를 만드는 것'이라고 해석하고, 인간 두뇌 구조와는 달라도 지적인 일을 할 수 있는 소프트웨어를 만들어 지적인 작업을 돕거나 대체하고자 했습니다.

전자를 '강한 인공지능', 후자를 '약한 인공지능'이라고 하며, 최근에는 각각 '범용형 인공지능'과 '특화형 인공지능'이라고도 합니다. 인공지능을 도입하려는 분야는 다방면에 걸쳐 있습니다.

머신 러닝

머신 러닝(machine learning)은 인공지능 연구의 한 분야로 여기며, 인간의 일상적인 학습 활동을 컴퓨터로 실행하는 기술이나 방법입니다.

'학습'이란 인간이 눈이나 귀 등 감각 기관으로 얻은 정보에서 특징을 조합하여 구분이나 분류, 판단 규칙을 찾아내는 것입니다. 머신 러닝은 이 과정을 컴퓨터(의 소프트웨어)로 실현하려는 것입니다.

머신 러닝 중에서도 요즈음 특히 주목받고 있는 것이 **딥러닝**(deep learning)(심층 학습)입니다. 이 기술은 인간 두뇌에서 영상을 인식하고 식별하는 학습 메커니즘을 참고해서 만든 머신 러닝 알고리즘(계산이나 문제를 해결하는 순서나 방식)의 하나입니다.

인공지능, 머신 러닝, 딥러닝의 관계

인공지능
Artificial Intelligence

인간의 '지능'을 기계로 인공적으로 재현한 것

유전 알고리즘, 전문가 시스템, 음성 인식, 영상 인식, 감성 처리, 머신 러닝, 게임, 자연어 처리, 정보 검색, 추론, 탐색, 지식 표현, 데이터 마이닝, 신경망, 휴먼 인터페이스, 플래닝, 멀티 에이전트 로봇

머신 러닝
Machine Learning

인공지능 연구 분야의 하나로 데이터를 분석하고, 그 결과에서 판단과 예측을 위한 규칙을 찾아내는 방법

데이터

알고리즘

규칙

딥러닝
Deep Learning

뇌과학의 연구 성과를 바탕으로 데이터 분류와 인식 기준을 인간이 가르치지 않아도 데이터를 분석함으로써 스스로 알아낼 수 있는 머신 러닝 방법

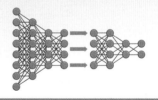

1950년대~　　1980년대~　　2010년대~

인공지능 연구는 반세기 이상 이어져 왔습니다. 그동안 체스나 장기 같은 게임을 잘 공략하는 것(탐색과 추론)에서 시작하여, 인간이 가진 지식을 사전이나 규칙으로 만들어 컴퓨터에 등록하고 전문가와 같은 해답을 도출하려는 연구(규칙 기반과 전문가 시스템)를 진행해 왔습니다. 하지만 모든 사건을 사전이나 규칙으로 등록할 수는 없습니다. 또 세상에는 모순되는 규칙이 동시에 존재하는 경우도 있는데, 인공지능에 서로 모순되는 규칙을 등록하면 처리할 수 없는 문제가 있었습니다. 그 때문에 한정된 분야에서는 성과를 올릴 수 있어도, 다양한 분야에서 광범위하게 응용할 수 있는 인간 지능과는 거리가 있었고 성과도 제한적이었습니다.

그 후 데이터를 분석하여 분류나 구별, 예측을 할 수 있는 규칙성을 찾아내는 방법인 '머신 러닝'이 등장합니다. 머신 러닝의 개념은 인공지능 연구 초기 단계부터 있었지만, 컴퓨터 성능이 충분하지 못해 성과를 내지 못했습니다. 그러나 컴퓨터 성능이 향상되고 새로운 연구 방법이 개발되면서 이런 상황은 크게 바뀌었습니다. 또 인터넷 보급으로 대량의 학습 데이터를 저렴한 비용으로 수집할 수 있게 되자 연구에 가속도가 붙게 되었습니다.

머신 러닝은 어느 특징에 주목하면 잘 분류·구별할 수 있는가, 즉 '주목해야 할 특징과 그 조합(특징량)'을 인간이 지정하고 그 특징량의 최적 값을 대량의 학습 데이터를 분석해서 찾아낸 후 분류하거나 구별하는 방법입니다. 그러나 특징량을 인간이 설계하고 등록해야 하는데, 얼마나 잘 설계했는지가 결과를 크게 좌우했습니다.

그 후 영상을 인식하는 두뇌 구조에 관한 연구가 진행되어 그 성과를 참고로 한 머신 러닝의 방법 중 하나로 '딥러닝'이 등장합니다. 딥러닝은 '특징량'을 인간이 아니라 데이터를 기반으로 자동으로 만들려는 것입니다. 인간에게 의존하지 않고 인간이 알아 챌 수 없었던 더 적절한 특징량을 찾아낼 수 있게 되면서 성능이 큰 폭으로 향상되었습니다. 세상 모든 것을 마음대로 분류할 수 있는 가능성이 생겼다고도 할 수 있습니다. 지금은 영상 인식에 머무르지 않고, 음성 인식이나 자연어 이해 등에서 인간 능력을 웃도는 성능을 발휘하여 영상 생성을 비롯한 다양한 분야에서 광범위하게 이용합니다.

머신 러닝 학습 방법

머신 러닝
Machine Learning

지도 학습 Supervised Learning	비지도 학습 Unsupervised Learning	강화 학습 Reinforcement Learning
입력과 정답 예제의 관계를 나타낸 데이터를 학습 데이터로 입력하고, 그 관계를 재현하도록 특징을 추출하여 모델을 생성한다.	아무 설명 없는 학습 데이터를 입력하여 추출한 특징의 패턴에서 유사한 그룹을 찾아내 각각의 모델을 생성한다.	추론 결과에 평가(보수)를 줌으로써 어떤 결과를 얻고 싶은지 나타내고, 그 결과도 잘 재현할 수 있는 모델을 생성한다.

회귀 Regression	분류 Classification	클러스터링 Clustering	차원 축소 Dimensionality Reduction	밴디트 알고리즘 Bandit Algorithm	Q 학습 Q Learning
결정 트리, 랜덤 포레스트, 선형 회귀 등	SVM, 로지스틱 회귀, 나이브 베이즈 등	k 평균법, k 모드, DBSCAN 등	주성분 분석, 특이 값 분해, 잠재 디리클레 할당 등		
매출 예측, 인구 예측, 수요 예측, 부정 탐지 등	고장 진단, 영상 분류, 고객 유지 등	추천, 고객 세분화, 타깃 마케팅 등		게임, 광고, 자율 주행, 실시간 판단 등	

머신 러닝은 학습 방법에 따라 크게 지도 학습(supervised learning), 비지도 학습(unsupervised learning), 강화 학습(reinforcement learning)으로 나눌 수 있습니다.

지도 학습

입력과 정답의 관계를 나타낸 데이터를 학습 데이터로 입력하고, 그 관계를 재현할 수 있는 추론 모델을 생성합니다. 예를 들어 '개'라는 정답을 붙인 이미지, '고양이'라는 정답을 붙인 이미지를 학습시켜 '개'와 '고양이' 각각의 고유한 특징 조합을 찾아내고, 둘 사이의 차이를 잘 표현할 수 있는 추론 모델을 생성합니다. 고장 진단이나 영상 인식 등 사물을 잘 구별·구분하는 '분류'나 이익의 예측, 부정 탐지 등 데이터를 바탕으로 경향(함수)을 이끌어 내 향후 수치를 예측하는 '회귀' 등에 이용합니다.

비지도 학습

아무 설명도 없는 학습 데이터를 입력하고 추출한 특징 조합에서 유사한 그룹을 찾아내는 추론 모델을 생성합니다. 예를 들어 정답을 붙이지 않은 채 '개', '고양이', '트리'를 학습 데이터로 입력하면 각각 특징에서 차이를 찾아내어 추론 모델을 생성합니다. 각각을 특징 짓는 '개념'을 만들어 낸다고 말할 수 있을지도 모릅니다. 여러 가지 사물 중에서 닮은 것을 모아 그룹화하는 '클러스터링', 데이터 압축이나 상호 관계를 시각화하는 '차원 축소' 등에 이용합니다.

강화 학습

추론 결과에서 평가(보수)를 반복하여 어떤 결과를 얻었으면 하는지 나타내고, 그 결과를 가장 잘 재현할 수 있는 추론 모델을 생성합니다.

예를 들어 게임 득점이 높으면 +로 평가하고 낮으면 −로 평가하길 반복해서 득점을 더욱 높이고 보상인 플러스 평가가 주어지는 게임 방식을 재현하는 추론 모델을 생성합니다. '바둑이나 장기 등 게임에서 승리하기', '효과적인 광고 내보내기', '안전한 자율 주행 실현하기' 등에 이용합니다.

신경망과 딥러닝

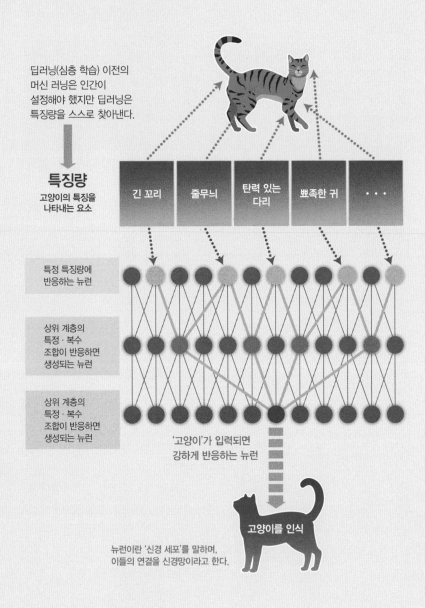

딥러닝(심층 학습) 이전의
머신 러닝은 인간이
설정해야 했지만 딥러닝은
특징량을 스스로 찾아낸다.

특징량

고양이의 특징을
나타내는 요소

긴 꼬리

줄무늬

탄력 있는
다리

뾰족한 귀

· · ·

특정 특징량에
반응하는 뉴런

상위 계층의
특정 · 복수
조합이 반응하면
생성되는 뉴런

상위 계층의
특정 · 복수
조합이 반응하면
생성되는 뉴런

'고양이'가 입력되면
강하게 반응하는 뉴런

고양이를 인식

뉴런이란 '신경 세포'를 말하며,
이들의 연결을 신경망이라고 한다.

지금 머신 러닝에서 주목받는 기술은 **신경망**(neural network)입니다. 이는 뇌의 신경 세포인 '뉴런'의 연결을 뜻하는 말로, 인간 뇌에서 수행하는 지적 처리 과정을 수학적인 모델로 대체하여 컴퓨터로 처리하려는 프로그램의 총칭입니다.

예를 들어 고양이 사진이 있다고 합시다. 이 이미지를 고양이로 식별할 때 주목할 점으로 긴 꼬리, 줄무늬, 탄력 있는 다리, 뾰족한 귀 등을 지정합니다. 이 주목할 점을 특징량이라고 하며, 프로그램은 이미지에서 특징량에 강하게 반응하는 뉴런을 생성합니다. 또 특정한 복수의 뉴런 조합이 반응하면 이것에 반응하는 뉴런이 별도로 생성됩니다. 이 과정이 여러 층에 걸쳐 반복되면서 최종적으로 고양이를 입력하면 강하게 반응하는 뉴런이 생성됩니다.

고양이는 대체로 비슷한 특징이 있다고 해도 품종이 다양합니다. 그래서 대량의 고양이 사진을 학습해서 공통으로 강하게 반응하는 뉴런과 그 연결 조합인 신경망을 만들어 갑니다. 이것이 바로 '학습'입니다. 이렇게 해서 완성된 특정한 복수 뉴런이 연결된 조합이 '(고양이의) 신경망'입니다.

어떤 사진을 완성된 (고양이의) 신경망으로 대조해 보면, 사진이 고양이일 때 강하게 반응하므로 고양이라고 판단할 수 있습니다. 이 완성된 신경망을 '추론 모델'이라고 하며, 추론 모델로 대조하는 처리를 '추론'이라고 합니다. 고양이 이외에도 개나 원숭이, 새, 물고기 등 추론 모델을 만들면 이미지를 각각의 추론 모델로 대조하여 대상을 식별하고 분류할 수 있습니다.

딥러닝은 이 신경망이라고 하는 머신 러닝 방식의 일종입니다. 크게 다른 점은 특징량을 인간이 지정하는 것이 아니라, 데이터를 처리하는 과정에서 최적의 특징량 조합을 자동으로 찾아낸다는 것입니다. 딥러닝으로 인간이 발견하지 못한 더 적절한 특징량 조합을 찾아낼 수 있게 되자 식별 정밀도가 큰 폭으로 향상되었습니다.

신경망이 주목받는 이유

규칙 기반
인간의 경험이나 지식을 바탕으로 해석하는 규칙을 만든다

머신 러닝
데이터를 분석함으로써 거기에 내재된 규칙성이나
관계성(패턴)을 찾아낸다

기존 머신 러닝
패턴을 발견할 때 주목할 점(특징량)을
<u>인간이 지정한다</u>

데이터

인간이 특징량을 가르쳐서
데이터 속에서
패턴을 찾아내어
분류하고 정리한다

딥러닝(Deep Learning, 심층 학습)
패턴을 발견할 때 주목할 점(특징량)을
<u>데이터 속에서 찾아낸다</u>

데이터

인간이 가르치지 않아도
다양한 데이터 속에서
패턴을 찾아내어
세계를 분류 · 정리한다

"인간이 가르치지 않아도 다양한 데이터를 분류하고 정리한다."

신경망의 진화된 버전으로 등장한 딥러닝이 주목받는 이유가 바로 여기 있습니다.

데이터를 분석하여 그 안에 잠재된 규칙성이나 관계성, 즉 '특징 조합'을 찾아내는 것이 머신 러닝이 하려는 일입니다. 머신 러닝으로 사물을 분류하고 정리해서 추론이나 판단을 할 수 있는 기준이나 규칙을 찾아냅니다.

지금까지 신경망에서는 어떤 '특징량'에 근거하여 특징 조합을 찾아내면 좋을지 미리 인간이 결정했습니다. 그러나 딥러닝에서는 그럴 필요가 없습니다.

예를 들어 베테랑 장인이 물건을 만드는 현장을 상상해 봅시다. 우리는 도구 사용법, 힘 조절, 타이밍이라고 하는 눈에 보이는 도구 사용법에 주목하여 그 장인이 가진 기술에 감동할 것입니다. 하지만 정말 그것뿐일까요? 아마 보기만 해서는 모르는 다른 '뭔가'가 더 있을 수도 있습니다. 장인에게 알려 달라고 해도 아마 잘 설명할 수 없을 것입니다. 그렇게 설명할 수 없는 지식을 '암묵적 지식'이라고 합니다.

딥러닝은 그런 '암묵적 지식'을 데이터 속에서 찾아내 재현해 줄지도 모릅니다. 그것을 로봇에 탑재하면 장인의 기술을 가진 로봇이 실현될 것입니다. 이외에도 다음 일들을 할 수 있을지도 모릅니다.

- 베테랑 품질 검사자는 초보자가 알아채지 못하는 사소한 불량도 확실하게 찾아냅니다.
- 보수 기술자는 기계의 운전 데이터에서 이상을 깨닫고 고장을 미연에 방지합니다.
- 경찰관은 범죄 발생 장소와 시기를 오랜 경험과 감으로 예상합니다.

추론이나 판단에 큰 영향을 주는 특징량은 여러 가지가 있습니다. 딥러닝은 겉보기에는 알 수 없고 발견하기 어려운 특징량을 가진 데이터를 분석해서 인간이 가르치지 않아도 스스로 찾아낸다는 점에서 획기적입니다.

신경망의 두 가지 과제

딥러닝 과제

대량의 학습 데이터가 필요하다	결과를 설명할 수 없다

☑ 데이터 수집에 시간이 걸리고, 그 사이에 '해결하고 싶은 일'이나 '대상'이 바뀌어 버린다

☑ 충분한 데이터를 모으는 데 시간이나 수고, 비용이 너무 들어 효과에 맞지 않는다 등

☑ 정밀도가 높아도 잘못된 이유를 모르면 사용할 수 없는 경우도 있다

☑ 다음 달 매출이 20% 떨어질 것으로 예측되어도 이유를 알아야 대책을 세운다 등

해결책

학습 데이터의 정밀도를 높인다

학습 데이터를 부풀린다

전이 학습을 한다

해결책

설명 가능한 기법을 쓴다

설명이 필요한 용도로는 사용하지 않는다

딥러닝이 직면한 과제 중 하나는 대량의 학습 데이터가 필요하다는 것입니다.

정밀도를 올리려면 '대량의 학습 데이터'가 필요합니다. 충분한 데이터가 있으면 좋겠지만 학습에 필요한 불량품 영상 1만 개를 모으는 데 1년이 걸린다면, 그 사이에 검사 대상이 되는 제품이나 설비가 바뀌어 사용할 수 없게 됩니다.

그래서 이런 문제에 대처하고자 '품질이 높은 학습 데이터 사용', '데이터 부풀리기', '전이 학습' 같은 방식이 고안되었습니다.

'품질이 높은 데이터를 사용'한다는 것은 인간도 판단하기 어려운 데이터를 사용하지 않는다는 것입니다. 사람도 판단하기 어려운 데이터로 추론 모델을 만들어 보아야 정밀도는 오르지 않습니다.

'데이터 부풀리기'는 원본 학습 데이터를 변환해서 데이터양을 늘리는 것입니다. 예를 들어 학습에 사용할 이미지에 노이즈를 추가하거나 밝기를 줄이거나 변형하는 등 처리를 해서 데이터양을 늘립니다.

'전이 학습'이란 이미 학습이 끝난 추론 모델에 적은 학습 데이터로만 추가 학습을 시켜 다른 분야에 적응시키는 방법입니다. 예를 들어 단백질 분류 방법을 학습한 추론 모델을 준비하고, 패혈증 환자 혈액에서 얻은 단백질의 특징 데이터를 추가로 학습시켜 패혈증을 판별하는 추론 모델을 만드는 경우입니다.

'결과를 설명할 수 없다'는 것도 딥러닝이 직면한 또 다른 과제입니다. 시스템 설계자조차 왜 그 결과를 얻었는지 설명할 수 없는 경우가 많습니다.

예를 들어 불량품을 정상이라고 잘못 판단해서 출하하면 신용 문제로 발전할 수도 있는 공장 등에서 잘못 판단한 이유를 모른다고 하면 판단 정밀도가 높아도 실제로는 사용할 수 없습니다. 또 다음 달 매출이 20% 떨어진다고 예상하더라도 그 이유를 알 수 없으므로 어떤 대책을 세워야 할지 알 수 없습니다.

이 과제는 딥러닝뿐만 아니라 머신 러닝 전반에 공통된 과제입니다. 통계적 확률에 따라 식별하거나 판단하기 때문에 아무리 정밀도를 높여도 절대 틀리지 않는 시스템은 만들 수 없습니다. 정밀도가 좋더라도 잘 설명할 수 없으면 사용할 수 없는 현장에서는 더 단순한 방법을 써야 합니다. 예를 들어 선형 모델이나 로지스틱 회귀, 결정 트리 등을 사용하여 대처하는 것도 하나의 방법입니다. 이런 특징을 이해한 후 잘 활용할 필요가 있습니다.

머신 러닝과 인간의 역할

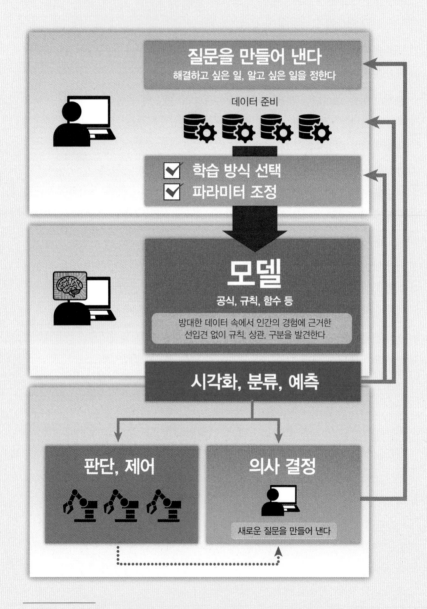

1 역주 Optical Character Recognition: 광학 문자 인식이란 사람이 쓰거나 기계로 인쇄한 문자 이미지를 스캐너로 불러와 기계가 읽을 수 있는 문자로 변환하는 처리를 의미합니다.

머신 러닝 시스템을 도입했다고 바로 성과를 올릴 수 있는 것은 아니라서 다음 순서를 거쳐야 합니다.

- **과제 정의**: 제조 라인의 품질을 향상시킵니다. 전자 상거래(electronic commerce) 사이트에서 상품 추천의 정확도를 높입니다. 손으로 그린 OCR[1]의 인식 정밀도를 높인다 등 '무엇을 해결할 것인가'를 정의합니다.

- **데이터 준비**: 과제를 해결하는 데 필요한 데이터(검사 장치의 검사 데이터, EC 사이트의 상품 거래 데이터와 고객의 속성 데이터, 손으로 그린 전표의 이미지 데이터와 정답 데이터 등)를 대량으로 모으고, 이상이나 오류가 있는 데이터를 제거하는 등 미리 준비합니다.

- **학습 방식 선정**: 머신 러닝의 다양한 학습 방식 중에서 정의한 과제를 해결하는 데 적합한 방식과 실행할 프로그램을 선택합니다.

- **실행 환경 준비**: 선정한 학습 방식에 필요한 시스템 자원을 조달하고, 프로그램을 도입하여 실행 환경을 준비합니다. GPU나 머신 러닝에 최적화된 프로세서를 사용한 클라우드 서비스나 학습 방식과 그 실행 환경이 미리 최적화된 형태로 제공되는 클라우드 서비스 등도 존재합니다.

- **학습과 파라미터 조정**: 학습 데이터를 투입하여 결과를 확인하면서 파라미터를 조정합니다. 상황에 맞는 정밀도나 성능을 낼 수 있도록 최적화합니다.

- **업무 적용 및 검증**: 업무에 적용하여 현장 피드백을 얻으면서 개선점과 과제를 찾아내 실용성을 높이는 대책을 검토합니다.

비즈니스 환경이나 요구는 계속 변화합니다. 따라서 이 과정을 계속 반복해서 항상 최적인 운용 환경을 유지해야 합니다. 또 이것으로 얻은 지식으로 새로운 과제를 정의하고 적용 범위를 넓혀 가는 것도 중요합니다.

이런 일련의 순서를 완수하려면 머신 러닝이나 통계학, 프로그래밍에 관한 전문 지식이 필요하고, 현장 사람들과 대화하여 과제나 요구를 끌어내는 기술도 필요합니다. 이런 능력을 가진 전문직이 '데이터 과학자'입니다.

머신 러닝은 마법 상자가 아닙니다. 기계에 맡길 수 있는 것은 학습 부분뿐입니다. 오히려 사람이 해야 할 작업이 많아서 사람 없이는 쓸 만한 것이 못 됩니다. 하지만 이런 작업을 대체해 주는 서비스도 등장하기 시작했습니다.

산업 발전의 역사와 인공지능 위상

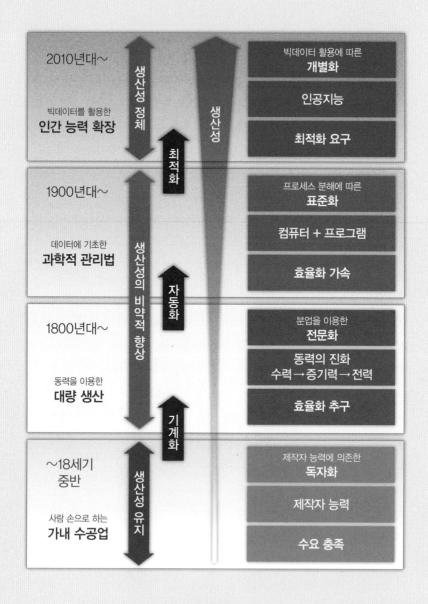

가내 수공업

18세기 중반 시작된 산업 혁명 이전에는 사람이 모든 것을 직접 만드는 '가내 수공업' 시대였습니다. 제조는 장인이 담당하고, 한 사람이 처음부터 끝까지 일관되게 해내는 방식이 일반적이었습니다. 책임자가 통괄하는 공방에서는 분업도 실시했습니다. 한정된 지역 경제권에서 기본 수요를 충족시키는 것이 목적이었고, 통신망이나 유통 시스템이 지금처럼 발달하지 않은 시대였기에 수요 변동이 일정해서 효율성을 높이는 것이 반드시 중요하지는 않았습니다.

대량 생산(산업 혁명)

1779년 영국 발명가 새뮤얼 크롬프턴이 새로운 방적기를 발명했습니다. 뮬 방적기라고 하는 이 기계는 천연 섬유를 꼬아서 연속적으로 실로 만드는 장치입니다. 이후 1830년 리처드 로버츠가 여기에 증기 기관을 조합해서 작업을 자동화하는 데 성공했습니다.

덕분에 수동으로 노동자 1명이 동시에 할 수 있는 작업이 264~288추를 감는 데 머물렀던 것을 성인 1명과 소년 2~3명이 보조하여 동시에 1600추를 감을 수 있는 정도까지 생산성을 비약적으로 향상시켰습니다. 수동 뮬 방적기를 작동시키는 데는 숙련된 기술이 필요했던 반면, 자동 뮬 방적기는 실이음과 장치 장애만 감시하면 되었기 때문입니다.

자동 뮬 방적기가 널리 보급되면서 방적 산업에는 특정한 일만 하는 단순 노동자가 증가했고 노동 형태를 크게 바꾸어 버렸습니다.

방적 산업 이외에도 증기 기관 및 자동화 노력은 확산되어 노동 분업 및 전문화가 진행되었습니다. 또 통신망과 유통 시스템이 발달하여 대량 소비 사회가 도래하자 효율적인 대량 생산을 요구하기 시작했습니다.

과학적 관리법

20세기 초, 미국 기술자이자 경제학자인 프레드릭 윈슬로 테일러가 '과학적 관리법'을 제창합니다. '과학적 관리법'이란 일을 작업 요소, 즉 '프로세스'로 분해하여 작업 동작의 낭비나 개선점을 찾아내려는 노력입니다. 그리고 효율이 좋은 프로세스를 표준화하고, 매뉴얼로 만들어 작업 현장에서 철저하게 지키게 하면서 경험이 부족한 작업자라도 일정한 효율과 품질을 유지하도록 하는 것입니다.

이후 매뉴얼을 철저하게 시행하는 수단으로 컴퓨터를 사용했습니다. 즉, 표준화된 프로세스를 컴퓨터 프로그램으로 치환함으로써 누구나 실수 없이 효율적으로 일을 진행할 수 있게 되었습니다.

회계나 인사, 수주, 구매, 생산, 판매 등 다양한 업무 프로세스가 프로그램으로 대체되었습니다. 일단 프로그램으로 대체되면 융통성은 통하지 않습니다. 이런 특징을 반대로 이용하여 표준화된 업무 프로세스를 현장에서 철저하게 지키게 하면서 비용 절감, 품질 안정, 작업 시간 단축을 실현해 왔습니다.

이런 방식으로 효율성은 더욱더 향상되었습니다. 〈Management Challenges for the 21st Centry〉(Harper Business, 1999)의 저자 드러커는 테일러 이후 육체 노동의 생산성은 평균 연 3.5% 비율로 성장했고, 20세기 마지막에는 50배가 향상되었다고 언급했습니다.

인간의 지적 능력 확장

육체 노동의 효율성을 높이려는 노력은 계속되어 왔음에도 지금까지 손댈 수 없었던 부분이 '지식 노동자(knowledge workers)'의 효율성 향상입니다.

매뉴얼대로 되지 않는 영업직이나 변호사, 의사, 간호사 등은 항상 변화하는 상황을 파악하면서 최적의 답을 찾습니다. 최적의 답을 찾으려면 경험을 쌓고 폭넓은 지식을 축적하고자 계속해서 학습해야 합니다. 그런 노력으로 개개의 사건에 대한 개별적인 최적해를 찾아낼 수 있습니다. 하지만 이 작업을 프로세스로 분해하여 개선하기는 쉽지 않습니다.

여기에 등장하는 것이 인공지능입니다. 20세기 후반부터 빠르고 광범위하게 컴퓨터를 이용하게 되면서 세상 모든 현상이나 사건을 데이터화했습니다. 머신 러닝에 데이터를 입력하면 현상이나 사건의 상호 관계나 구조, 규칙성을 찾아 줍니다. 이 능력으로 지적 노동자의 작업을 지원하고 생산성을 높여 최적화를 한층 더 효율적으로 추진하려는 것입니다. 인간의 지적 능력을 확장하는 것이라고도 할 수 있겠지요.

IoT나 클라우드 보급으로 세상의 다양한 사물이나 사건이 지금보다 더 치밀하게, 그리고 실시간으로 데이터화되고 있습니다. 인공지능은 이런 방대한 데이터를 바탕으로 능력을 강화하고 역할을 확장해 나가고 있습니다.

인공지능의 적용 영역

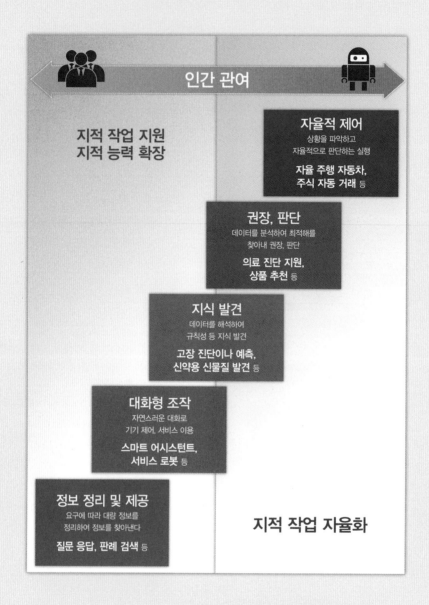

인간 관여

지적 작업 지원
지적 능력 확장

자율적 제어
상황을 파악하고
자율적으로 판단하는 실행
**자율 주행 자동차,
주식 자동 거래** 등

권장, 판단
데이터를 분석하여 최적해를
찾아내 권장, 판단
**의료 진단 지원,
상품 추천** 등

지식 발견
데이터를 해석하여
규칙성 등 지식 발견
**고장 진단이나 예측,
신약용 신물질 발견** 등

대화형 조작
자연스러운 대화로
기기 제어, 서비스 이용
**스마트 어시스턴트,
서비스 로봇** 등

정보 정리 및 제공
요구에 따라 대량 정보를
정리하여 정보를 찾아낸다
질문 응답, 판례 검색 등

지적 작업 자율화

인공지능에는 인간 관여를 전제로 한 사용법과 전제로 하지 않은 사용법이 있습니다.

인간 관여를 전제로 한 사용법으로는 요구에 따라 대량 정보를 정리하고, 거기에서 필요한 정보를 찾아내는 '정보 정리 및 제공'이 있습니다. 구체적으로는 질문 응답이나 판례 검색 등에서 이용하기 시작했습니다. 또 일상에서 사용하는 언어로 기기를 제어하거나 서비스를 이용하는 '대화형 조작'도 이 영역에 자리매김할 것입니다. 애플의 시리나 마이크로소프트의 코타나, 아마존의 알렉사 등 스마트 어시스턴트나 사람과의 커뮤니케이션을 실현하는 서비스 로봇 등이 있습니다.

이외에도 인간과 인공지능이 서로 협력하여 성과를 올리려는 영역으로 '지식 발견'이 있습니다. 데이터를 해석하여 그 속에 잠재하는 규칙성을 발견하려는 것입니다. 고장 진단 및 예측, 새로운 물질 발견 등에 사용합니다.

인간이 관여하지 않고 기계 자율성을 살리는 사용법으로는 데이터를 해석하여 최적의 대답을 기계 스스로 찾게 하는 '권장, 판단'이 있습니다. 예를 들어 IBM의 왓슨처럼 방대한 논문을 학습하고 다시 환자의 진단 소견이나 검사 데이터를 분석해서 암을 진단하고 치료법을 제안해 주는 서비스, 개인의 취향이나 라이프 스타일을 학습시켜 그에 어울리는 상품을 추천하는 서비스 등으로 응용 분야를 넓혔습니다.

이외에도 스스로 상황을 파악, 학습하고 자율적으로 판단하여 실행하는 '자율적 제어'라는 사용법이 있습니다. 자율 주행 자동차나 주식 자동 거래, 공장 자동 조업이나 건설 현장의 자동 공사 등으로 적용 분야를 넓혔습니다.

이처럼 인공지능은 벌써 다양한 분야에서 실용화되어 지금과는 차원이 다른 효율화나 비용 절감을 실현하기 시작했습니다. 게다가 지금까지는 할 수 없었던 인간의 지적 작업 효율화나 고도화, 또 지적인 발견이나 창조에도 사용하려 하고 있습니다.

자율 주행 자동차

레벨 4 · 5: 완전 자율 주행

가속, 조향, 제동을 모두 시스템이
제어하고, 운전자는 관여하지 않는다.

* 레벨 4는 고속 도로나 특정 지역 등에 한정

사고 책임

레벨 3: 준자율 주행

가속, 조향, 제동을 모두 시스템이
제어하지만, 시스템 요청이 있으면
운전자는 그에 따른다.

레벨 2: 준자율 주행

가속, 조향, 제동 중
복수의 조작을 시스템이 담당한다.

레벨 1: 안전 운전 지원

가속, 조향, 제동 중
어느 하나를 시스템이 담당한다.

레벨 0: 지원하지 않음

운전자가 항상
모든 조작(가속, 조향, 제동)을 한다.

자동 운전 자동차, 자율 주행 자동차, 로봇 카, UGV(Unmanned Ground Vehicle) 등이 등장했습니다. 자동차에 탑재된 센서가 주위 상황을 인지하고, 안전성을 스스로 판단하여 주행합니다. 일반 도로 이외의 한정된 환경(광산, 건설 현장, 농장 등)에서는 이미 수요가 확산되어 건설 기계나 농업 기계 업체에서 판매합니다.

일반적인 자동차의 자동화 수준은 다음과 같이 정의되어 있습니다.

- **레벨 0**: 전자가 항상 모든 조작(가속, 조향, 제동)을 합니다.
- **레벨 1**: 가속, 조향, 제동 중 하나를 시스템이 합니다.
- **레벨 2**: 가속, 조향, 제동 중 복수 조작을 시스템이 합니다. 운전자는 항상 운전 상황을 감시하고 필요에 따라 조작해야 합니다.
- **레벨 3**: 고속 도로 등 특정 장소에 한해 시스템이 교통 상황을 인지하여 운전과 관련된 모든 조작을 합니다. 단 긴급 사태나 시스템이 작동하기 어려워졌을 경우 등 시스템이 요청하면 운전자는 이에 따라야 합니다.
- **레벨 4**: 고속 도로나 한정된 지역 등 특정 장소에서 시스템이 교통 상황을 인지하여 운전을 모두 조작하고, 긴급 사태에도 시스템이 대응합니다.
- **레벨 5**: 완전 자율 주행. 시스템이 장소나 지역 제한 없이 교통 상황을 인지하여 운전과 관련된 모든 조작을 합니다. 운전자가 운전에 개입할 필요가 전혀 없어 가속 페달이나 핸들이 없는 자동차도 실현할 수 있습니다.

레벨 1·2를 '운전 지원', 레벨 3 이상을 **자율 주행**이라고 합니다. 이런 자동차가 등장하면서 다음 효과를 기대하고 있습니다.

- 교통사고는 운전자 실수나 무모한 행동에 기인하는 경우가 대부분이며, 운전 조작을 기계에 맡겨서 교통사고를 줄일 수 있습니다.
- 서로 속도를 확인하면서 주행하므로 정체가 해소됩니다.
- 노동 인구 감소로 운송 종사자는 줄어들고 있습니다. 이 노동력을 대체하면 수송력을 유지·확보하여 경제 규모를 유지할 수 있습니다.
- 과소 지역에서 대중교통을 대체하는 수송 수단을 낮은 비용으로 제공합니다.

한편 운전자를 대상으로 한 자동차 보험은 필요 없어지고, 장거리 수송에 필요한 휴식 장소나 숙박 시설은 수요가 줄어들 가능성도 지적되고 있습니다.

기계와 인간 관계를 바꾸는 챗봇

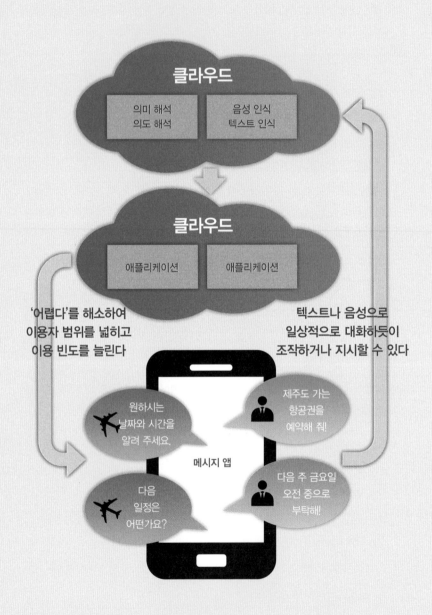

"다음 주 금요일 점심에 제주도에 도착하는 항공권을 예약해 줘. 가능하면 항상 사용하는 항공사로."

"다음 비행편은 어떻습니까?(비행 목록 표시)"

"그럼 XXX123편을 예약해 줘."

"예약했습니다."

이 대화는 당신 비서와 한 것이 아닙니다. 스마트폰의 메시지 앱으로 주고받은 대화입니다.

다양한 온라인 서비스를 평소에 익숙한 텍스트(문자) 메시지 앱을 이용해서 일상 대화하는 것처럼 이용할 수 있는 챗봇(Chatbot) 서비스를 사용하기 시작했습니다. 이외에도 챗봇 서비스는 다음 용도로 사용합니다.

- 은행 거래 잔액 확인 및 송금 절차
- 일정 확인 및 약속 메일 송신
- 일기 예보 확인

인간이 중개자가 되어 대화를 통해 상대방 의도를 확인하고 처리하던 작업을 봇이 대신합니다. 텍스트가 아닌 음성 인식이나 음성 합성 기술과 조합하여 음성 대화로 똑같이 할 수 있는 스마트 스피커도 등장했습니다.

현 시점에서는 '질문이나 지시에 대응하는 문구'를 미리 대량으로 준비하여 대화가 자연스러운 것처럼 가장하는 것이 대부분입니다. 대화 의미를 이해하고 배경이나 일반 상식에 비추어 인간처럼 지적으로 처리하고 대답하는 것은 아닙니다. 그런데도 어려운 IT와 인간을 중개하는 시스템으로 실용성이 높기 때문에 문의나 접수 창구에서 응대, 조회 등으로 용도가 넓어졌습니다.

한편으로는 더욱더 자연스러운 대화를 실현하고자 문맥적으로 대응하는 기술을 기반으로 만든 **챗봇**도 등장합니다. 예를 들어 마이크로소프트가 라인(LINE) 계정으로 제공하는 '린나'는 여고생과 현실적인 이야기를 즐길 수 있어 다수 유저를 확보하고 있습니다. 향후에는 이런 기술을 기반으로 좀 더 자연스럽게 대화할 수 있도록 진화해 갈 것입니다.

스마트 스피커

SHOPPING

일기 예보

음원 스트리밍

뉴스 배포

검색

게임

. . .

개별적으로 개발한 서비스

인터넷
→ 클라우드

어시스턴스
서비스

음성 대화로 서비스나 기기 조작

- ☑ 익숙하지 않거나 어려워하는 사용자 수용
- ☑ 사용자 증대로 서비스 수익원 확대
- ☑ '표준' 지위를 확보하여 사용자의 충성 고객화

스마트 스피커 또는 **인공지능 스피커**란 음성으로 인터넷 서비스를 이용하거나 가전 제품 등 기기를 조작할 수 있는 스피커입니다.

뉴스와 일기 예보, 음악 재생, 검색, 쇼핑, 게임 등 인터넷 서비스를 이용할 수 있으며, 스마트 스피커를 지원하는 조명이나 에어컨, 오디오나 TV 등을 음성만으로 조작할 수 있습니다. 최근에는 온라인 회의 서비스와 연계하여 회의 상대를 호출하고 대화를 녹음하고 회의록을 작성하는 등 비즈니스 용도로도 확대되고 있습니다. 전달된 음성은 와이파이, 블루투스 같은 무선 통신망을 이용하여 인터넷을 거쳐 제공 업체의 고객 서비스(account service)로 보내지고 요청된 서비스를 실행합니다. 스마트 스피커를 비즈니스에 사용하고 싶은 기업에는 소프트웨어 개발 키트(Software Development Kit, SDK)를 제공하여 개발을 촉진하고 있습니다.

스마트 스피커는 2014년 아마존의 아마존 에코를 시작으로 구글의 구글 홈, 애플의 홈 패드, 라인의 클로바 웨이브가 발매되었습니다. 각각 아마존은 알렉사, 구글은 구글 어시스턴스, 애플은 시리, 라인은 클로바라는 어시스턴스 서비스를 제공합니다. 이들은 타사의 스마트 스피커나 가전제품, 자동차 등에도 이용할 수 있게 하여 사용자를 자사 생태계 안에 묶어 둡니다. 마이크로소프트 역시 자사의 어시스턴스 서비스인 코타나를 아마존 에코나 다른 스마트 스피커 등에서 이용할 수 있게 했습니다.

스마트 스피커의 가치는 서비스나 기기를 자연스러운 음성 대화를 이용하여 조작할 수 있다는 데 있습니다. 스마트 스피커를 이용하면 각각 고유의 인터페이스나 조작 순서를 기억할 필요가 없습니다. 압도적인 편의성으로 사용자를 잡아 둘 수 있고, 지금까지 기계를 사용하기 어렵다고 느끼고 꺼리던 사람들도 이용하므로 사용자 범위를 넓힐 수 있습니다. 또 이 분야에서 점유율을 확보하면 인터넷 서비스의 창구가 되고, 음성 응답 표준을 장악할 수 있어 비즈니스를 전개할 때 지극히 유리한 포지션을 구축할 수 있어 각 사는 경쟁적으로 제품이나 기능을 충실하게 만들려고 노력하고 있습니다.

인공지능 클라우드 서비스

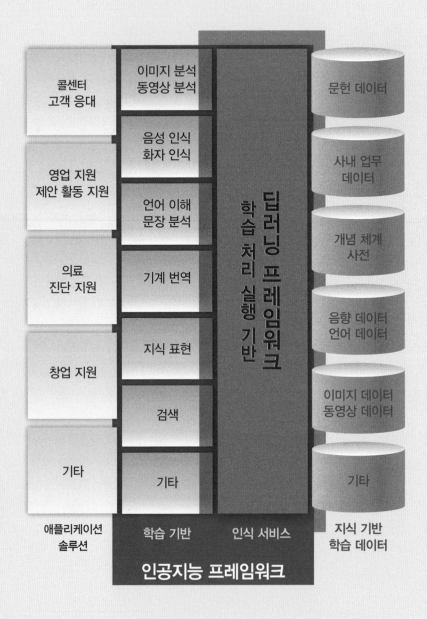

많은 기업이 인공지능에 관심이 있지만 도입하려면 전문적인 기술을 가진 인재를 확보하거나 시스템을 준비해야 하기 때문에 직접 모든 대응을 하려고 하면 쉽게 손댈 수 없는 것이 현실입니다. 이런 상황에서 유효한 해결책 중 하나가 인공지능 클라우드 서비스입니다. **인공지능 클라우드 서비스**를 이용하면 인공지능 시스템을 직접 구축하느라 운용 관리 부담을 져야 할 일이 없습니다. 또 발전 도중인 인공지능의 다양한 기술을 재빨리 비즈니스에 도입할 수도 있습니다. 더욱이 숙련된 프로그래밍 스킬이 없어도 미리 준비된 다양한 기능을 호출하는 인터페이스(Application Program Interface, API)를 이용하면 자신들만 할 수 있는 비즈니스 로직에 인재나 비용 등 자원을 기울일 수 있습니다.

인공지능 클라우드 서비스에는 이미지 분석, 얼굴 인식, 감정 인식, 의도 해석, 텍스트 번역, 실시간 음성 번역 등 다양한 기능이 미리 준비되어 있어 API 서비스로 이용할 수 있습니다. 이외에도 콜센터 고객 응대나 영업 활동 제안 지원, 의료 진단 지원 등 업무에 따라 이미 학습한 추론 모델을 준비해 두고 전이 학습을 이용한 적은 학습 데이터로 추가 학습을 하여 자사 업무에 맞는 추론 모델을 만들 수 있습니다. 예를 들어 아마존 세이지메이커(Amazon SageMaker) 서비스는 머신 러닝 모델을 구축하여 학습시키고, 업무 시스템으로 이행하는 작업까지 지원해 줍니다. 보통 머신 러닝 시스템을 구축하려면 방대한 학습 데이터를 관리하고, 최적의 알고리즘을 선택하고 학습에 필요한 계산 능력을 관리하는 등 고도의 전문적 기술이 필요합니다. 이 모든 것을 사용자를 대신해서 수행하기 때문에 손쉽게 인공지능을 활용한 서비스를 실현할 수 있습니다.

이런 인공지능 클라우드 서비스는 각 사의 경쟁으로 기능은 계속 확장되고 이용 장벽은 낮아지고 있습니다. 하지만 무엇을 해결하는 데 사용할 것인지, 결과를 어떻게 해석하고 어떻게 활용할 것인지는 사용자에게 달려 있습니다. 인공지능을 사용하는 것이 쉬워져도 어떻게 다룰지는 사용자에 따라 달라집니다. 그래서 전문 지식을 가진 데이터 과학자가 필요한 것입니다.

인공지능과 함께하는 세 가지 방법

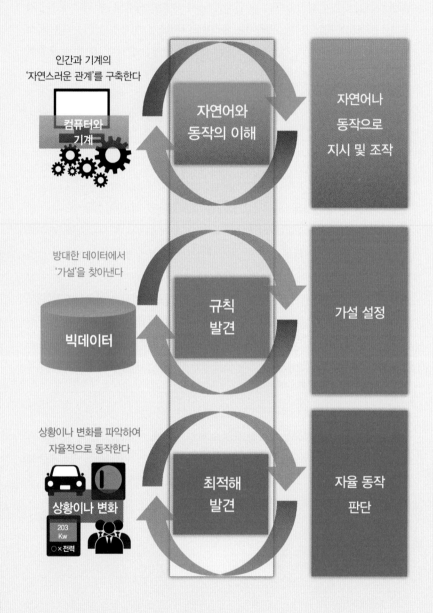

인간과 기계의
'자연스러운 관계'를 구축한다

컴퓨터와
기계

자연어와
동작의 이해

자연어나
동작으로
지시 및 조작

방대한 데이터에서
'가설'을 찾아낸다

빅데이터

규칙
발견

가설 설정

상황이나 변화를 파악하여
자율적으로 동작한다

상황이나 변화

203
Kw
○×전력

최적해
발견

자율 동작
판단

인간과 기계의 자연스러운 관계를 구축한다

기계를 대화로 조작하는 기술이 보급되기 시작했습니다. 대화로 자연스럽게 기계를 조작하고 IT 서비스를 사용하게 되면 화면을 터치하거나 키보드를 입력할 필요가 없습니다. 그러면 조작하기 귀찮아서 사용하고 싶지 않았던 사람도 IT를 사용하여 이용자가 크게 확대될 것입니다. 그런 일이 당연한 세상이 오면, 인공지능 도움 없이는 생활할 수 없는 세상이 될지도 모릅니다.

음성 조작만이 아닙니다. 개인 행동 패턴이나 건강 상태, 취미 기호는 IoT나 소셜 미디어가 모조리 파악하고 있습니다. 이제는 식사나 쇼핑, 건강과 관련하여 그 사람에게 어울리거나 필요하리라 예측한 정보를 제공합니다. 쓸데없는 참견이라는 측면도 있지만, 그것이 편리하고 도움이 된다면 많은 사람이 받아들일 것입니다.

이처럼 인공지능 기술은 한 사람, 한 사람에게 다가가 인간과 기계의 자연스러운 관계를 구축하는 데 도움이 되고 있습니다.

방대한 데이터에서 가설을 찾아낸다

소셜 미디어나 IoT가 수집한 방대한 데이터에서 가치 있는 정보나 통찰을 찾아내는 것도 인공지능이 잘하는 일입니다.

데이터가 방대할수록 정밀하고 망라적으로 현실을 반영합니다. 하지만 동시에 데이터를 해석하고 정리하는 일을 어렵게 합니다. 머신 러닝은 방대한 데이터에 잠재된 규칙성을 찾아냅니다.

일찍이 컴퓨터는 인간이 세운 가설을 바탕으로 처리 흐름을 완성하여 그에 따라 프로그램을 만들었습니다. 예를 들어 경험자 식견이나 경험을 근거로 '이런 순서로 진행하면 일의 효율이 좋아진다'는 가설을 세우고, 그것을 전제로 프로그램을 만들었습니다.

한편 인공지능은 방대한 데이터에서 그 가설을 찾아 줍니다. 지금까지 방식과는 정반대 접근법입니다. 데이터에 기반한 가설은 때로는 인간 경험이나 느낌과 일치하지 않을 수도 있습니다.

하지만 인공지능이 방대한 데이터를 해석해서 도출한 최적해를 실제로 시험해 보면, 인간 경험이나 직감으로 도출한 최적해보다 더 뛰어난 결과가 나오는 사례가 많습니다.

예를 들어 세계 바둑 챔피언을 격파한 알파고는 인간의 최고 영지를 격파한 것이기 때문에 틀림없이 '최적해'였습니다.

하지만 인간이 자신의 경험이나 직감을 잘 설명할 수 없듯이, 인공지능도 왜 그렇게 되는지 가르쳐 주지 않습니다. 그래서 프로 기사들은 알파고가 왜 그런 수를 썼는지 생각해 보고, 지금까지 상식을 재검토하려고 합니다. 인공지능 진화가 인간 진화를 촉진시킨다고도 할 수 있습니다. 이렇게 인공지능은 인간에게 영향을 주어 발전시키는 파트너 역할을 할지도 모릅니다.

상황이나 변화를 파악하여 자율적으로 동작한다

사물 그 자체나 주위 상황, 변화를 학습해서 최적해를 찾아내고, 스스로 판단하여 동작하는 자율화 능력도 인공지능이 실현합니다. 예를 들어 자율 주행 자동차나 스스로 전문 기술을 익히는 산업용 로봇, 자동으로 토목 공사를 하는 건설 기계 등은 자율화를 적용한 예입니다.

지금까지는 인간만 판단할 수 있었지만 앞으로는 인공지능도 판단할 수 있고, 판단 기능이 내장된 로봇이 자율적으로 동작할 것입니다.

확실히 인공지능은 인간 능력에 필적하거나 그 이상의 능력을 발휘하지만, '무엇을 하고 싶은지', '무엇을 해결하고 싶은지' 같은 질문을 만들어 내는 일은 인간만 할 수 있습니다.

예를 들어 다음과 같습니다.

- 세계 바둑 챔피언을 물리치는 인공지능(AI)을 만들고 싶습니다.
- 장인의 기술로 만들 수 있는 로봇을 만들고 싶습니다.
- 토목 공사 현장의 인력 부족 문제를 해결하고 싶습니다.

인공지능에는 이렇게 생각하는 능력이 없습니다. 앞으로 이런 일을 할 수 있는 인공지능이 실현될지는 잘 모르지만, 당분간은 이런 상황을 불안해 하기보다 이미 실현된 현실적인 능력이나 역할에 주목하여 자사 서비스나 상품에 도입하는 것을 생각해 보면 어떨까요?

혁신(innovation)에 '새로운 기술을 내세우다', '새로운 활용법을 창조하다'는 의미를 부여한 사람은 20세기 전반에 활약한 경제학자 슘페터(Chumpeter, J. A.)입니다. 그는 1912년에 저술한 경제 발전 이론서에서 혁신을 '신결합(neue kombination)'으로 설명하고, 다음 다섯 가지로 분류했습니다.

- **새로운 재화 생산**: 제품 혁신
- **새로운 생산 방법 도입**: 프로세스 혁신
- **새로운 판매처 개척**: 마케팅 혁신
- **새로운 구입처 획득**: 공급 사슬 혁신
- **새로운 조직의 실현**: 조직 혁신

지금 시대를 생각하면 '감성의 혁신'도 덧붙이고 싶어집니다.

아이패드나 아이폰처럼 사용자 인터페이스(UI)뿐만 아니라 사용자 경험(UX)이 새로운 경제적 가치를 창출하는 시대가 되었기 때문입니다. 이것은 기능뿐만 아니라 외형이나 편리함이 구매 행동에 큰 영향을 미치며, 새로운 라이프 스타일을 만들어 내는 현상입니다. 그렇게 생각하면 감성 또한 혁신 유형에 추가해도 좋을 것 같습니다.

또 슘페터는 '혁신은 창조적 파괴를 가져온다'고도 했는데, 다음과 같이 철도에 비유해서 설명했습니다.

"마차를 몇 대 연결한다고 기차가 되지 않는다."

즉, 철도 혁신은 마차의 마력을 더욱 강력한 증기 기관으로 바꾸고, 다수의 화차나 객차를 연결하는 '새로운 결합'인 것입니다. 철도 혁신으로 낡은 역마차 교통망은 파괴되었고 새로운 철도망으로 대체되었습니다.

사용된 기술 요소 하나하나는 새로운 것이 아니었습니다. 예를 들어 화차나 객차는 마차에서 계승했고, 증기 기관도 철도가 탄생하기 40년 전에 발명했습니다. 즉, 혁신이란 발명(invention)이 아니라 이제까지 없었던 '새로운 결합'이라는 것입니다.

발명은 쉬운 일이 아니지만, 새로운 결합이라면 혁신은 많은 사람에게 기회의 문을 열어주고 있는지도 모릅니다.

인공지능 시대에 요구되는 인간 능력

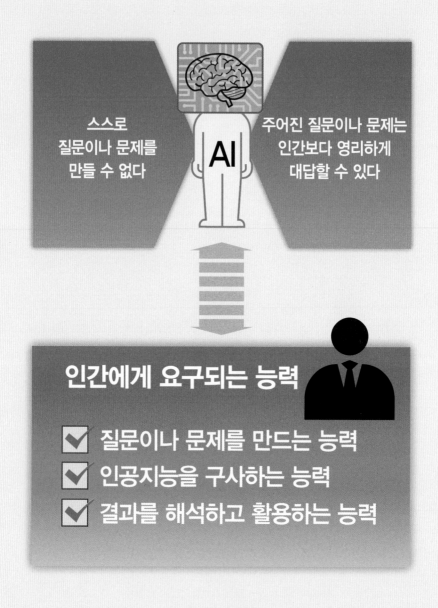

스스로
질문이나 문제를
만들 수 없다

주어진 질문이나 문제는
인간보다 영리하게
대답할 수 있다

AI

인간에게 요구되는 능력

✓ 질문이나 문제를 만드는 능력
✓ 인공지능을 구사하는 능력
✓ 결과를 해석하고 활용하는 능력

점심으로 카레를 먹고 싶어서 구글 검색 창에 다음과 같이 입력했습니다.

"동네 카레 맛집"

추천하는 카레 식당 목록이 바로 표시됩니다. 이렇게 리뷰나 가격을 확인하면서 식당을 골라 본 적 있나요? 그럼 다음 질문에 구글은 어떻게 대답할까요?

"무엇을 질문해야 하는지 알려 주세요."

그러면 취업 면접의 기술이 표시됩니다. 질문 의도나 의미를 해석한 것이 아니라 사용하는 단어와 관련된 검색 결과만 나타낸 것입니다.

인공지능으로 할 수 있는 일도 이와 아주 비슷합니다. '무엇을 알고 싶은가?', '무엇을 해결하고 싶은가?'를 결정하면 결과를 알려 주지만, 그 의도를 해석해서 대답하는 경우는 없습니다. 인공지능의 한계는 이런 데 있습니다.

인공지능 스스로 질문이나 문제를 만들 수 없습니다. 하지만 주어진 질문이나 문제에는 사람보다 현명하게 대답할 수 있습니다. 예를 들어 'X선 사진에서 암 위치는 어디인가?'라는 질문에 인간 이상의 정밀도와 속도로 암을 식별할 수 있습니다. 이외에도 '재판의 판례를 찾는다', '고장 난 원인을 찾는다', '지정된 목적지까지 차를 운전한다' 등 지금까지는 인간만 할 수 있었던 일을 인공지능도 할 수 있습니다. 이처럼 인공지능의 활용 범위는 앞으로도 넓어질 것입니다.

이런 시대에 인간에게 요구되는 능력은 '질문을 만드는 능력', '인공지능을 잘 다루는 능력', '결과를 해석하여 활용하는 능력' 등입니다. 앞으로 인공지능이 진화하면 이런 일도 할 수 있는 시대가 올지 모르지만, 당분간은 걱정할 필요 없습니다. 인간의 지적 능력 구조가 아직 해명되지 않았기 때문입니다. 구조를 모르면 알고리즘을 찾을 수 없고, 알고리즘을 모르면 프로그램은 쓸 수 없습니다. 따라서 인공지능이 인간의 지적 능력까지 갖출 수는 없습니다.

인간은 질문과 문제를 만들고 기계는 대답을 하는 모습, 인간과 인공지능은 이런 관계를 쌓아 나가겠지요.

대규모 데이터 시대에 빨라지는
인공지능 진화

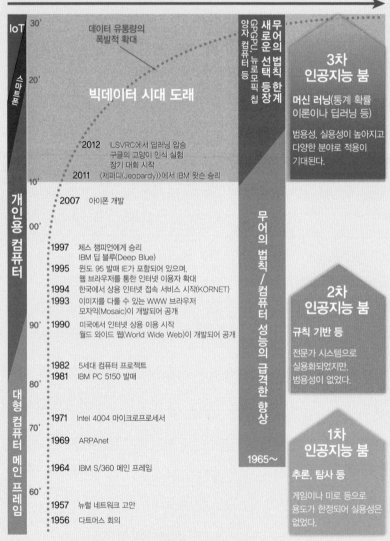

데이터 유통량

IoT

30'
데이터 유통량의
폭발적 확대

스마트폰

20'

빅데이터 시대 도래

GPGPU, 뉴로모픽 칩
양자 컴퓨터 등

새로운 선택한 장계
무어의 법칙 등

2012 ILSVRC에서 딥러닝 압승
구글의 고양이 인식 실험
장기 대회 시작
2011 〈제퍼디(Jeopardy)〉에서 IBM 왓슨 승리

10'

3차 인공지능 붐

머신 러닝(통계 확률 이론이나 딥러닝 등)

범용성, 실용성이 높아지고 다양한 분야로 적용이 기대된다.

2007 아이폰 개발

00'

개인용 컴퓨터

1997 체스 챔피언에게 승리
IBM 딥 블루(Deep Blue)
1995 윈도 95 발매 IE가 포함되어 있으며,
웹 브라우저를 통한 인터넷 이용자 확대
1994 한국에서 상용 인터넷 접속 서비스 시작(KORNET)
1993 이미지를 다룰 수 있는 WWW 브라우저
모자익(Mosaic)이 개발되어 공개
1990 미국에서 인터넷 상용 이용 시작
월드 와이드 웹(World Wide Web)이 개발되어 공개

90'

1982 5세대 컴퓨터 프로젝트
1981 IBM PC 5150 발매

80'

무어의 법칙 / 컴퓨터 성능의 급격한 향상

2차 인공지능 붐

규칙 기반 등

전문가 시스템으로 실용화되었지만, 범용성이 없었다.

1971 Intel 4004 마이크로프로세서

70'

1969 ARPAnet

1964 IBM S/360 메인 프레임

1965~

1차 인공지능 붐

추론, 탐사 등

게임이나 미로 등으로 용도가 한정되어 실용성은 없었다.

60'

대형 컴퓨터 메인 프레임

1957 뉴럴 네트워크 고안
1956 다트머스 회의

1940년대 당시 최신 신경학 연구 결과로 '뇌의 신경 세포는 전기 네트워크로 구성되고, ON과 OFF 펄스(pulse)의 조합으로 사고한다'는 사실을 알게 되었습니다. 이를 기계로 재현하려는 연구가 시작됩니다.

1950년대 컴퓨터가 등장하면서 컴퓨터를 이용하여 연구하기 시작했습니다. 1956년 7월부터 8월까지 인공지능이라는 학술 연구 분야를 확립한 다트머스 회의가 개최되었습니다. 개최 제안서 서문에는 다음과 같이 써 있습니다.

"우리는 1956년 여름 두 달 동안 인공지능 연구자 10명이 뉴햄프셔주 하노버의 다트머스대학에 모일 것을 제안한다. 학습의 모든 관점이나 지능의 다른 기능을 정확히 설명해서 기계가 학습과 지능을 시뮬레이션할 수 있게 하는 기본적인 연구를 진행한다. 기계가 언어를 사용할 수 있게 만드는 방법 탐구, 기계에서 추상화와 개념 형성, 현재 인간만 풀 수 있는 문제를 기계로 푸는 것, 기계가 자기 자신을 개선하는 방법 등을 탐구하기 시작할 것이다(McCarthy et al. 1955)."

이 제안서 제목에서 인류 역사상 최초로 '인공지능'이라는 용어가 사용되었습니다. 그 뒤 60년에 걸쳐 머신 러닝이 발전하고 딥러닝이 등장하면서 인공지능은 빠르게 실용화되었고, 현재 '3차 인공지능 붐'이 도래했습니다.

되돌아보면 1956년 다트머스 회의를 계기로 '1차 인공지능 붐'이 도래하여 인간 지능을 기계로 시뮬레이션하는 다양한 연구를 진행했습니다. 1957년에는 지금 화제가 되고 있는 딥러닝의 원형이라고도 하는 신경망을 고안했고, 1958년에는 신경망을 기계로 구현한 퍼셉트론이 등장했습니다. 하지만 단순한 게임이나 미로 탐색 정도 이상의 성과는 거두지 못하면서 이 붐은 종말을 맞이합니다.

그 후 컴퓨터는 급속도로 발전했습니다. 비즈니스 분야에서는 1951년 미국 레밍턴 랜드(Remington Rand)가 비즈니스 컴퓨터의 선구가 되는 UNIVAC I을 판매하기 시작했고, 1964년 미국 IBM이 비즈니스 컴퓨터 보급의 원동력이 된 System/360을 발표했습니다. 또 같은 해, 미국 DEC는 처음으로 상업적인 성공을 거둔 미니컴퓨터 PDP8을 발매했습니다. 그리고 1981년 IBM은 당시 수요를 확대하고 있던 개인용 컴퓨터 분야에 퍼스널 컴퓨터(personal computer) 5150을 투입하여 비즈니스 분야에서 압도적 지위를 확립합니다.

컴퓨터 성능이 향상되고 빠르게 보급되자 인공지능 연구에는 새로운 붐이 등장합니다. '2차 인공지능 붐'이라고 하는 이 시대에는 인간이 지식을 규칙이나 사전으로 기술하고, 그것을 근거로 인간의 지적 처리 결과와 동등한 결과를 얻고자 노력했습니다.

'규칙 기반'이라는 이 방식은 머지않아 특정 분야 전문가의 지식을 기술하는 '전문가 시스템'으로 성과를 올립니다. 그러나 규칙을 기술하는 것은 인간이며, 세상의 모든 규칙을 기술할 수 없는 데다가 인간은 규칙으로 기술하기 어려운 감각적인 지식도 포함해서 지적 처리를 합니다. 그래서 다양한 분야를 아우르는 지식 처리 시스템으로는 한계가 있다고 인식하면서 이 붐은 종언을 맞이합니다.

그 후로도 '무어의 법칙'을 증명하듯 컴퓨터 성능은 급격히 향상되었습니다. 또 1990년대 시작된 인터넷과 2007년 아이폰이 등장한 것을 계기로 스마트폰이 보급되면서 데이터 유통량은 폭발적으로 늘어났고, 이를 배경으로 '머신 러닝' 시대를 맞이합니다.

머신 러닝이나 신경망 아이디어는 인공지능 연구의 여명기부터 있었습니다. 그러나 당시 컴퓨터 성능은 낮았고, 컴퓨터 용도도 사무 처리나 공장 자동화 등 사내 용도로 제한되어 있었습니다. 또 네트워크도 기업 내부로만 연결되었기에 학습에 필요한 대량의 데이터를 수집할 수 없었습니다. 이런 상황이 크게 바뀌면서 머신 러닝이나 신경망 연구에 속도를 더했고 실용성을 높여 갔습니다.

2011년에는 미국 인기 퀴즈 프로그램 〈제퍼디(Jeopardy)〉에서 IBM 왓슨이 퀴즈 챔피언을 이겼으며, 이듬해 2012년에는 국제영상인식대회에서 딥러닝이 캐나다 토론토대학 팀을 압도적으로 이겨 주목을 받았습니다.

시대적 변화를 바탕으로 실용적인 측면에서 응용하는 사례가 급속히 늘어나면서 지금의 '3차 인공지능 붐'에 이르렀습니다.

앞으로 IoT 보급으로 데이터 유통량이 증가하고, 컴퓨터를 이용한 계산 수요도 폭발적으로 증가할 것입니다. 지금까지 컴퓨터로는 수요를 지탱할 수 없다는 우려도 있어 이에 대처하고자 양자 컴퓨터나 뉴로모픽 칩(neuromorphic chip)이 새로운 기술로 주목받고 있습니다.

양자 컴퓨터란 양자 역학 원리를 이용한 컴퓨터로, 기존 전자기학 원리를 이용한 컴퓨터를 훨씬 능가하는 계산 능력을 기대하고 있습니다. 양자 컴퓨터 능력은 지금 컴퓨터의 수억 배, 수조 배라고도 합니다. 지금 컴퓨터처럼 다양한 계산 용도로 사용할 수 있는 양자 게이트 방식의 양자 컴퓨터가 실용화되려면 아직 10년 이상의 시간이 필요하지만, '조합 최적화 문제'라는 특정 계산 분야에 특화한 양자 어닐링 방식의 양자 컴퓨터는 벌써 실용화되어 연구 분야나 산업 분야에서 이용 중입니다.

뉴로모픽 칩이란 뇌의 신경 세포(뉴런)가 신경 회로망(신경망)을 펼쳐서 정보를 처리하는 동작을 기본 원리로 하는 프로세서를 의미합니다. 뉴로모픽 칩은 이미지나 음성 인식 등 신경망 방식의 머신 러닝을 특기로 하는 계산 처리를 낮은 소비 전력에서 고속으로 처리할 수 있는 프로세서로, 스마트폰이나 IoT 기기에서 이용합니다.

또 인간의 뇌 기능을 모두 시뮬레이션할 수 있는 범용 인공지능 연구도 진행하고 있습니다. 실현 방법은 아직 모색하는 단계이지만, 연구 과정에서 새로운 인공지능의 가능성이 열릴지도 모릅니다.

현재 다트머스 회의에서 제안된 것 이상이 실현되었다고 말할 수는 없습니다. 하지만 앞으로도 데이터 유통량은 폭발적으로 증가할 것이며 이를 활용해 나가는 수요 또한 높아질 것입니다. 인공지능은 그런 수요에 힘입어 할 수 있는 일도, 적용 범위도 확대될 것입니다. 인공지능은 그 어느 때보다 우리 일상이나 사회에 녹아들어 사회 기반이나 비즈니스를 뒷받침하는 기술이 될 것입니다.

인공지능과 로봇의 필요성

저출산 고령화	인공지능
낮은 노동 생산성	＋
글로벌 경쟁 심화	로봇 **스마트, 머신**

- ☑ 적은 노동 인구로 사회, 경제 기반 유지

- ☑ 일과 삶의 균형이나 임금을 희생하지 않는 국제 경쟁력 유지

- ☑ 높은 부가 가치 및 차별화로 산업 경쟁력 향상

- ☑ 과소 지역 의료, 복지, 생활 지원 등 사회 문제 해결

- ☑ 노동 환경 개선과 삶의 질적 향상 등

인공지능(AI)이나 로봇이 인간 일자리를 빼앗는 것이 아니냐는 우려가 확산되고 있습니다.

일찍이 도구를 손에 넣은 인간은 그 도구를 스스로 진화시켰고, 인력에 의지할 수밖에 없었던 다양한 노동에서 인간을 해방시켰으니 인간이 하는 일을 계속 빼앗아 왔다고도 볼 수 있겠지요. 하지만 그와 동시에 인간에게 새로운 기회와 역할을 부여하고, 이전에는 없었던 새로운 가치를 세상에 만들어 냅니다. 예를 들어 다음과 같습니다.

- 쟁기나 괭이를 사용하여 인력으로 밭을 갈다가 가축에 도구를 장착해서 효율을 큰 폭으로 향상시켰습니다. 이것으로 대규모 효율적인 농업이 가능해졌고 인구가 늘어나면서 경제가 풍요로워졌고 사회 기반이 확충되었습니다.
- 마차로 실어 나르던 짐을 철도로 운반할 수 있게 되면서 대량의 짐을 단시간에 광역으로 옮길 수 있었습니다. 이것으로 산업이 발전했고 해운과 결합하자 세계적 규모의 산업이 태어났습니다.
- 밥솥과 세탁기, 냉장고 등 가전제품 보급으로 주부들이 가사 노동에서 해방되고 여성의 사회 진출이 촉진되었습니다.

인공지능이나 로봇 또한 이런 도구의 진화, 인간과의 관계 연장선에서 파악할 수 있습니다. 오히려 사회 문제를 해결하는 수단으로 보고 적극적으로 활용하는 것이야말로 건전한 사용법이라고 할 수 있습니다.

우리가 당면한 사회 문제로는 '저출산 고령화', '낮은 노동 생산성', '글로벌 경쟁의 심화'를 들 수 있습니다.

저출산 고령화

한국은 이미 2001년도에 초저출산(출산율 1.3 이하) 국가로 진입했고, 2018년에는 0.98, 2020년에는 0.84로 기록을 갱신했습니다. 인구 규모를 유지하려면 합계 출산율이 최소 2.1은 되어야 하지만, 그에 미치지 못하는 한국은 지속적으로 인구가 감소해 갈 것입니다. 추세대로면 2040년에는 5000만 명대를 밑돌게 되고, 2060년에는 4400만 명에 이를 것으로 전망하고 있습니다.

생산 연령 인구(15~64세 인구)는 2017년 3757만 명을 정점으로 지속적으로 감소하여 2040년에는 2865만 명으로, 2067년에는 1784만 명으로 감소할 것으로 예상됩니다. 따라서 총인구에서 생산 연령 인구가 차지하는 비중은 2017년 73.2%에서, 2067년에는 45.4%로 감소하게 됩니다.

기대 수명이 증가하고 저출산으로 고령 인구가 차지하는 비중도 2017년 13.8%에서 2067년 46.5% 수준으로 높아질 것입니다. 이런 노동력 감소는 경제나 사회 복지를 유지하기 곤란하게 합니다(통계청 "장래 인구 특별 추계: 2017~2067년"(2019.3.)).

낮은 노동 생산성

노동 생산성이란 GDP를 총 노동 시간으로 나눈 것입니다. 2016년 주요 선진 35개국으로 구성된 OECD 회원국 여러 나라를 비교한 결과를 보면 다음과 같습니다.

- 노동자 1인당 2016년 한국의 노동 생산성은 6만 9833달러(구매력 평가 환산)고, 순위는 OECD 35개국 중 27위로 낮은 수준입니다.
- 한국의 수준은 터키(7만 1323달러)나 그리스(7만 692달러) 아래쪽, 포르투갈(6만 8749달러) 위쪽 부근에 있습니다.
- 1위는 아일랜드(16만 8724달러), 2위는 룩셈부르크(14만 4273달러)이며, 이 두 나라의 생산성 수준은 OECD 회원국 중에서도 두드러집니다.

노동력 감소에도 노동 생산성이 낮은 상태에서는 사회적 기반을 유지할 수 없습니다. 어떻게 해서든 해결해야 할 큰 문제라고 할 수 있습니다.

글로벌 경쟁 심화

신흥국의 급속한 발전과 최첨단 기술을 활용한 생산 혁명으로, 한국은 과거 어느 때보다 글로벌 경쟁 환경에 노출되어 있습니다.

또 무거운 법인세와 보험료 부담, 유연성이 부족한 노동 시장, 불합리한 환경 규제, 전력 공급 부족, 높은 비용 문제가 해결되고는 있지만 여전히 많은 과제를 안고 있습니다. 이런 상황 속에서 국제적인 경쟁력을 확립해야만 합니다.

인공지능이나 로봇의 활용은 이런 사회 문제 해결에 효과적인 수단이 될 것입니다.

- 적은 노동 인구로 사회, 경제 기반 유지
- 일과 삶의 균형이나 임금을 희생하지 않는 국제 경쟁력 유지
- 높은 부가 가치 및 차별화로 산업 경쟁력 향상
- 의료, 복지, 생활 지원 등 사회 문제 해결
- 노동 환경 개선과 삶의 질적 향상

물론 인공지능이나 로봇을 활용한다고 사회 문제를 모두 해결할 수 있는 것은 아니지만, 분명 큰 도움은 될 것입니다. 인간이 하는 일을 빼앗는 위협적인 '대상'으로 여기는 것이 아니라, 사회 문제를 해결하는 '수단'으로 생각하고, 인간이 일하는 방법이나 역할을 적극적으로 바꾸어 그 가치를 이끌어 내는 것이 필요합니다.

애초에 '무엇을 해결할 것인가?'는 인간만이 결정할 수 있습니다. 인공지능은 인간이 결정한 '무엇을 해결할 것인가?'에 몇 가지 해결책을 주는 존재일 뿐입니다. 이런 관계는 당분간 변하지 않을 것입니다. 로봇은 그 해결책을 실행에 옮겨 주는 수단 중 하나입니다.

이런 시대에 우리는 질문을 만들어 내고 주제를 찾아내는 통찰력과 상상력을 갖추어야 합니다.

memo

4^장

IT 인프라

하드웨어와 설비를 소프트웨어로 구축 · 운용 · 관리한다.

소프트웨어화하는 인프라

물리적 상태(하드웨어나 설비)와 실질적 기능(가상화된 시스템) 분리

사용자는 유연성을 높이고 속도를 빠르게 할 수 있다

물리적인 설치 · 고정 작업이 필요 없고,
소프트웨어 설정만으로 필요한 시스템 구성을 조달 · 변경할 수 있다.

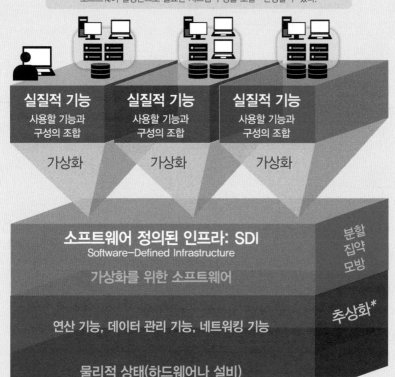

실질적 기능
사용할 기능과
구성의 조합

실질적 기능
사용할 기능과
구성의 조합

실질적 기능
사용할 기능과
구성의 조합

가상화   가상화   가상화

소프트웨어 정의된 인프라: SDI
Software-Defined Infrastructure

가상화를 위한 소프트웨어

분할
집약
모방

연산 기능, 데이터 관리 기능, 네트워킹 기능

추상화*

물리적 상태(하드웨어나 설비)

운용 관리자는 가성비를 얻는다

표준화된 하드웨어나 소프트웨어를 대량으로 조달하여
시스템을 구성하고 운용을 자동화 · 일원화한다.

* 추상화: 대상에서 본질적으로 중요한 요소만 뽑아내고 나머지는 무시하는 것

도로, 철도, 전기, 전화, 병원, 학교 등 생활이나 사회를 유지하는 기반을 인프라라고 합니다. 프로그램을 실행하는 서버, 데이터를 보관하는 저장 장치, 통신을 담당하는 네트워크 기기나 네트워크 회선, 이들을 설치하는 데이터 센터 등을 IT 인프라라고 합니다.

기존 IT 인프라는 필요에 따라 개별적으로 기기를 조달해서 구축했지만, 급격한 변화가 일어난 지금 이런 방식으로는 대처할 수 없습니다. 또 불확실한 비즈니스 전망을 예상하기도 어렵고, 필요한 기능이나 규모를 예측하기도 쉽지 않습니다. 수요를 예측하지 못한 채로 하는 조달과 구축은 커다란 위험을 동반하곤 합니다.

이런 상황을 타개하는 기술이 '가상화'입니다. **가상화**란 표준적인 구성의 하드웨어를 미리 준비해 두고, 거기에서 필요한 시스템 자원(CPU 처리 능력, 저장 장치 용량, 네트워크 기능 등)을 웹이나 커맨드 라인 인터페이스로 지정하여 구성할 수 있는 소프트웨어 기술입니다.

인프라를 구성하는 하드웨어에 '가상화'를 적용하고 운용 관리나 구축을 자동화해주는 소프트웨어를 조합하면, 시스템 자원을 조달할 때 CPU 개수나 네트워크 회선 수 등 물리적 요건이 아니라 처리 능력이나 보안 수준, 네트워크 서비스 수준 같은 정책(목표치와 제약 사항 등)을 지정할 수 있습니다. 또 인프라에 관한 전문 지식이 없어도 시스템 자원을 조달할 수 있어 감시나 운용 관리를 자동화할 수 있습니다.

이렇게 소프트웨어로 시스템 기능이나 성능을 조달·설정·관리할 수 있는 인프라를 SDI(Software-Defined Infrastructure)라고 합니다. SDI를 이용하면 애플리케이션 엔지니어가 인프라 엔지니어의 손을 빌리지 않고도 스스로 인프라를 조달하거나 애플리케이션을 테스트할 수 있어 개발이나 테스트, 실제 시스템으로 이행 속도를 높일 수 있습니다. 한편 인프라 운용 관리를 담당하는 인프라 엔지니어는 그런 작업을 대부분 시스템에 맡길 수 있어 운용 관리 부담을 줄일 수 있으며, 안정적인 가동과 안전성 향상, 편의성 개선에 시간을 할애할 수 있습니다. 또 하드웨어를 표준화하여 한꺼번에 조달할 수 있어 비용과 시간을 절감할 수 있습니다.

가상화의 진정한 의미

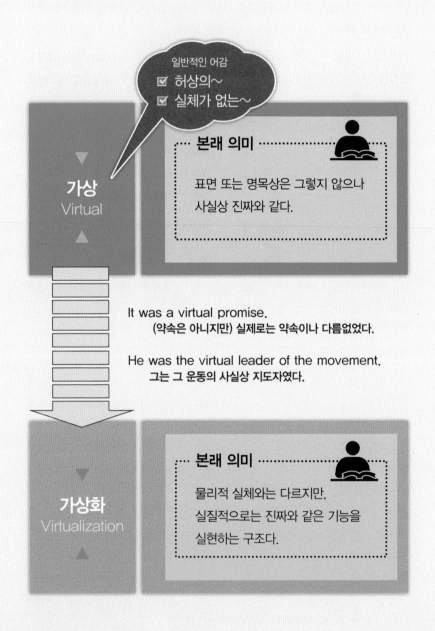

일반적인 어감
☑ 허상의~
☑ 실체가 없는~

가상
Virtual

본래 의미

표면 또는 명목상은 그렇지 않으나
사실상 진짜와 같다.

It was a virtual promise.
(약속은 아니지만) 실제로는 약속이나 다름없었다.

He was the virtual leader of the movement.
그는 그 운동의 사실상 지도자였다.

가상화
Virtualization

본래 의미

물리적 실체와는 다르지만,
실질적으로는 진짜와 같은 기능을
실현하는 구조다.

보통 '가상'이라는 말을 들으면 '허상의', '실체가 없다'는 뜻을 떠올립니다. 그런데 이 말의 근원이 된 단어 virtual은 그런 뜻이 아닙니다. 본래 '진짜가 아니지만 진짜와 같다'는 뜻입니다. 또 라틴어 어원을 보면 '힘이 있는'이라고도 합니다.

사전을 찾아보면 다음과 같은 영어 예문이 있습니다.

It was a virtual promise.
(약속은 아니지만) 실제로는 약속이나 다름없었다.

He was the virtual leader of the movement.
그는 그 운동의 사실상 지도자였다.

He was formally a general, but he was a virtual king of this country.
그는 공식적으로는 장군이었지만, 이 나라의 실질적인 국왕이었다.

이렇게 보면 우리가 IT 용어로 사용하는 '가상화=virtualization'은 다음 의미로 이해하는 것이 더 자연스럽습니다.

"물리적 실체와는 다르지만 진짜와 같은 기능을 실현하는 구조다."

가상화는 결코 허상으로 실체가 없는 시스템을 만들어 내는 구조가 아닙니다. 즉, '서버나 저장 장치, 네트워크의 물리적인 구성과는 형태가 다르지만, 실질적으로는 진짜와 같은 역할을 하는 구조를 실현하는 기술'이라고 생각하는 것이 맞습니다.

우리는 눈에 보이는 물리적인 실체가 거기에 없으면 그 존재를 인정하기 어렵습니다. 그러나 물리적 실체가 어떻든 필요한 기기 구성이나 기능, 성능과 동등한 것을 '실질적으로' 사용할 수 있다면 충분합니다. 가상화란 확실히 물리적인 시스템 자원과는 다르지만 실질적으로 물리적인 시스템 자원과 동일하게 취급할 수 있는 것을 실현하여 사용자에게 제공하는 기술입니다.

가상화의 세 가지 형태

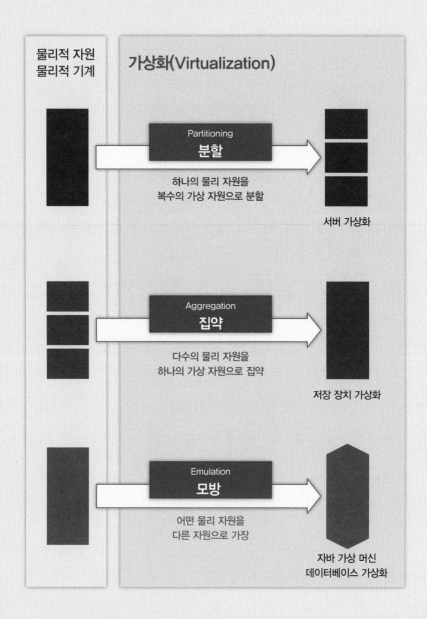

물리적 자원
물리적 기계

가상화(Virtualization)

Partitioning
분할

하나의 물리 자원을
복수의 가상 자원으로 분할

서버 가상화

Aggregation
집약

다수의 물리 자원을
하나의 가상 자원으로 집약

저장 장치 가상화

Emulation
모방

어떤 물리 자원을
다른 자원으로 가장

자바 가상 머신
데이터베이스 가상화

물리적 실체와는 다르지만 진짜와 같은 기능을 실현하는 소프트웨어 기술인 '가상화'는 다음 세 가지 형태가 있습니다.

파티셔닝(분할)

하나의 시스템 자원을 여러 개의 독립된 개별 자원처럼 다룹니다. 예를 들어 서버 한 대를 개별적이고 독립된 서버 열 대가 있는 것처럼 가동합니다. 이 방법을 사용하면 한 사람이 쓰기에는 능력에 여유가 있는 물리 서버에 서버를 여러 대 설치하여 다수의 사용자가 각각을 전용 서버처럼 다룰 수 있습니다. 또 시스템 자원을 남김없이 효과적으로 활용할 수도 있습니다.

애그리게이션(집약)

복수의 시스템 자원을 하나의 시스템 자원처럼 다룹니다. 예를 들어 복수의 물리적 저장 장치를 하나의 실제 저장 장치처럼 가장합니다. 이 기능을 이용하지 않으면 사용자는 개개의 물리 저장 장치의 존재를 의식해서 복잡하게 조작이나 설정을 해야만 합니다. 하지만 이 기능을 이용하면 물리적인 구성이나 개별 설정은 물론, 제조사나 기종을 신경 쓰지 않아도 하나의 저장 장치로 다룰 수 있어 매우 편리합니다.

에뮬레이션(모방)

어떤 시스템 자원을 다른 시스템 자원으로 실행하는 것을 의미합니다. 예를 들어 PC에서 스마트폰 운영체제를 에뮬레이션해 진짜 스마트폰이 가동되는 것처럼 화면을 표시하고 그 기능을 사용할 수 있습니다. 이 기능을 이용하면 스마트폰에 없는 큰 화면과 키보드를 사용할 수 있으므로 애플리케이션을 개발하거나 테스트할 때 편리합니다. 사용자에게는 물리적인 실체야 어떻든 간에 필요한 기능이나 조작이 진짜와 같으면 됩니다.

이런 것을 소프트웨어로 실현하는 기술의 총칭이 '가상화'입니다.

IT 인프라의 시대적 변화

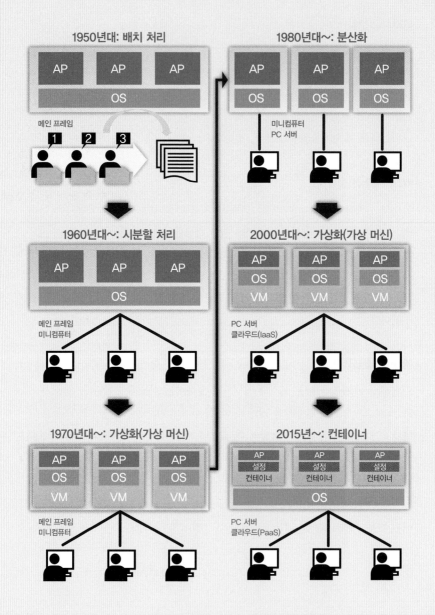

1950년대: 배치 처리

AP	AP	AP
OS		

메인 프레임

1 2 3

1960년대~: 시분할 처리

AP	AP	AP
OS		

메인 프레임
미니컴퓨터

1970년대~: 가상화(가상 머신)

AP	AP	AP
OS	OS	OS
VM	VM	VM

메인 프레임
미니컴퓨터

1980년대~: 분산화

AP	AP	AP
OS	OS	OS

미니컴퓨터
PC 서버

2000년대~: 가상화(가상 머신)

AP	AP	AP
OS	OS	OS
VM	VM	VM

PC 서버
클라우드(IaaS)

2015년~: 컨테이너

AP	AP	AP
설정	설정	설정
컨테이너	컨테이너	컨테이너
OS		

PC 서버
클라우드(PaaS)

1950년대에는 컴퓨터를 비즈니스에서 사용할 수 있었지만, 매우 비싸서 개인이 점유하여 사용할 수는 없었습니다. 그래서 대형 컴퓨터(메인 프레임)를 공동으로 이용하고자 '배치' 처리가 등장합니다. 배치는 처리마다 프로그램과 데이터 정리(작업)를 순서대로 처리하는데, 이전 처리가 끝날 때까지 다음 처리를 시작할 수 없습니다.

1960년대 들어서는 시분할(time sharing)이 고안되었습니다. 시분할이란 CPU 처리 시간을 잘게 분할하여 짧은 시간에 계속 사용자를 전환해서 여러 사용자가 동시에 사용하는 것처럼 보이게 합니다.

1960년대 후반 시분할된 처리 단위별로 하드웨어 기능을 할당하거나 설정을 바꾸어 하드웨어 한 대에서 여러 대가 동시에 움직이는 것처럼 가동하는 '가상화'가 등장합니다.

1980년대 PC나 미니컴퓨터, 사무용 컴퓨터 등 저렴한 컴퓨터가 등장하면서 제약이 많은 메인 프레임을 가상화하지 않고, 목적에 따라 개별적으로 구매하여 사용하는 경향이 높아집니다. 그 결과 기업이 보유하는 컴퓨터 대수가 증가했고 버전 업데이트, 장애 대책, 유지 관리에 필요한 시간이나 비용이 증가했습니다.

2000년대 이 사태에 대처하고자 복수의 하드웨어를 집약할 수 있는 '가상화'가 다시 주목받습니다. 가상화된 컴퓨터나 저장 장치 등 시스템 자원을 운용 관리하고, 인터넷을 넘어서 빌려주는 클라우드 서비스(IaaS)가 2006년에 등장했습니다.

단 이렇게 가상화된 컴퓨터는 각각 운영체제나 파일을 가지며 CPU나 메모리 등 시스템 자원도 진짜처럼 소비합니다. 이에 운영체제의 핵심(커널)을 함께 쓰면서 가상화처럼 사용자별로 애플리케이션을 나누어서 실행할 수 있는 환경이 등장합니다. 이를 '컨테이너'라고 하며, 다른 프로그램과 충돌하지 않도록 독자적인 시스템으로 관리하고 사용자 그룹도 갖습니다. 컨테이너를 사용하면 같은 시스템 자원으로도 가상화보다 몇 배나 많은 '격리된 애플리케이션 실행 환경'을 동작시킬 수 있습니다. 또 자사 소유와 클라우드 등을 구별하지 않고, 인프라를 걸친 실행 환경의 이동이나 규모 확장, 축소 등이 쉬워 컨테이너를 이용하는 사례가 늘고 있습니다.

서버 가상화

물리 시스템

가상 시스템

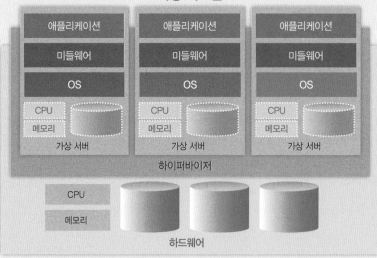

서버로 사용되는 컴퓨터는 프로세서, 메모리, 저장 장치 등 하드웨어로 구성되어 있습니다.

이 하드웨어를 운영체제(Operating System, OS)라고 하는 소프트웨어가 제어합니다. 운영체제는 업무를 처리하는 애플리케이션이나 데이터를 관리하는 데이터베이스, 통신 제어나 사용자 관리 시스템 등 다양한 프로그램에 하드웨어 자원을 적절히 할당해서 사용자가 요구하는 처리를 효율적으로 확실히 실행합니다. 운영체제 종류로는 윈도 서버나 리눅스 등이 있습니다.

서버 가상화는 하드웨어에 탑재된 프로세서나 메모리 사용 시간, 저장 장치 용량을 세밀하게 분할하여 복수 사용자에게 할당합니다. 사용자는 할당된 시스템 자원을 각각 점유하여 사용할 수 있습니다.

서버 가상화로 물리적으로는 하드웨어가 한 대임에도 실제 전용 서버와 같은(가상의) 서버를 사용자별로 제공할 수 있습니다. 이 상황에서 외부에 보이는 각각의 서버를 '가상 서버' 또는 '가상 머신'이라고 하며, 이를 실현하는 소프트웨어를 하이퍼바이저(hypervisor)라고 합니다. VMWare의 ESXi나 마이크로소프트의 Hyper-V, 리눅스의 KVM 제품을 많이 사용합니다.

가상 서버는 실제로 물리적인 서버와 마찬가지로 행동합니다. 그래서 가상 서버마다 독립된 운영체제를 설치하여 개별적으로 애플리케이션을 실행할 수 있습니다. 사용자는 마치 전용 하드웨어를 가진 듯 자유롭고 편리하게 작업하면서 전체적으로는 하드웨어 사용 효율을 높일 수 있습니다.

또 같은 하이퍼바이저가 동작하는 물리 서버나 클라우드 서비스라면 가상 머신의 설정 정보를 기재한 '설정 파일'을 복사해서 똑같은 가상 머신을 새로 생성하여 가동할 수 있습니다. 이에 따라 실제 환경과 동일한 조건을 갖춘 테스트 환경 구축하기, 재해에 대비한 백업 환경 준비하기, 시스템 부하 증감에 맞추어 시스템 자원 조정하기 등 인프라를 자유롭게 운용할 수 있습니다.

서버 가상화의 세 가지 장점

물리 머신의 집약

❖ 기계 구매 비용 억제
❖ 전기 요금 및 이산화탄소(CO_2) 절감
❖ 데이터 센터 사용료 절감

소프트웨어 정의

❖ 조달, 변경의 신속화
❖ 가동 중 구성 변경
❖ 신속하고 유연한 구성 변경

복잡한 클러스터링 구성과
대응을 위한 소프트웨어

장애가 발생해도 정상으로 가동하여 물리 머신으로
가상 머신을 이동시켜 서비스를 지속

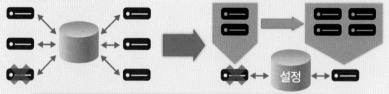

설정

라이브 마이그레이션

❖ 보수할 때 서비스 정지 회피
❖ 장애가 발생하면 서비스 정지 회피
❖ 물리 머신의 부하 분산

물리 머신의 집약

가상화되지 않은 머신은 능력을 최대로 사용하는 경우가 별로 없으며, 사용률에도 격차가 있는 것이 일반적입니다. 그런 서버를 묶어 집약하고 능력을 낭비 없이 사용하면, 사용률이 높아져 머신 대수를 줄일 수 있습니다. 또 사용률이 높은 구형 머신을 몇 대분의 능력을 갖춘 신형으로 대체해서 집약하면 한층 더 대수를 줄일 수 있습니다. 머신 대수가 줄어들면 구매 비용이 줄어들고, 전기 요금이나 CO_2, 데이터 센터 이용료를 절감할 수 있습니다.

소프트웨어 정의

설치나 배선 등 물리적인 작업을 하지 않고, 기능이나 성능 조달, 구성 변경을 웹 화면의 메뉴나 커맨드 라인으로 할 수 있습니다. 물론 사용하려는 능력의 합계가 물리 머신의 능력 상한선을 넘지 않아야 하지만, 그 범위 내라면 가상 서버의 조달이나 복제, 구성 변경은 단말기만으로도 설정할 수 있습니다. 이것으로 서버 조달 및 구성 변경을 유연하고 신속하게 가동 중에도 할 수 있어 운용 관리 업무의 작업 효율을 높일 수 있습니다.

라이브 마이그레이션

가상 서버의 실체는 '설정 파일'에 기입된 정보입니다. 여기에는 CPU 코어 개수, 메모리 용량, 네트워크 주소 등 정보가 기록되고, 하이퍼바이저가 정보를 읽어 들이면 물리 머신에서 지정된 기능과 성능을 할당하여 가상 서버를 생성합니다.

이 설정 파일을 물리 머신 두 대에서 공유하여 서로의 가동 상황을 감시하게 하면, 한쪽이 장애로 정지해도 가동 중인 물리 머신이 정지한 쪽의 설정 파일을 읽고 그 가상 서버를 시작합니다. 따라서 이용자는 장애가 일어날 걱정 없이 가상 서버를 계속 이용할 수 있습니다.

어떤 물리 머신의 부하가 높아지면 그것을 감지하여 부하가 높은 쪽 처리를 중단시키지 않은 채 여유 있는 물리 머신으로 이동시켜 부하를 평준화할 수 있습니다. 또 물리 머신을 멈추고 기기를 수리하거나 점검할 때 가상 머신을 가동시킨 채 다른 물리 머신으로 이동시켰다가, 작업이 끝나면 다시 원래 물리 머신으로 되돌릴 수도 있어 시스템 정지 영향을 받지 않고 계속 사용할 수 있습니다.

서버 가상화와 컨테이너

가상 머신

애플리케이션	애플리케이션	애플리케이션
미들웨어	미들웨어	미들웨어
라이브러리 환경 변수	라이브러리 환경 변수	라이브러리 환경 변수
OS	OS	OS
커널	커널	커널
가상 머신	가상 머신	가상 머신

하드웨어

컨테이너

컨테이너	컨테이너	컨테이너	컨테이너	컨테이너
앱	앱	앱	앱	앱
미들웨어	미들웨어	미들웨어	미들웨어	미들웨어
라이브러리 환경 변수	라이브러리 환경 변수	라이브러리 환경 변수	라이브러리 환경 변수	라이브러리 환경 변수
컨테이너	컨테이너	컨테이너	컨테이너	컨테이너
앱	앱	앱	앱	앱
미들웨어	미들웨어	미들웨어	미들웨어	미들웨어
라이브러리 환경 변수	라이브러리 환경 변수	라이브러리 환경 변수	라이브러리 환경 변수	라이브러리 환경 변수
컨테이너	컨테이너	컨테이너	컨테이너	컨테이너
앱	앱	앱	앱	앱
미들웨어	미들웨어	미들웨어	미들웨어	미들웨어
라이브러리 환경 변수	라이브러리 환경 변수	라이브러리 환경 변수	라이브러리 환경 변수	라이브러리 환경 변수

컨테이너 관리 기능

OS
커널

하드웨어

서버 가상화에서 가상 머신을 사용하는 목적은 격리된 애플리케이션 실행 환경을 구성하는 것입니다. 즉, 애플리케이션이 충돌하더라도 별다른 영향을 주지 않도록 애플리케이션별로 독자적인 시스템으로 관리하고 사용자 그룹을 가지게 하는 것입니다.

이를 실현하는 수단으로 **컨테이너**를 사용합니다. 컨테이너는 '격리된 애플리케이션 실행 환경'이라는 점에서는 가상 머신과 동일하지만, 가상 머신과 달리 하나의 운영체제에 여러 컨테이너를 올릴 수 있습니다.

가상 머신은 진짜와 같은 서버로 동작하기 때문에 각 운영체제가 실행되고 CPU나 메모리, 저장 장치 등도 실제 서버만큼 소비합니다. 한편 컨테이너는 하나의 운영체제에서 움직이기 때문에 시스템 자원의 오버헤드(중복으로 소비되는 자원이나 능력)가 적고 저장 장치 사용량도 적어 같은 성능의 하드웨어라면 가상 머신보다 많은 수의 컨테이너를 동시에 운영할 수 있습니다.

또 컨테이너를 실행할 때 가상 머신처럼 운영체제부터 시작할 필요가 없어 아주 빠르게 실행할 수 있습니다. 게다가 하나의 운영체제를 이용하므로 저장 장치 사용량도, 시스템 자원도 그만큼 적게 듭니다.

컨테이너는 모두 동일한 운영체제에서 작업해야 하는 것이 오히려 제약이 될 때가 있습니다. 가상 머신은 컨테이너보다 한 단계 아래 레벨, 즉 하드웨어 서버처럼 행동하므로 가상 머신마다 다른 운영체제를 설치할 수 있습니다. 단지 실전에서 애플리케이션을 실행할 때는 가상 머신이 달라도 관리 부담을 줄이고자 같은 운영체제로 통일할 때가 많아 제약이 되는 사례는 제한적입니다.

컨테이너는 운영체제에서 볼 때 하나의 프로세스입니다. 프로세스란 프로그램이 움직이는 단위입니다. 따라서 다른 서버로 컨테이너를 옮겨서 실행해도 운영체제에서 가동되는 하나의 프로그램을 이동시킨 것과 마찬가지로 하드웨어 기능이나 설정에 영향을 받지 않습니다. 가상 머신이라면 가상 머신별 기능이나 구성 관련 설정 정보도 넘겨받아야 하지만, 컨테이너에서는 그럴 필요 없이 서로 다른 서버 간에 실행 환경을 쉽게 이동할 수 있습니다.

컨테이너 관리 소프트웨어, 도커

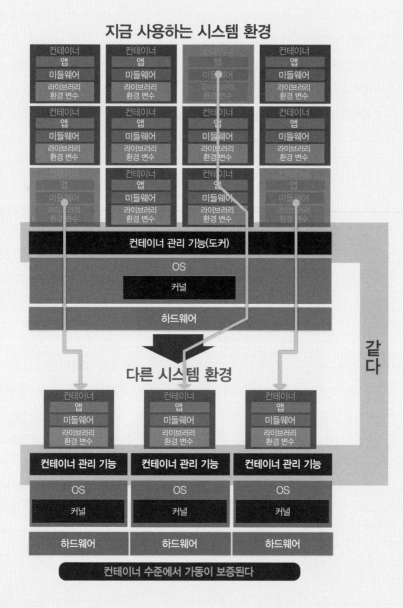

지금 사용하는 시스템 환경

컨테이너	컨테이너	컨테이너	컨테이너
앱	앱	앱	앱
미들웨어	미들웨어	미들웨어	미들웨어
라이브러리 환경 변수	라이브러리 환경 변수	라이브러리 환경 변수	라이브러리 환경 변수

컨테이너 관리 기능(도커)

OS

커널

하드웨어

다른 시스템 환경

컨테이너 관리 기능

OS

커널

하드웨어

같다

컨테이너 수준에서 가동이 보증된다

컨테이너를 구현하는 것은 '컨테이너 관리 소프트웨어'입니다. 서버가 바뀌어도 컨테이너 관리 소프트웨어가 같다면, 그 위에서 동작하는 컨테이너도 어느 서버에서든 동작이 같습니다. 그래서 운영체제나 하드웨어 차이에 신경 쓰지 않고 애플리케이션을 어디에서든 작동시킬 수 있습니다.

컨테이너 관리 소프트웨어가 자신들의 인프라 환경에서 안정적으로 가동한다고 운용 관리자가 보증하면, 지금처럼 애플리케이션별로 실제 환경에 배포할 때 운용 관리자의 조치를 기다리지 않아도 개발자가 스스로 배포할 수 있습니다.

즉, 개발자는 신속하게 애플리케이션을 개발하고 수정하여 사용자에게 제공하고, 운용 관리자는 인프라를 안정적으로 가동시키는 등 각각의 책임을 독립적으로 수행하게 됩니다. 그 결과 실제 환경에 신속하고 빈번하게 배포 작업(deployment)할 수 있고, 애플리케이션 개발 및 수정에 따른 이점을 이용자가 즉시 누릴 수 있습니다.

이 '컨테이너 관리 소프트웨어'의 하나로 널리 사용되는 것이 도커에서 제공하는 **도커**(docker)입니다. docker가 주목받은 이유는 컨테이너를 생성하는 설정을 'docker file'로 공개하고, 이를 다른 사용자와 공유할 수 있는 시스템을 마련했다는 점에 있습니다. 이렇게 함으로써 다른 사용자가 만든 애플리케이션과 그것을 동작시키는 소프트웨어 구축 프로세스를 그대로 컨테이너에 담아 다른 서버에서 실행할 수 있게 되었습니다. 물리 머신이나 가상 머신을 사용할 때처럼 애플리케이션을 가동하려고 운영체제를 설치하고 설정 및 테스트하는 등 작업할 필요가 없어 실제 배포하는 데 드는 노력과 시간을 큰 폭으로 단축할 수 있습니다.

도커는 아마존 웹 서비스(AWS)나 구글 등 클라우드 서비스 제공 업체를 비롯하여 EMC VMware/Dell, IBM, Red Hat 등 대형 IT 벤더에서 채택했습니다. 또 마이크로소프트도 자사 클라우드 서비스인 애저(azure)나 윈도 서버에서 채택하는 등 널리 보급되었습니다. 최근에는 도커 이외에도 컨테이너디(containerd), rkt, 크라이오(cri-o) 등도 등장하여 다양화되고 있습니다.

컨테이너 관리 자동화: 쿠버네티스

쿠버네티스 마스터

전체 컨테이너의 가동 상황 등을 파악하여
운용 관리자가 지정한 대로
컨테이너 배치, 삭제 등 지시

매니페스토

- yaml 형식으로 기재된 설정 파일
- kubectl 명령어를 사용하여 설정을
  쿠버네티스 마스터에 반영
- 쿠버네티스 마스터는 반영된 내용을
  바탕으로 노드(Node)나 포드(Pod)를 조작

 kubernetes

뜻	: 그리스어로 '인생의 길잡이'
읽는 법	: 쿠베르네티스, 쿠베르네테스, 쿠버네티스
약칭	: K8s

쿠버네티스 클러스터

노드 모임

쿠버네티스 노드 물리 머신 / 가상 머신	컨테이너 관리 시스템이 가동하는 머신 / 서버 단위		쿠버네티스 노드		쿠버네티스 노드
쿠버네티스 포드	컨테이너 묶음 단위	**쿠버네티스 포드**	**쿠버네티스 포드**		**쿠버네티스 포드**
앱과 미들웨어	앱과 미들웨어	앱과 미들웨어	앱과 미들웨어	앱과 미들웨어	앱과 미들웨어
라이브러리 우승 raer	라이브러리 우승 raer	라이브러리 우승 raer	라이브러리 우승 raer	라이브러리 우승 raer	라이브러리 우승 raer
컨테이너	컨테이너	컨테이너	컨테이너	컨테이너	컨테이너
컨테이너 관리 시스템			**컨테이너 관리 시스템**		**컨테이너 관리 시스템**

컨테이너 관리 소프트웨어인 도커는 하나의 서버에 컨테이너를 만들고 관리합니다. 그러나 네트워크로 연결된 서버 여러 대에서 실행되는 컨테이너를 수평적으로 관리하는 기능은 없습니다. 예를 들어 애플리케이션을 이용하는 사람이 늘어나서 서버 여러 대에 걸쳐 컨테이너 수를 늘려야 할 때 도커만으로는 이 상황에 대처하여 스케일 아웃(서버 대수를 늘려서 처리 능력을 확장)할 수 없습니다.

이 문제를 해결해 주는 것이 바로 **쿠버네티스**(kubernetes)입니다. 쿠버네티스는 그리스어로 '인생의 길잡이'라는 뜻입니다.

쿠버네티스를 이용하여 서버 여러 대로 구성된 실행 환경을 마치 하나의 실행 환경처럼 다룰 수 있습니다. 예를 들어 컨테이너를 시작할 때는 컨테이너 이미지와 개수만 지정하면 되며, 어느 서버에 어떻게 컨테이너를 배치할지는 쿠버네티스가 담당합니다. 또 컨테이너에 필요한 시스템 자원(CPU, 메모리, 저장 장치 영역 등)이 부족할 때는 기존 서비스에 영향을 주지 않고 자동으로 확장해 줍니다.

운용 관리자가 어떤 컨테이너를 몇 대 실행할지 같은 정보를 쿠버네티스에 알려 주면 비어 있는 시스템 자원을 보고 배치를 결정하고, 그에 따라 컨테이너를 부팅합니다. 가동 중인 컨테이너에 결함이 있어 서비스가 다운된 경우에도 자동으로 이 사태를 감지하고 필요에 따라 컨테이너를 다시 시작합니다.

이외에도 연관된 컨테이너의 그룹화, 컨테이너에 할당된 IP 주소 관리, 컨테이너에 할당하는 저장소 관리 등을 합니다.

쿠버네티스에서 관리하는 기본 단위는 포드(pod)라고 하는 컨테이너 모임입니다.

또 컨테이너 관리 시스템인 도커가 가동하는 서버 단위는 노드(node)라고 하며, 그 노드 모임 단위를 클러스터라고 합니다. 포드, 노드, 클러스터를 관리하는 것을 마스터라고 하며, 마스터에 대한 지시나 설정은 매니페스트(manifest)라고 합니다.

쿠버네티스는 이와 같이 컨테이너 배치 및 실행, 스케일링 및 관리를 자동화하는 소프트웨어입니다.

가상화 종류

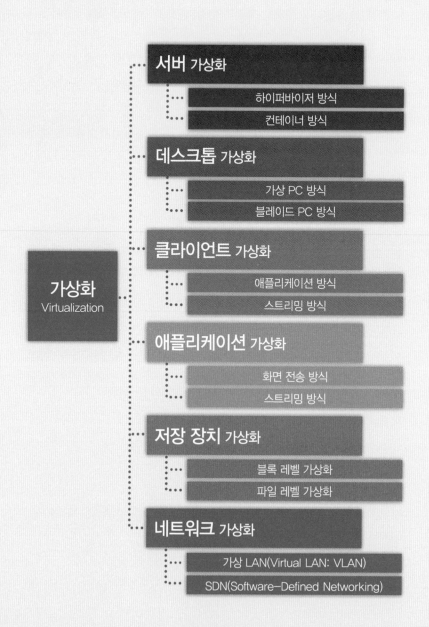

가상화
Virtualization

서버 가상화
- 하이퍼바이저 방식
- 컨테이너 방식

데스크톱 가상화
- 가상 PC 방식
- 블레이드 PC 방식

클라이언트 가상화
- 애플리케이션 방식
- 스트리밍 방식

애플리케이션 가상화
- 화면 전송 방식
- 스트리밍 방식

저장 장치 가상화
- 블록 레벨 가상화
- 파일 레벨 가상화

네트워크 가상화
- 가상 LAN(Virtual LAN: VLAN)
- SDN(Software-Defined Networking)

앞서 배웠듯이 서버 가상화는 서버와 관련된 시스템 자원을 가상화하여 이용 효율을 높이거나 이동성을 높이는 데 사용합니다. 이외에도 시스템 자원을 가상화하는 기술이 있습니다.

데스크톱 가상화

사용자가 사용하는 PC(Personal Computer)(개인이 점유하여 사용하는 컴퓨터)를 공용 컴퓨터인 서버에서 가상 PC로 작동시켜 디스플레이, 키보드, 마우스를 네트워크 너머로 사용할 수 있도록 합니다. 사용자는 바로 앞의 PC처럼 조작하지만, 사실은 서버에 있는 가상 PC의 프로세서와 저장 장치를 사용합니다. 디스플레이, 키보드, 마우스, 네트워크 연결 등 최소한의 기능만 있는 '신 클라이언트(thin client)'라고 하는 PC에서도 사용할 수 있습니다. 클라이언트란 서버에서 제공하는 서비스를 이용하는 컴퓨터라는 의미인데, 여기서는 '한 시점에서 사용자 1명이 점유하여 사용하는 컴퓨터'로 이해하면 됩니다.

애플리케이션 가상화

마이크로소프트의 워드나 엑셀처럼 원래는 사용자 PC에서 실행되던 애플리케이션 프로그램을 서버에서 실행하고, 네트워크로 여러 사용자가 공동으로 사용하는 것입니다. 데스크톱 가상화와 마찬가지로 신 클라이언트에서 사용할 수도 있습니다.

클라이언트 가상화

PC 한 대에서 윈도나 macOS 등 다른 운영체제를 동시에 운용해서 사용자 편의성을 높입니다.

저장 장치 가상화

데이터나 프로그램을 저장해 두는 저장 장치를 복수 컴퓨터가 함께 사용하여 이용 효율과 편리성을 높입니다.

네트워크 가상화

네트워크 접속 경로나 QoS(Quality of Service)(처리율이나 응답, 보안 등의 수준), 라우터나 스위치 등 네트워크 기기 구성을 소프트웨어 설정만으로 조달·변경할 수 있도록 합니다.

데스크톱 가상화와 애플리케이션 가상화

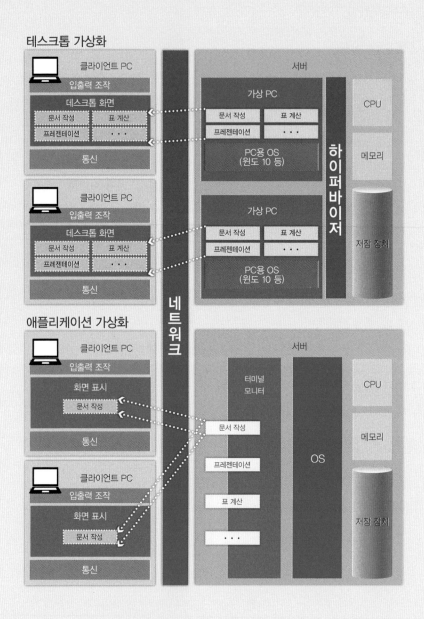

데스크톱 가상화

서버 가상화에도 사용된 하이퍼바이저를 이용하여 서버에 사용자가 쓸 가상 PC를 생성합니다. 그 가상 PC의 바탕화면을 네트워크를 이용하여 자신의 로컬 PC 디스플레이로 전송해서 표시하고 키보드나 마우스 등 입출력 장치를 이용할 수 있게 하는 기술로 **VDI**(Virtual Desktop Infrastructure)라고도 합니다.

예를 들어 가상 PC의 윈도에서 워드나 엑셀로 작성한 문서나 표를 자신의 가상 PC에 할당된 서버의 저장 장치에 저장합니다. 사용자는 자신이 가진 PC의 디스플레이를 보면서 키보드나 마우스를 조작하지만, 실제로 사용하는 프로세서나 저장 장치는 서버에 있습니다.

애플리케이션 가상화

PC의 모든 기능이 아닌 특정 애플리케이션만 서버에서 구동시켜 네트워크로 이용하는 기술입니다. 게다가 네트워크가 끊어져도 계속 조작할 수 있는 소프트웨어도 등장했습니다.

어느 쪽이든 관리된 데이터 센터에 설치된 서버에서 작동하므로 데이터를 내보내기 어렵습니다. 도난이나 분실로 PC가 없어져도 관리자가 그 PC에서 가상 PC로 접근하는 것을 차단해 버리면 사용할 수 없습니다.

게다가 잊기 십상인 백업이나 보안 대책 등을 운용 관리자가 일괄적으로 할 수 있기 때문에 안전을 보장할 수 있고 운용 관리 부담도 줄일 수 있습니다. 또 재택 근무를 할 경우 자택의 PC에서 네트워크로 회사의 가상 PC의 데스크톱을 호출하면 회사와 같은 PC 환경을 그대로 사용할 수 있습니다. 재해나 사고로 PC가 파손되더라도 가상 PC에 접속하면 지금까지의 PC 환경을 그대로 사용할 수 있다는 점에서 사업 지속 관점에서도 주목받고 있습니다.

한편 엄밀한 본인 인증 시스템이 필요하고, 네트워크 속도가 느려지면 응답이 느려지거나 분산되는 등 작업 집중이 끊어진다는 단점도 있습니다.

신 클라이언트

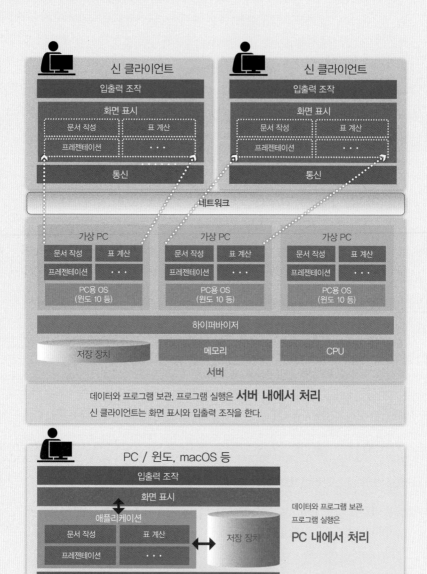

신 클라이언트

입출력 조작

화면 표시

문서 작성 　 표 계산

프레젠테이션 　 · · ·

통신

신 클라이언트

입출력 조작

화면 표시

문서 작성 　 표 계산

프레젠테이션 　 · · ·

통신

네트워크

가상 PC

문서 작성 　 표 계산

프레젠테이션 　 · · ·

PC용 OS
(윈도 10 등)

가상 PC

문서 작성 　 표 계산

프레젠테이션 　 · · ·

PC용 OS
(윈도 10 등)

가상 PC

문서 작성 　 표 계산

프레젠테이션 　 · · ·

PC용 OS
(윈도 10 등)

하이퍼바이저

저장 장치 　 메모리 　 CPU

서버

데이터와 프로그램 보관, 프로그램 실행은 **서버 내에서 처리**

신 클라이언트는 화면 표시와 입출력 조작을 한다.

PC / 윈도, macOS 등

입출력 조작

화면 표시

애플리케이션

문서 작성 　 표 계산

프레젠테이션 　 · · ·

저장 장치

통신

데이터와 프로그램 보관,
프로그램 실행은

PC 내에서 처리

데스크톱 가상화와 애플리케이션 가상화는 모두 로컬 PC 쪽에 운영체제나 애플리케이션을 도입할 필요가 없습니다. 네트워크에 접속할 수 있고, 화면 표시나 입출력 조작 기능을 수행할 수 있을 정도의 메모리와 프로세서로 충분합니다. 프로그램을 설치하거나 작성한 문서, 표 등 데이터를 사용자 PC 쪽에 보관할 필요가 없으므로 저장 장치도 필요하지 않습니다.

그래서 데스크톱 가상화와 애플리케이션 가상화를 전제로 기능을 최소한으로 좁힌 클라이언트 PC가 만들어졌습니다. 이것을 **신 클라이언트**(thin client)라고 합니다. thin은 말랐다는 뜻입니다. 덧붙여 일반적인 PC는 팻(fat)(뚱뚱한) 클라이언트라고도 합니다. 최근에는 태블릿이나 스마트폰 앱으로 신 클라이언트 기능을 구현하는 것도 있습니다.

신 클라이언트는 높은 처리 능력과 대용량 저장 장치를 탑재한 일반 PC에 비해 저렴합니다. 사용자별 설정이나 애플리케이션, 데이터는 서버 측에서 관리하므로 기계가 고장 나도 가지고 있는 PC를 교체하면 다시 사용할 수 있어 관리 부담도 줄어듭니다. 또 신 클라이언트에는 저장 장치가 없어 데이터를 보관할 수 없으므로 기기를 도난 당하더라도 관리자가 서버의 접속을 차단하면 데이터가 유출될 위험이 없습니다.

신 클라이언트는 이렇게 최소한의 기능을 담은 PC를 칭하는 단어로 사용됩니다. 나아가 신 클라이언트가 이용하는 가상화 방식, 즉 데스크톱 가상화와 애플리케이션 가상화를 총칭하는 단어로도 사용됩니다.

클라이언트 가상화

**클라이언트 가상화
(애플리케이션 가상화)**

클라이언트 PC

애플리케이션

애플리케이션

OS
(게스트)

가상 머신

가상화
소프트웨어

운영체제
(호스트 운영체제)

하드웨어

CPU

메모리

**클라이언트 가상화
(하이퍼바이저 방식)**

클라이언트 PC

애플리케이션

애플리케이션

OS

OS

가상 머신

가상 머신

가상화 소프트웨어
(하이퍼바이저)

하드웨어

CPU

메모리

클라이언트 가상화는 클라이언트 PC 한 대에 복수의 다른 운영체제를 동시에 실행하는 기술입니다.

본래 사용자 1명이 점유해서 사용하는 클라이언트 PC에 가상 머신을 여러 대 생성하여 다른 운영체제를 실행하는 이유는 프로그램이나 데이터 호환성을 확보하기 위해서입니다.

예를 들어 윈도 10에는 '클라이언트 Hyper-V'라는 클라이언트 가상화 기능이 탑재되어 있습니다. 서버용 운영체제인 윈도 서버에 탑재되는 가상화를 위한 하이퍼바이저 'Hyper-V'를 클라이언트 PC용으로 다시 만든 것입니다. 이 기능은 윈도 10 이전 버전인 윈도 7이나 윈도 8을 움직일 수 있는 가상 PC를 윈도 10 안에 만듭니다. 이 기능으로 PC 한 대에서 윈도 10과 구 버전 윈도를 동시에 실행할 수 있습니다.

이 기능이 필요한 이유는 구 버전 윈도에서는 움직이지만 윈도 10에서는 움직이지 않는 소프트웨어가 있기 때문입니다. 윈도 10을 도입한 후 애플리케이션을 실행하면 프로그램을 수정하거나 다시 테스트해야 할 수도 있고, 구입한 패키지 소프트웨어는 유상으로 버전을 업데이트해야 할 수도 있습니다. 이를 위해 들이는 수고나 비용이 많을수록 큰 부담이 됩니다. 하지만 클라이언트 가상화를 사용한다면 이전 버전용으로 개발 및 구입한 소프트웨어를 그대로 사용할 수 있습니다.

또 애플의 macOS에서 윈도를 가동하는 클라이언트 가상화 소프트웨어도 있습니다. 이 소프트웨어를 사용하면 PC 한 대에서 macOS와 윈도를 동시에 가동할 수 있습니다. 따라서 각 운영체제에서만 작동하는 애플리케이션을 사용하려고 머신 두 대를 준비할 필요가 없어집니다.

저장 장치 가상화

블록 가상화 ▶ 볼륨 가상화

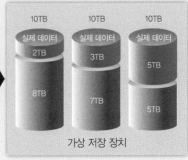

신 프로비저닝 ▶ 용량의 가상화

중복 배제 ▶ 데이터 용량 절감

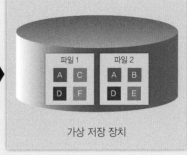

저장 장치 가상화는 하드웨어의 물리적 제한 및 제약에서 벗어나는 데 사용하는 기술입니다.

저장 장치 용량은 실제 사용 여부와 관계없이 128GB처럼 물리적으로 정해집니다. 여러 서버를 사용하는 경우, 저장 장치를 서버마다 고정으로 할당하고 그 서버만 사용할 수 있게 하는 것은 비효율적입니다. 복수 저장 장치를 하나로 묶어 복수 서버에서 공용으로 쓰면서 필요한 용량만 할당하면 사용 효율을 높일 수 있을 것입니다. 또 **신 프로비저닝**(thin provisioning)과 중복 배제 기술로 사용 효율이나 편리성을 한층 더 높일 수 있습니다.

신 프로비저닝이란 물리적인 저장 장치 용량을 실제보다 많은 것처럼 서버의 운영체제에 보여 주는 기술입니다. 이전에는 물리적인 저장 장치 용량이 바뀌면 서버 설정을 변경해야 했습니다. 하지만 이 기술을 사용하면 서버의 운영체제에는 처음부터 충분히 큰 용량으로 설정해 두고, 실제로는 그 시점에서 사용할 용량만 준비하면서 부족한 용량을 물리적으로 보충할 수 있습니다. 그렇게 하면 번거롭게 설정을 변경할 필요가 없어 관리 부담을 줄일 수 있고 물리적인 저장 장치의 용량도 절약할 수 있습니다.

중복 배제는 데이터에서 중복되는 부분을 줄여 저장 장치의 사용 효율을 높이는 기술입니다. 예를 들어 이메일로 파일을 첨부해서 동시에 여러 사람에게 보내면 같은 파일의 복사본이 여러 개 만들어집니다. 이 중복 데이터를 삭제하여 데이터 용량을 줄이지만 사용자에게는 지금과 마찬가지로 파일 여러 개가 그대로 있는 것처럼 보이게 할 수 있습니다. 이처럼 사용자가 의식하지 않게 하면서 저장 장치 용량을 줄일 수 있습니다.

빅데이터 시대가 되어 저장 장치 수요가 높아졌습니다. 저장 장치를 효율적으로 이용하여 운용이나 관리 부담을 줄이려는 시도는 점점 더 늘어났습니다.

SDI를 쉽게 구현하는 하이퍼컨버지드 인프라

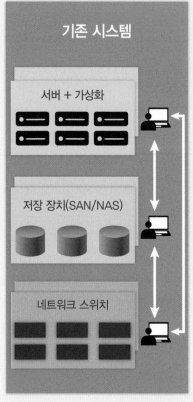

기존 시스템

서버 + 가상화

저장 장치(SAN/NAS)

네트워크 스위치

복수로 연결하여 간단히 무제한으로 확장될 수 있다

하이퍼컨버지드 인프라

운용 관리　　구성 관리

가상화

서버 기능　　네트워크 기능　　저장 장치 기능

가상화

서버 기능　　네트워크 기능　　저장 장치 기능

2U 크기의 케이스
시스템 기능을 일체화, 집약화

개별적으로 구성, 운용 관리, 확장

- ☑ 하드웨어나 가상화 소프트웨어 등 복잡한 설계
- ☑ 복잡한 운용 관리, 관리자 간 분산
- ☑ 개별적으로 대응이 필요하므로 성능 확장이 어려움

일괄적으로 구성, 운용 관리, 확장

- ☑ 하드웨어와 가상화 소프트웨어 등이 미리 통합
- ☑ 일괄적, 일원적으로 운용 관리
- ☑ 스케일 아웃으로 성능 확장, 자동으로 구성

인터넷에 연결하면 언제 어디서나 원하는 정보를 얻을 수 있고, 애플리케이션 서비스를 이용할 수 있게 되었습니다. 그 결과 필요한 시스템 자원이 질적으로나 양적으로나 예전과는 차원이 다른 규모로 커지고, 계속해서 증가하는 상황에 놓이고 있습니다. 이를 웹 스케일(web-scale)이라고 합니다. 퍼블릭 클라우드는 이 웹 스케일에 대응할 필요가 있습니다.

하지만 CPU나 메모리, 저장 장치 등 하드웨어 사양을 개별적으로 업그레이드해서 수직적으로 확장하는 스케일 업(scale up) 방식으로는 매우 손이 많이 갈 뿐만 아니라, 이미 물리적인 성능 한계에 도달하여 제대로 대응할 수 없습니다. 그래서 같은 하드웨어를 병렬적으로 추가하여 규모를 확대하고 처리 능력을 증강하는 '스케일 아웃(scale out)' 방식으로 대응하는 것이 일반적입니다.

스케일 아웃 방식으로 사내 인프라를 구축하는 시스템이 **하이퍼컨버지드 인프라**(Hyper-Converged Infrastructure, HCI)(클라우드 환경을 손쉽게 구축할 수 있도록 서버, 네트워크, 가상화 솔루션, 관리 소프트웨어를 통합하여 단일 장비로 공급하는 시스템)입니다. 서버랙 선반 두 개(2U) 크기의 케이스에 CPU, 네트워크, 저장 장치 등이 표준화된 시스템 구성으로 들어 있고, 케이스 단위로 증설하면 탑재된 가상화 소프트웨어가 이들을 통합하여 하나의 인프라로서 동작하도록 자동으로 설정합니다. HCI를 도입함으로써 도입 및 확장에 따른 작업 부담이 크게 줄어들었습니다.

기본 기능을 하나의 케이스에 넣고, 시스템 접속이나 기본 설정을 미리 마치고 나와서 처음 도입할 때 쉽게 설치할 수 있는 '컨버지드 시스템'도 있습니다. 구성이 고정되어 있어 규모나 구성을 변경하지 않는 것을 전제로 사용하기에는 좋지만, 쉽게 확장할 수 없다는 문제가 있습니다. 반면에 HCI는 표준화된 시스템 구성 모듈만 추가하면 스케일 아웃 방식으로 능력을 확장할 수 있고, 구성 및 설정도 자동화되어 있어 단계적으로 신속하게 확장할 수 있습니다.

HCI 문제점은 표준화된 시스템 단위로만 확장할 수 있다는 것입니다. 예를 들어 저장 장치 용량만 추가하고 싶어도 그렇게 할 수 없습니다. 이 문제를 해결하고자 등장한 것이 컴퓨팅, 저장 장치, 네트워크 자원을 추상화해서 소프트웨어로 관리하는 **컴포저블 인프라**입니다. 예를 들어 저장 장치를 개별적으로 도입해도 소프트웨어가 자동으로 통합하고 운용 관리도 자동화해 줍니다. 앞으로 HCI가 진화하면 HCI와 컴포저블 인프라의 경계도 모호해질 것입니다.

네트워크 가상화

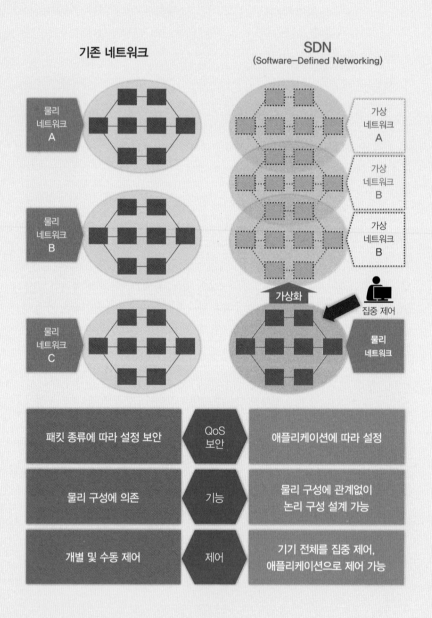

기존 네트워크

물리
네트워크
A

물리
네트워크
B

물리
네트워크
C

SDN
(Software-Defined Networking)

가상
네트워크
A

가상
네트워크
B

가상
네트워크
B

가상화

집중 제어

물리
네트워크

패킷 종류에 따라 설정 보안	QoS 보안	애플리케이션에 따라 설정
물리 구성에 의존	기능	물리 구성에 관계없이 논리 구성 설계 가능
개별 및 수동 제어	제어	기기 전체를 집중 제어, 애플리케이션으로 제어 가능

기존 네트워크를 구축할 때는 서로 다른 역할이나 기능을 가진 다수 기기를 케이블로 연결하고 각각 설정하는 작업이 필요했습니다. 이 상식을 바꾼 것이 SDN(Software-Defined Networking)입니다. 이는 라우터나 스위치 등 네트워크 기기 구성이나 접속 경로 등을 소프트웨어 설정만으로 실현하는 기술의 총칭입니다.

예를 들어 다른 여러 기업의 시스템 기기가 혼재되어 설치된 데이터 센터는 독립성을 보증하려고 각각 기기와 네트워크 모두를 물리적으로 분리하여 따로 구축 및 관리해야 했습니다. 그러나 SDN은 모든 것을 하나의 물리적인 네트워크로 연결한 후 소프트웨어 설정만으로 각각 독립된 네트워크로 분리해서 관리할 수 있습니다. 또 지금까지는 라우터나 스위치 등 기능이 다른 기기도 필요했지만, 필요한 기능 구성을 소프트웨어적으로 실현할 수 있는 NFV(Network Functions Virtualization)(네트워크 기능 가상화)도 사용되고 있습니다.

또 정책에 따라 네트워크 특성을 제어할 수 있습니다. 정책이란 트래픽 처리 방침이나 제약 조건을 정한 규범을 의미합니다. 예를 들어 '부하를 분산시키고 싶다', '음성이나 영상은 끊기지 않게 우선 처리하고 싶다'처럼 애플리케이션에 맞는 정책을 설정하고, 그 설정에 따라 네트워크 전체 움직임을 제어할 수 있습니다.

이전에는 운용 관리자가 정책에 따라 수작업으로 네트워크 기기에 개별적으로 설정했었지만, SDN으로 이 작업을 네트워크 전체에 일괄적으로 또는 애플리케이션 요구에 따라 자동으로 대응할 수 있습니다. 그 결과 네트워크의 운용 관리 부담이 줄고, 애플리케이션 변경이나 트래픽(네트워크를 흐르는 통신량) 변화에 동적으로 대응할 수 있는 유연한 네트워크를 실현했습니다.

SDN은 앞서 언급한 SDI(Software-Defined Infrastructure)의 일부로 민첩하고 유연한 IT 인프라 구축 및 운용 기반으로서 중요한 역할을 담당하고 있습니다.

WAN 소프트웨어화를 실현하는 SD-WAN

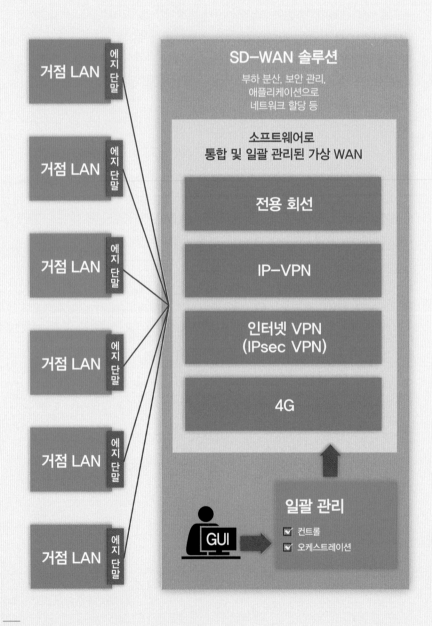

거점 LAN 에지 단말

SD-WAN 솔루션
부하 분산, 보안 관리,
애플리케이션으로
네트워크 할당 등

소프트웨어로
통합 및 일괄 관리된 가상 WAN

전용 회선

IP-VPN

인터넷 VPN
(IPsec VPN)

4G

GUI

일괄 관리
☑ 컨트롤
☑ 오케스트레이션

지금까지 광역 네트워크(Wide Area Network, WAN)는 전용 회선, IP-VPN, 인터넷 VPN, 4G 등 대역이 한정되어 품질이 고정된 네트워크를 사용했기 때문에 변화에 신속하고 유연하게 대응할 수 없었습니다. 이런 상황을 개선하려는 기술이 SD-WAN(Software-Defined-WAN)입니다.

SD-WAN은 거점 사이를 잇는 복수의 다른 회선을 통합하여 하나의 가상 네트워크로 만들어 일괄적으로 관리합니다. '이용하는 애플리케이션을 식별하여 사용자가 설정한 정책에 따라 WAN 트래픽을 통제하는 기술'이라고 할 수 있습니다.

지금까지 많은 기업은 애플리케이션을 자사 데이터 센터에서 일원적으로 운용했고, 전용선이나 폐역망을 통해 각 거점에 서비스로 제공해 왔습니다. 인터넷을 통해 외부 클라우드 서비스를 사용하려면 이곳을 경유해야 했습니다. 그러나 클라우드 서비스가 보급되면서 데이터 센터에 트래픽이 집중되자 병목 현상이 일어나기 시작했고, 응답이 지연되고 나아가 보안상 제약도 있어 사용하기가 매우 어려워졌습니다. 그래서 SD-WAN을 사용하여 이 과제를 해결하자는 것입니다. SD-WAN을 사용하면 다음 일을 할 수 있습니다.

- '애플리케이션의 차이', '모바일이나 업무 거점의 차이', '트래픽양의 차이', '음성이나 동영상 등 지연 시간이 짧아야 하는 서비스와 그렇지 않은 일반 업무 시스템의 차이' 등 다양한 차이에 따라 최적의 회선으로 자동으로 전환하여 서비스 품질을 최적화하고 회선 요금을 절약할 수 있습니다.
- 네트워크 접속 방법이 다른 복수의 퍼블릭 클라우드와 자사 소유 시스템을 연계시킬 때 네트워크를 일원적으로 관리할 수 있습니다.
- 직관적인 GUI(Graphical User Interface)로 네트워크 상황을 파악할 수 있고 설정 변경도 쉽게 할 수 있어, 네트워크 기기 설정 지식이 없는 사람이라도 가상 네트워크를 구축·운용할 수 있습니다.

오늘날 근무 방식 개혁의 일환으로 클라우드 서비스나 원격 근무에 대한 대응이 요구됩니다. SD-WAN은 다양한 네트워크 이용 방식에 대처해야 한다는 점에서 주목받고 있습니다.

제로 트러스트 네트워크 보안

기존 경계 방어형 보안
네트워크를 뚫고 침입한 위협에 취약

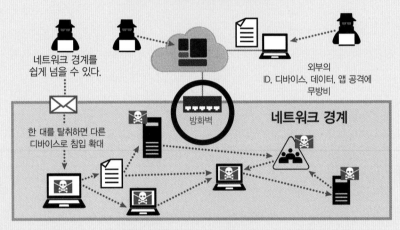

네트워크 경계를
쉽게 넘을 수 있다.

한 대를 탈취하면 다른
디바이스로 침입 확대

방화벽

외부의
ID, 디바이스, 데이터, 앱 공격에
무방비

네트워크 경계

제로 트러스트 네트워크 보안
'ID'를 보안 경계로 하여 네트워크에 의존하지 않는다

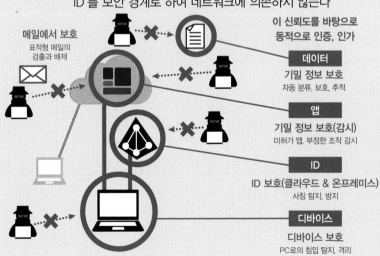

메일에서 보호
표적형 메일의
검출과 배제

이 신뢰도를 바탕으로
동적으로 인증, 인가

데이터
기밀 정보 보호
자동 분류, 보호, 추적

앱
기밀 정보 보호(감시)
미허가 앱, 부정한 조작 감시

ID
ID 보호(클라우드 & 온프레미스)
사칭 탐지, 방지

디바이스
디바이스 보호
PC로의 침입 탐지, 격리

'언제 어디서나 일할 수 있는' 환경을 갖추는 것은 이제 근무 방식 개혁에 필요한 조건이 되었습니다. 그렇게 되면 사외로 반출한 디바이스로 사내 시스템이나 클라우드를 활용하여 일하는 것이 당연해지면서 네트워크에서 사내와 사외 경계는 의미가 없어집니다. 바이러스에 감염된 PC가 사내 네트워크를 통해 바이러스를 전파하는 사고나 내부의 악의적인 사용자가 기밀 정보를 누설하는 사건이 끊이지 않습니다. '사내는 선, 사외는 악'이라는 전제로 방화벽 등 게이트웨이에서 경계를 지키는 지금까지의 '경계 방위형 보안'은 이미 도움이 되지 않습니다.

보안을 유지하고자 '모든 접근을 신뢰하지 않고(제로 트러스트(zero trust)) 모든 것을 검사'하는 것을 전제로 사용자가 애플리케이션이나 서비스에 접속할 때마다 사용자(ID) 및 디바이스에 대한 인증을 실시하고 접근 권한이 있는지 검증하는 '제로 트러스트 네트워크 보안'이 등장했습니다.

ID나 디바이스에 대한 접근 권한을 접속할 때마다 인증하고, 나아가 다음 대책을 실시합니다.

- **메일 보호**: 표적형 메일 검출 및 배제
- **디바이스 보호**: PC 침입 탐지 및 격리
- **ID 보호**: 사칭 탐지, 방지(클라우드와 온프레미스)
- **기밀 정보 보호**: 자동 분류, 보호, 추적, 허가받지 않은 앱 및 부정 조작 감시

물리적인 네트워크 경계에서 위협을 막는 것이 아니라 ID별 혹은 액세스별로 탐지와 대책을 세심하게 실시하여 위협받을 수 있는 범위를 한정하고, 어떤 위협에도 정지시키는 것은 일부에 그치고 사업 자체는 계속할 수 있도록 합니다. 그래도 외부 위협과 침입을 완전히 막을 수는 없습니다. 그래서 문제 발생을 실시간으로 탐지하고 사고로 연결되는 전조를 재빨리 발견해서 사전에 대처하는 시스템을 준비해야 합니다.

앞으로는 PC뿐만 아니라 인터넷에 직접 노출되는 태블릿이나 스마트폰, IoT 디바이스에도 같은 대책을 적용해야 합니다. 또 이런 대응을 사용자가 신경 쓰지 않게 해서 부담을 주지 않게 하는 것도 중요한 요건입니다.

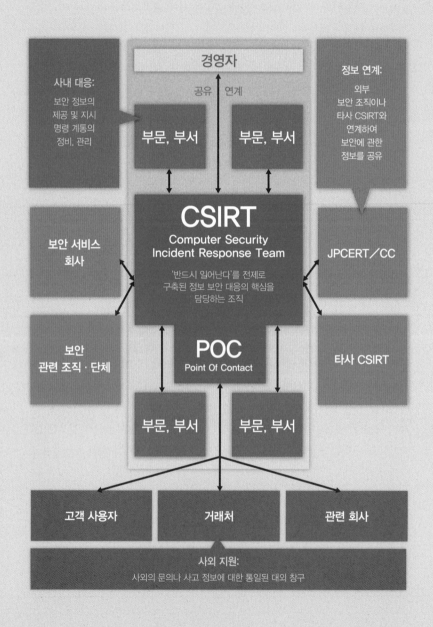

사이버 공격은 더욱 교묘해지고 있습니다. 그 때문에 아무리 견고하게 방어해도 보안 사고를 완전하게 막을 수는 없습니다. '사고는 반드시 일어난다'는 것을 전제로 대비할 필요가 있습니다. 이런 컴퓨터 보안 사고에 대응하는 조직이 CSIRT(Computer Security Incident Response Team)입니다.

CSIRT는 자사에 대한 사이버 공격을 감지하여 보안 사고가 발생하면 즉시 긴급 대응합니다. '해결사'라고 생각하면 이해하기 쉽습니다. CSIRT의 주된 역할은 다음 세 가지입니다.

- **사내 대응**: 보안 정보 제공 및 지시, 명령 계통의 정비, 관리
- **사외 대응**: 사외 문의나 사고 정보를 주고받는 통일된 대외 창구(Point Of Contact, POC)
- **정보 연계**: 외부 보안 조직 및 타사 CSIRT와 연계하여 보안에 관한 정보 공유

사고에 대응하려면 보안 대책을 실시한 시스템 구축이나 운용 관리, 보안에 관한 계몽 활동, 제도 정비 등이 필요하지만, 이것으로는 완벽하게 대응할 수 없습니다. 그래서 사고가 발생한 즉시 위험을 탐지하고 대책을 강구하는 CSIRT가 필요합니다.

CSIRT는 언제든지 바로 대응할 수 있게 조직되기도 하지만, 요원이나 스킬을 유지하는 것이 쉽지 않습니다. 따라서 필요에 따라 소집되는 조직으로 만들 때도 있습니다. 전자는 '소방서', 후자는 '소방단' 같은 조직에 비유하면 이해하기 쉬울 것입니다. 또 사내 요원만으로는 날마다 교묘해지는 사이버 공격에 대항하기 힘듭니다. 보안 전문 기업, 정보를 공유하거나 대책을 지원해 주는 외부 조직 등과 연계도 필요합니다.

보안 사고는 계속해서 증가합니다. 이 사태에 대응하고자 기업은 CSIRT를 설치하고 적절하게 운영하면서 설령 사고가 발생해도 피해를 최소한으로 막고 재발을 방지하려고 노력하고 있습니다.

memo

5 ^장

클라우드 컴퓨팅

비용을 낮추고 비즈니스 속도를 높이는 컴퓨팅 기반이다.

클라우드 컴퓨팅이란

응용 프로그램		
전자 메일	SNS	신문 뉴스
쇼핑	금융 거래	재무 회계

플랫폼		
데이터베이스	운용 관리	인증 관리
프로그램 감시 환경	프로그램 실행 환경	

인프라		
계산 장치	기억 장치	네트워크
시설과 설비		

네트워크
인터넷이나 전용 회선

클라우드 컴퓨팅이란 컴퓨터 기능이나 성능을 공동으로 이용하는 시스템으로, '클라우드'라고 줄여서 부르기도 합니다. 예를 들어 대형 클라우드 사업자 중 하나인 아마존 자회사 **AWS**(Amazon Web Services)(아마존 웹 서비스)는 수백만 대의 서버와 컴퓨터를 소유한 것으로 알려져 있습니다.

AWS는 감가상각 기간을 3년으로 해서 서버를 교체하는데, 매년 100만 대가 넘는 서버를 구입합니다. 전 세계에 연간 출하되는 서버 대수가 약 1000만 대이므로, 그 규모는 정말 어마어마하다고 할 수 있습니다.

이 규모 때문에 AWS는 기성품이 아닌 자사 서비스에 맞춘 서버를 자체적으로 설계하여 대만 등 기업에 위탁해서 제조합니다. 서버 핵심이 되는 CPU도 주요 반도체 제조사인 인텔에 독자 사양으로 대량 주문하고 있으며, 네트워크 기기나 기타 설비도 마찬가지로 자사 클라우드 서비스에 최적화된 사양으로 개발하고 제조해서 사용합니다.

기기나 설비를 대량으로 구매하여 단가는 낮추었고, 장비들의 운용 관리는 높은 수준으로 자동화되어 있습니다. 이처럼 '규모의 경제'를 잘 살려 설비 투자 비용을 낮추고 효율적으로 운용 관리하기에 사용자는 저렴한 요금으로 서비스를 이용할 수 있습니다. AWS 외에도 마이크로서비스, 구글, IBM, 알리바바 등이 동일한 서비스를 제공합니다.

클라우드가 없던 시절에는 컴퓨터를 이용하려면 하드웨어나 소프트웨어를 구매하고 스스로 운용하고 관리해야 했습니다. 그러나 지금은 클라우드 덕분에 하드웨어나 소프트웨어를 직접 구매하지 않고 서비스로 이용할 수 있게 되었습니다. 이용자는 초기 투자금이 필요 없고 사용하는 만큼 요금을 내면 당장이라도 이용할 수 있습니다. 예를 들어 예전에는 마실 물을 구하려면 집집마다 우물을 파고 펌프를 설치해야 했지만, 이제는 수도꼭지를 틀기만 하면 물이 나오는 것과 같습니다. 또 사용한 만큼 지불하는 '종량제 요금'이므로 낭비가 없습니다.

이처럼 클라우드는 컴퓨터 사용법에 대한 상식을 근본적으로 바꾸어 놓았습니다.

'클라우드 컴퓨팅'은 2006년 구글의 CEO 에릭 슈미트가 한 다음 연설에서 처음 사용되었습니다.

"데이터와 프로그램은 서버상에 놓아두자. 그런 것은 어딘가 '구름(클라우드)' 속에 있으면 된다. 필요한 것은 웹 브라우저와 인터넷 연결뿐이다. PC, 맥, 휴대 전화, 블랙베리(당시 스마트폰) 등 가지고 있는 어떤 단말기든 사용할 수 있다. 데이터와 데이터 처리, 그 밖에 모든 것은 서버에 놓아두자."

구름(클라우드)이란 인터넷을 의미합니다. 당시에 인터넷과 네트워크를 표현할 때 구름 그림을 자주 사용한 것에서 비롯된 용어입니다. 에릭 슈미트가 연설에서 언급한 클라우드 정의를 정리해 보면 다음과 같습니다.

- 인터넷과 연결된 데이터 센터에 시스템을 설치하고
- 인터넷과 웹 브라우저를 사용할 수 있는 다양한 기기에서
- 정보 시스템의 다양한 기능과 성능을 서비스로 사용할 수 있는 구조

여기서 '정보 시스템의 다양한 기능과 성능'이란 다음을 의미합니다.

- **응용 프로그램**: 업무 효율화 및 편의성을 높이려고 만든 개별 소프트웨어
- **플랫폼**: 다양한 응용 프로그램에서 공동으로 사용하는 데이터를 관리할 수 있는 데이터베이스, 가동 상황을 감시하거나 안정적으로 가동하는 운용 관리 소프트웨어, 응용 프로그램을 쉽게 개발할 수 있는 툴, 개발한 응용 프로그램을 실행하는 시스템
- **인프라**: 업무를 처리하는 계산 장치, 데이터를 보관하는 저장 장치, 통신을 위한 네트워크 기기나 통신 회선, 그것들을 설치하고 운용하는 시설이나 설비

이것들을 소유하지 않고 서비스로 이용할 수 있게 하는 환경이 바로 클라우드입니다.

자사가 소유한 시스템과 클라우드를 연결할 때 공용 인터넷만 이용하지는 않습니다. 보안이 유지되는 기업용 네트워크로 연결하는 서비스도 있어 클라우드를 이용하는 기업이 점점 늘어나고 있습니다.

또 응용 프로그램, 오피스 툴, 이메일, 파일 공유 등 누구나 이용하는 시스템뿐만 아니라 보안과 안전이 필요한 기간 업무 시스템이나 은행 시스템처럼 365일 24시간 동안 정상적으로 작동해야 하는 분야에서도 사용합니다. 게다가 IoT나 AI 등 첨단 기술과 관련된 서비스도 클라우드가 앞서 서비스를 제공하며 더 많은 사람이 IT를 이용할 수 있게 하고 있습니다.

정부는 클라우드를 적극 활용한 맞춤 정책을 시행하고자 지난 2015년 클라우드 컴퓨팅 발전법을 제정하고 '1차 클라우드컴퓨팅 발전 기본계획(2016~2018년)'과 '2차 클라우드컴퓨팅 발전 기본계획(2019~2021년)'을 수립했습니다. 1·2차 기본계획은 클라우드를 확산하는 기반을 마련하는 데 초점을 두었습니다. 2021년에 '제3차 클라우드컴퓨팅 발전 기본계획(2022~2025년)'을 발표할 예정입니다.

미국에서는 CIA(중앙정보국)가 자신들의 시스템을 AWS에 이관해서 운영하고 있습니다. DOD(미국 국방성)도 마이크로소프트 애저(azure)를 채택했습니다.

높은 수준의 기밀성과 가용성, 신뢰성이 요구되는 정부 기관도 클라우드를 이용하는 시대가 된 것입니다.

비즈니스의 불확실성이 높아지고 자산을 보유하는 것이 경영 리스크가 된 지금, 변화에 빠르게 대응하는 것이 최선의 방법입니다. 그러려면 IT를 적극적으로 활용해야 합니다.

한편 보안에 관련된 위협이 다양하고 교묘해져 기업에서 대처하는 데 곤란한 점이 많습니다. 그래서 직접 자산을 보유하지 않아도 컴퓨팅 자원을 필요한 만큼 사용할 수 있고, 전문가 집단에 보안 대책을 맡길 수 있는 클라우드를 이용하려는 움직임이 많아졌습니다.

이처럼 클라우드는 비용뿐만 아니라 AI, IoT 등 첨단 기술을 활용하여 다른 기업과 경쟁에서 우위를 선점하려는 목적으로도 확대되었습니다.

자가발전 모델에서 발전소 모델로

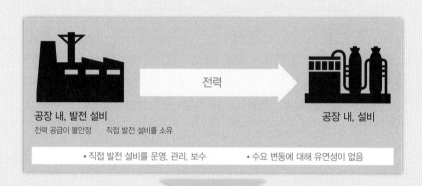

공장 내, 발전 설비

전력 공급이 불안정   직접 발전 설비를 소유

전력

공장 내, 설비

• 직접 발전 설비를 운영, 관리, 보수   • 수요 변동에 대해 유연성이 없음

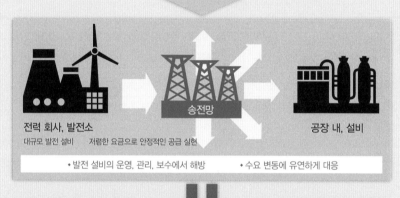

전력 회사, 발전소

대규모 발전 설비   저렴한 요금으로 안정적인 공급 실현

송전망

공장 내, 설비

• 발전 설비의 운영, 관리, 보수에서 해방   • 수요 변동에 유연하게 대응

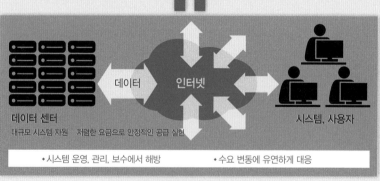

데이터 센터

대규모 시스템 자원   저렴한 요금으로 안정적인 공급 실현

데이터   인터넷

시스템, 사용자

• 시스템 운영, 관리, 보수에서 해방   • 수요 변동에 유연하게 대응

일상에서 전기를 사용했던 당시에 전기 목적은 '전등'을 켜는 것이었습니다. 발전이나 송전 설비도 그 정도 능력밖에 없어 공업 생산에서 모터를 돌리는 용도로 사용하기에는 부족했습니다. 그래서 19세기 말부터 20세기 초까지 전기를 공업 생산에 이용하기 시작하던 무렵에는 전기를 안정적으로 확보하고자 각 기업은 자가발전 설비를 갖추어야 했습니다.

발전기는 가격도 비쌌고 유지 보수 및 운용도 스스로 해결해야 했습니다. 게다가 발전기 성능에는 한계가 있어 갑작스러운 증산이나 수요 변동에 바로 대처할 수 없었습니다.

이런 문제를 해결하고자 전력 회사는 발전 및 송전 능력을 높였고, 공업 생산에도 사용할 수 있도록 고출력으로 안정적으로 전기를 공급하기 시작했습니다. 그 결과 전력 효율은 올라가고 요금은 낮아졌습니다. 또 공용이므로 한 공장에서 큰 폭으로 전력 수요에 변동이 있어도 전체적으로는 상쇄되어 필요한 전력을 수요 변동에 따라 안정적으로 확보할 수 있었습니다. 이제는 자가발전 설비를 갖출 필요가 없게 된 것입니다.

이를 정보 시스템으로 대체해 보면, 무슨 일이 일어나고 있는지 상상할 수 있을 것입니다. 발전소는 컴퓨터 자원, 즉 '연산 처리를 하는 CPU', '데이터를 보관하는 저장 장치', '통신을 제어하는 네트워크 장비', '장비를 설치할 데이터 센터', '데이터 센터를 유지하는 전력이나 공조 설비' 등에 해당합니다. 송전망은 인터넷 및 기업 전용 네트워크에 해당하겠지요. 수요가 증가해도 생산 능력에 한계가 있는 자가발전 시스템과 달리 클라우드를 사용하면 유연하게 대응할 수 있습니다. 또 전기와 마찬가지로 이용한 만큼만 내는 종량제 요금이므로 큰 초기 투자가 필요 없습니다.

전기를 사용할 때 콘센트에 플러그를 꽂듯이, 네트워크에만 연결하면 시스템 자원을 필요할 때 필요한 만큼 손에 넣을 수 있는 클라우드 컴퓨팅은 IT 기능이나 성능을 '소유'에서 '사용'으로 전환하라며 재촉하고 있습니다.

클라우드는 시스템 자원의
전자 상거래 사이트

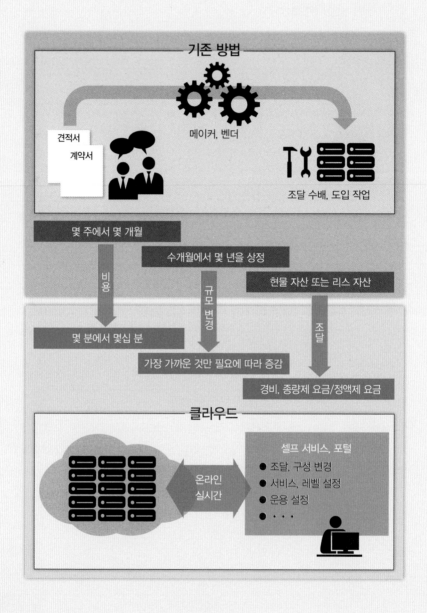

정보 시스템을 자산으로 '소유'하는 형태에서 외부 서비스로 '사용'하는 형태로 전환하면, 시스템 자원의 조달이나 변경을 간단히 할 수 있습니다. 예를 들어 클라우드 이전의 '소유'하는 시대에는 다음 절차를 거쳐야만 조달이나 변경을 할 수 있었습니다.

- 리스 기간에 맞추어 장래 수요를 예측하여 규모 변경(필요한 용량이나 능력 예상)
- IT 업체에 시스템 구성 제안을 요청하고 견적을 의뢰하여 가격 협상
- 품의서를 작성하고 승인과 결제 절차
- IT 업체에 발주
- IT 업체가 제조사에 조달 의뢰
- 조달한 기기를 서버 랙에 설치
- 사용자 기업에 설치하여 소프트웨어 도입이나 설정

이런 절차를 거쳐 겨우 사용할 수 있게 될 때까지 몇 주에서 몇 개월이 소요되는 것은 당연합니다. 하지만 클라우드를 이용하면 정말 간단합니다.

- 가장 최근에 필요한 사용량을 고려하여 규모 결정
- 웹에 표시되는 메뉴 화면에서 시스템 구성 선택
- 메뉴에서 보안 및 백업 등 운용 설정

눈 깜짝할 사이에 구성이 끝나 버립니다. 사용량이 늘어나거나 운용 요건이 바뀌면 그때마다 메뉴 화면에서 설정할 수 있으므로, 미래를 예측해서 시스템을 구입할 필요가 없습니다. 또 시스템 부하의 변동에 맞추어 자동으로 시스템 자원을 변경해 주는 기능도 갖추고 있습니다.

요금은 전기 요금처럼 사용량에 따라 지불하므로 필요가 없어지면 언제든지 그만둘 수 있어 투자 위험을 줄일 수 있습니다.

"필요할 때 필요한 만큼 시스템 능력이나 성능을 조달할 수 있는
시스템 자원의 전자 상거래 사이트"

클라우드는 이런 시스템이라고 할 수 있을지도 모릅니다.

클라우드의 비용 대비 효과

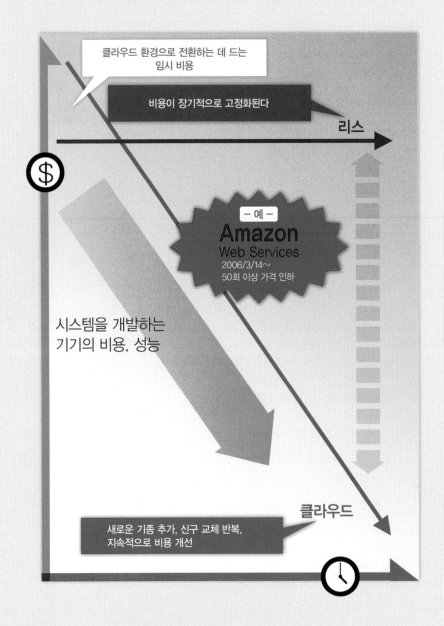

시스템 장비 성능은 해마다 향상됩니다. 그러나 기존 '소유'를 전제로 하는 시스템은 자산으로 상각되며, 그동안은 새것으로 대체되지 않으므로 클라우드처럼 성능이 향상되는 혜택을 받을 수 없습니다.

이런 상황은 소프트웨어도 마찬가지입니다. 소프트웨어를 라이선스 자산으로 소유해 버리면, 기능이 더 뛰어난 소프트웨어가 등장해도 쉽게 대체할 수 없습니다. 또 오래된 소프트웨어에서는 버전 업 제약이나 새로운 위협에 대한 보안 대책 및 지원에도 문제가 발생할 수 있습니다.

반면에 클라우드는 많은 이용자와 함께 사용해야 한다는 것이 전제입니다. 클라우드 기업은 자사의 서비스에 맞게 불필요한 기능이나 부자재를 최대한 배제한 사양의 기기를 대량으로 특별 주문하여 저렴한 가격에 구매합니다. 또 더욱더 철저한 자동화로 인건비를 줄이고 최신 기기를 계속 투입하여 순서대로 교체해서 가성비를 지속적으로 개선합니다. 최신 기술을 차례대로 도입하여 충실하게 좋은 서비스를 제공하면서 동시에 새로운 컴퓨팅 모습을 계속해서 제안하고 있습니다.

예를 들어 세계 최대 클라우드 기업인 AWS(Amazon Web Services)는 2006년 서비스를 개시한 이후, 50회 이상 가격을 계속 낮추며 서비스 메뉴를 개선해 왔습니다. 사용할 수 있는 예산이 동일하면 몇 년 후에는 몇 배의 성능으로 이용할 수 있습니다. 또 AI나 IoT 등 최신 기술을 용이하게 사용할 수 있는 환경을 제공합니다.

물론 이미 보유한 시스템을 클라우드로 전환하려면 비용이 들어갑니다. 또 지금까지 사용한 방식을 그대로 답습한 채 클라우드로 이행해 보아야 클라우드 고유의 뛰어난 기능이나 다양한 장점을 누릴 수 없을뿐더러 성능 저하, 높은 이용 요금, 보안 요건 부적합, 새로운 운용 부담 등 오히려 단점이 커질 가능성이 있습니다.

이렇게 되지 않으려면 클라우드의 특성과 기능, 서비스를 올바르게 이해하고 클라우드 장점을 최대한 이끌어 낼 수 있는 시스템 구성과 사용 방식으로 전환하는 것이 중요합니다. 일단 클라우드로 잘 전환된다면 비용 대비 뛰어난 효과를 장기적이고 지속적으로 누릴 수 있습니다.

클라우드가 낳은 패러다임 전환

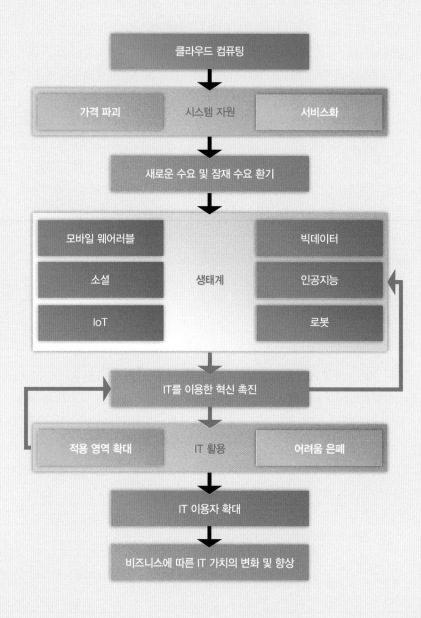

클라우드 컴퓨팅

가격 파괴　시스템 자원　서비스화

새로운 수요 및 잠재 수요 환기

모바일 웨어러블　빅데이터
소셜　생태계　인공지능
IoT　로봇

IT를 이용한 혁신 촉진

적용 영역 확대　IT 활용　어려움 은폐

IT 이용자 확대

비즈니스에 따른 IT 가치의 변화 및 향상

클라우드는 시스템 자원의 가격 파괴를 가져왔습니다. 앞서 소개한 AWS는 2006년 서비스를 시작한 이래로 50회 이상 일관되게 가격을 계속 낮추고 있는데, 이에 질세라 마이크로소프트와 구글도 가격을 계속 낮추며 치열한 가격 경쟁을 펼치고 있습니다. 컴퓨터 소매 시장에서는 도저히 경쟁할 수 없는 가격입니다.

클라우드가 등장하면서 시스템 이용에 필요한 설비 투자라든지 시스템을 설치하는 시설을 자체적으로 준비할 필요가 없어졌습니다. 또 사용한 만큼 지불하는 종량 과금형 서비스라 필요에 따라 시스템 자원을 조달할 수 있기 때문에 기업은 운용 관리 부담을 덜 수 있게 되었습니다.

예전에는 정보 시스템을 구축하려면 기기를 구입하고 운용 관리 전문가를 고용해야 했기 때문에 어느 정도 초기 투자가 필요했습니다. 클라우드는 이런 상식을 뒤엎고 지금까지 IT 이용을 주저하던 업무 영역이나 신규 사업으로 적용을 확대했습니다. 달리 생각하면 '실패 비용'이 크게 줄어 쉽게 도전할 수 있게 된 것입니다. 실패 부담이 줄어들면 도전이 촉진됩니다. 그리고 수많은 실패를 축적한 끝에 혁신(innovation)이 탄생합니다. 클라우드는 이런 혁신에도 공헌한다고 할 수 있습니다.

또 처음부터 높은 수준의 기능을 갖춘 시스템을 만들지 않아도 클라우드가 제공하는 기능이나 서비스를 조합해서 새로운 서비스를 만들 수 있는 시대가 되었습니다. 이제는 시스템 개발이나 운용 관리가 크게 어렵지 않아 IT 이용자 범위가 점점 확대되고 있습니다.

이에 따라 비즈니스나 일상에서 IT가 적용되는 범위는 넓어지고, 창출되는 가치가 향상되었습니다. IT는 비즈니스와 통합되면서 IT를 전제로 한 새로운 비즈니스 모델이 기존 업계의 기득권이나 상식을 파괴하는 데 이르렀습니다. 동시에 IT는 그 존재 자체를 이용자가 깨닫지 못할 정도로 일상 속에 녹아들어 우리는 알게 모르게 IT 혜택을 받고 있습니다. 클라우드는 비즈니스와 일상에서도 큰 역할을 차지합니다.

역사적 배경 측면에서
클라우드에 거는 기대

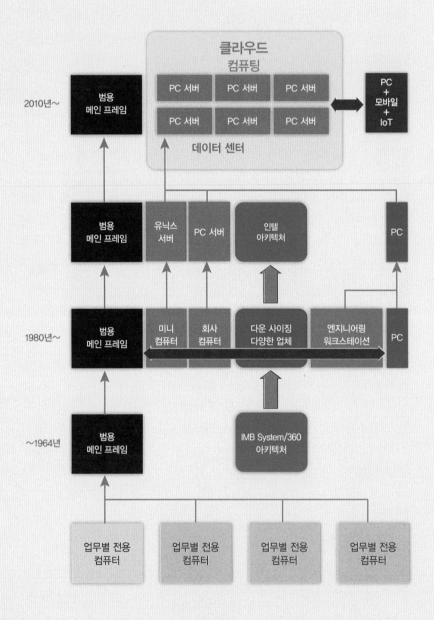

역사를 되돌아보면서 클라우드가 주목받은 이유를 살펴보겠습니다.

시작은 UNIVAC I부터

미국 레밍턴 랜드(Remington Rand)(현재는 Unisys)가 최초의 상용 컴퓨터인 UNIVAC I을 세상에 내놓은 것은 1951년이었습니다. 그 이전 컴퓨터는 대부분 군사용이나 대학에서 연구 목적으로 이용했고, 상업적인 용도로 이용하는 경우는 거의 없었습니다. UNIVAC I의 등장은 이런 상식을 바꾸는 계기가 되었고, 당시에는 '컴퓨터=UNIVAC'이라고 할 만큼 많은 기업에서 사용했습니다.

당시 컴퓨터가 안고 있던 문제

UNIVAC I 성공을 계기로 여러 회사에서 상용 컴퓨터를 제조하고 판매했습니다. 당시 컴퓨터는 업무 목적에 따라 전용 컴퓨터가 필요했기 때문에 여러 업무를 다루는 기업은 업무별로 컴퓨터를 구입해야만 했습니다. 따라서 컴퓨터를 구입하는 비용이 컸고 컴퓨터마다 사용하는 기술이 달라 기기마다 따로 배워야 했으며, 지금과는 달리 프로그램이나 접속할 수 있는 기기 종류도 컴퓨터마다 달라 운용 관리 부담이 컸습니다. 컴퓨터 제조 업체도 여러 종류의 컴퓨터를 개발하고 제조해야 했으니 그 부담은 정말 엄청났습니다.

IBM System/360의 등장

1964년 IBM에서 기존 상식을 뒤엎은 컴퓨터를 발표했습니다. 바로 System/360(S/360)입니다. 어떤 업무라도 컴퓨터 한 대로 해낼 수 있는 '범용 컴퓨터', 지금으로 말하면 '메인 프레임'이 등장한 것입니다. S/360은 일반 업무뿐만 아니라 과학 기술 계산도 지원했기에 부동 소수점 계산도 할 수 있었습니다.

더욱이 IBM은 이 기술 사양을 표준화하여 'System/360 아키텍처'도 공개했습니다. 아키텍처란 '설계 사상' 또는 '방식'이라는 의미입니다. '아키텍처'가 같으면 프로그램이나 데이터 호환성이 보증될 뿐만 아니라, 시스템에 접속하는 기기도 같은 제품을 사용할 수 있습니다. '아키텍처' 덕분에 IBM은 호환성을 유지하면서 다양한 규모와 가격의 제품을 제공할 수 있었습니다.

기업 규모나 업무 목적이 달라도 동일한 '아키텍처' 제품을 사용하면 축적된 운용 노하우나 기존 소프트웨어를 그대로 사용할 수 있었습니다. 이것으로 사용자 편의성이 올라갔고, 제품을 제공하는 업체도 개발비를 줄일 수 있었습니다. 또 '아키텍처' 공개로 IBM 이외의 기업도 S/360에서 동작하는 프로그램을 개발할 수 있게 되어 IBM에 연결할 수 있는 장비를 개발하기가 쉬워졌습니다. 그 결과 S/360과 관련된 수많은 비즈니스가 생겨났습니다.

지금은 '공개'를 당연하게 여기는 시대이지만, 당시는 기업 노하우인 기술 사양을 공개하는 것이 흔한 일은 아니었습니다. 하지만 아키텍처를 공개하자 S/360과 관련된 많은 비즈니스가 생겨났고 생태계를 형성하기에 이르렀습니다. 그리고 IBM 컴퓨터는 업계 표준으로 시장에 자리 잡게 되었습니다.

VAX11의 성공과 소형 컴퓨터 등장

IBM이 절대적 지위를 유지하던 1977년 DEC(현재 HP)에서 VAX11/780이라는 컴퓨터를 발표했습니다. 이 컴퓨터는 IBM 컴퓨터보다 처리 성능당 단가가 매우 낮았고, DEC는 IBM 뒤를 이어 업계 2위까지 올랐습니다.

1980년대에는 이외에도 많은 소형 컴퓨터가 출시되었습니다. 바로 오피스 컴퓨터, 미니컴퓨터, 엔지니어링 워크스테이션으로 불리는 컴퓨터입니다. 고가의 메인 프레임에 의존하던 당시는 '그렇게까지 고성능, 고기능이 아니라도 좋으니, 좀 더 싸고 손쉽게 사용할 수 있는 컴퓨터가 필요하다'는 수요에 맞추어 널리 보급되었습니다.

그 후 소형 컴퓨터도 성능이 향상되어 메인 프레임에서 하던 일을 대체할 수 있게 되었습니다. 또 새로운 업무를 소형 컴퓨터로 개발하기도 하고, 판매하는 패키지 소프트웨어도 사용하게 되었습니다. 이런 움직임을 '다운 사이징'이라고 합니다.

이때를 전후해서 개인용 컴퓨터(PC)도 등장했습니다. 애플, 탠디 라디오잭, 코모도어라는 이른바 컴퓨터 업체 삼총사가 퍼스널 컴퓨터라는 이름 그대로 개인이 취미로 사용할 수 있는 컴퓨터를 출시했습니다. 퍼스널 컴퓨터는 곧 표 계산이나 문서 작성 등 사무 업무에서도 사용하기 시작했습니다. 비즈니스 컴퓨터의 맹주인 IBM도 개인용 컴퓨터 시장에 진입하고자 1981년 Personal Computer model 5150(통칭 IBM PC)을 출시했고, 단숨에 비즈니스에서 개인용 컴퓨터 이용이 확산되었습니다.

IBM 호환 컴퓨터 탄생

다양한 소형 컴퓨터가 출현하면서 기술 표준이 난립해서 혼란을 일으켰습니다. 이런 상황이 크게 바뀐 계기가 바로 IBM 컴퓨터입니다. IBM이 가진 브랜드 파워로 컴퓨터에 신뢰가 높아졌고, 상업적으로도 점점 더 많이 이용되었습니다. 더욱이 호환 컴퓨터의 등장으로 가격이 많이 내려갔습니다.

개인용 컴퓨터 분야에서 후발 주자였던 IBM은 서둘러 시장에 진입하고자 시판되는 부품을 사용했고, 기술을 공개하여 다른 회사에서 주변 기기와 응용 프로그램을 만들게 하는 전략을 세웠습니다. 구체적으로는 컴퓨터 핵심인 프로세서(CPU)는 인텔에서, 운영체제(OS)는 마이크로소프트에서 공급받았습니다.

한편 인텔도 자사 CPU 기술 사양을 '인텔 아키텍처(Intel Architecture, IA)'로 공개하면서 CPU뿐만 아니라 컴퓨터를 구성하는 데 필요한 반도체칩이나 반도체칩을 탑재한 프린트 기판인 메인보드 등을 세트로 제공하기 시작했습니다. 또 마이크로소프트도 독자적으로 인텔 제품에서 동작하는 운영체제를 판매했습니다.

그 결과 IBM 이외의 기업에서도 IBM 컴퓨터와 똑같이 동작하는 컴퓨터를 만들 수 있었습니다. 이것이 IBM 호환 컴퓨터의 탄생입니다. 가격이 저렴하고 원조인 IBM 컴퓨터와 같은 주변 기기를 사용할 수 있으며, 같은 응용 프로그램을 동작시킬 수 있는 IBM 호환 컴퓨터는 시장의 전폭적인 지지를 받으며 사용자를 늘려 갔습니다. IBM 호환 컴퓨터 업체가 늘어나면서 가격 경쟁도 치열해졌습니다. 이렇게 하여 IBM 호환 컴퓨터는 시장을 장악할 수 있었고, 현재의 윈도 컴퓨터로 이어졌습니다.

Wintel 융성과 TCA 절감

아이러니하게도 호환 컴퓨터에 시장을 빼앗긴 IBM의 개인용 컴퓨터 사업 수익률은 하락했습니다. 결국 IBM은 개인용 컴퓨터 사업을 매각했습니다.

개인용 컴퓨터 시장이 확대되자 인텔은 더욱 성능이 높아진 CPU를 개발했고, 마이크로소프트는 개인 사용자를 위한 운영체제뿐만 아니라 다수의 사용자가 동시에 사용하는 것을 전제로 하는 서버용 운영체제도 개발했습니다. 컴퓨터 시장은 마이크로소프트의 운영체제인 윈도와 인텔 CPU의 조합이 석권했고, 이른바 윈텔(Wintel) 시대가 시작되었습니다.

그 결과 그때까지 난립하던 아키텍처는 윈텔로 통일되었고, 새로운 기술 발전과 대량 생산으로 컴퓨터 조달에 필요한 비용(Total Cost of Acquisition, TCA)은 대폭 낮아졌습니다. 1990년대 중반에는 한 사람이 한 대씩 개인용 컴퓨터를, 그리고 한 회사에서 메인 프레임과 서버 여러 대를 보유하는 시대를 맞이했습니다.

TCO 상승과 클라우드 등장

컴퓨터 가격이 내려가면서 기업에서는 대량으로 컴퓨터를 도입하기 시작했습니다. 그 결과 '컴퓨터를 놓을 설비와 공간', '소프트웨어 도입 및 업그레이드', '장애 대책', '네트워크 접속', '백업', '보안 대책' 등 시스템 소유에 따른 유지 및 관리 비용(Total Cost of Ownership, TCO)이 대폭 상승했습니다. 그 비용은 IT 예산의 60~80%에 달할 정도로 증가했고, 기업에서는 이런 사태를 해결해야만 했습니다. 이런 요구가 높아지는 가운데 클라우드가 등장했습니다.

클라우드가 가져온 본질적 변화

클라우드가 가져온 변화는 시스템 자원을 조달하는 수단이 바뀐 것만이 아닙니다. 더 본질적 변화가 일어나기 시작했습니다.

스마트폰, 웨어러블 같은 스마트 기기나 컴퓨터 등 통신 기능이 내장된 제품이 인터넷에 항상 연결되면서, 365일 사용자 활동 데이터나 현실 세계의 모든 것을 데이터로 수집하여 실시간으로 클라우드로 내보냅니다.

클라우드는 이렇게 수집된 데이터를 활용하여 우리에게 다양한 서비스를 제공합니다. 예를 들어 자동차에 내장된 센서와 GPS는 자율 주행 기능을 지원하고, 도로에 설치된 센서와 연계하여 '정체 구간 회피', '연비 향상과 시간 단축', '사고 예방' 등에서 효과를 올리고 있습니다. 이외에도 주택 설비와 가전제품을 조합하면 에너지 절약과 쾌적한 생활에 도움이 됩니다. 또 신체에 밀착되는 웨어러블 디바이스는 신체 활동량이나 생체 정보를 수집하여 예방 진단, 식생활 관련 조언 등 건강을 유지하는 데 도움을 줍니다.

소셜 미디어는 우리가 생각하고 느끼는 것을 데이터로 바꾸어 주는 역할을 합니다. 생활 패턴이나 행동 특성, 흥미나 관심, 취미, 기호와 관련된 정보를 클라우드에 축적하고 개인에게 맞춘 정보와 광고를 표시합니다. 현실 세계의 개인 행동이나 사회적 활동 정보가 클라우드와 다양한 '연결'을 매개로 융합되어 비즈니스와 일상생활의 새로운 기반이 구축되는 것입니다.

'물리적 세계와 디지털' 또는 '오프라인과 온라인'의 경계가 모호해졌고, 오히려 하나의 시스템으로 동작하는 사회로 크게 변했다고 할 수 있습니다.

이런 상식의 대전환, 즉 패러다임 전환이 클라우드가 가져온 본질적 변화라고 할 수 있습니다.

정보 시스템 현황 측면에서
클라우드에 거는 기대

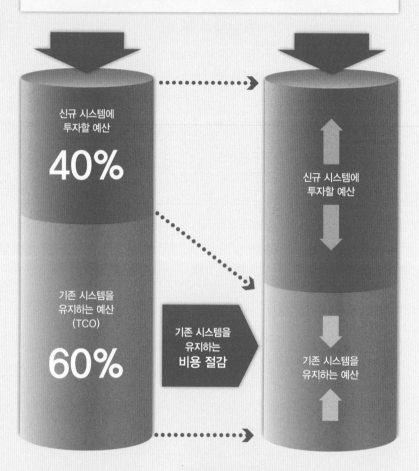

IT 예산 증가는 기대할 수 없다!

신규 시스템에
투자할 예산

40%

기존 시스템을
유지하는 예산
(TCO)

60%

신규 시스템에
투자할 예산

기존 시스템을
유지하는
비용 절감

기존 시스템을
유지하는 예산

❖ TCO 상승
❖ IT 예산 한계

 클라우드에 거는 기대
'소유'의 한계,
쓸 수만 있으면 된다는 결단력

업무 효율을 높이고 성장과 경쟁력을 유지하려면 IT는 빼놓을 수 없는 존재입니다. 한편으로 IT 이용 범위가 넓어지고 중요성이 높아질수록 재해나 보안 대책 부담도 증가합니다. 또 사물 인터넷, 인공지능 등 새로운 기술 대응도 필요합니다.

IT 수요 증가와는 반대로 기업에서 IT를 담당하는 정보 시스템 부서는 몇 가지 큰 문제를 떠안게 되었습니다.

그중 하나가 바로 TCO 증가입니다. 기존에 소유하던 시스템의 유지 및 운용 관리, 장애 대책, 유지 보수에 드는 비용은 IT 부서 예산의 약 60~80%를 차지한다고 합니다.

설비 및 소프트웨어에 지금까지 투자한 IT 자산 총액이 IT 예산의 '범위'가 되고 그 감가상각분, 즉 5년 상각으로 해서 자산 총액의 20%가 실질적으로 사용할 수 있는 예산 상한선입니다. 예산 상한선을 넘는 일은 허용하지 않는다는 암묵적인 이해와 비용 절감 압박을 지속적으로 가하므로 여기에도 대처해야만 합니다. 업무와 경영 부서의 새로운 요청을 들어주고 싶어도 TCO 비용이 너무 많이 들어 할 수가 없습니다. 게다가 IT 예산이 크게 늘어날 전망도 없습니다. 정보 시스템 부서는 항상 이런 문제를 떠안고 있습니다.

그래서 시스템 자원의 '소유'를 멈추고 정보 시스템을 관리하고 운용해야 TCO를 줄일 수 있을 것입니다. 또 클라우드에서 제공하는 플랫폼과 응용 프로그램을 사용하면 개발 비용과 시간이 줄어듭니다. 경우에 따라서는 개발할 필요도 없습니다. 클라우드에 거는 기대는 이런 데 있다고 할 수 있겠지요.

물론 단순히 'TCO 절감=클라우드 이용'이라는 의미가 아닙니다. 클라우드 특유의 요금 체계와 시스템 설계 개념, 운영 방식 등을 고려해야 합니다. 면밀하게 따져 보지 않으면 오히려 비용이 늘어날 수 있습니다. 안정된 성능을 발휘하지 못하거나 보안을 담보할 수 없는 등 새로운 문제를 떠안게 될 수도 있습니다. 다만 지금까지 '소유'라는 방법만 선택할 수 있었던 정보 시스템에서 '사용'이라는 새로운 대안이 주어진 것만은 확실합니다.

클라우드의 기원과 정의

NIST

National Institute of
Standards and Technology
U.S. Department of Commerce

Special Publication 800-145

The NIST Definition of Cloud Computing

Recommendations of the National Institute of Standards and Technology

미국 국립표준기술연구소

서비스 모델

배치 모델

다섯 가지 중요한 특징

클라우드 컴퓨팅은

컴퓨팅 자원을 필요할 때

필요한 만큼 간단히 사용할 수 있는 시스템

'클라우드 컴퓨팅'이라는 말은 2006년 당시 구글 CEO였던 에릭 슈미트가 한 연설을 계기로 사용하기 시작했습니다. 새로운 용어를 선호하는 IT 업계는 시대 변화와 자사의 앞선 기술을 내세우고, 제품이나 서비스를 판매하는 광고 문구로 이용어를 자주 사용했습니다. 그 때문에 회사마다 다양한 정의가 생겨나게 되었고, 시장에 여러 가지 오해와 혼란을 초래했습니다.

이런 혼란을 끝내고 업계의 건전한 발전을 꾀하고자 2009년 미국 국립표준기술연구소(National Institute of Standards and Technology, NIST)가 '클라우드의 정의'를 발표했습니다. 이 정의는 특정한 기술이나 규격이 아니라 '개념의 틀'로 알아 두면 좋을 것 같습니다. NIST 정의에는 다음과 같이 적혀 있습니다.

"클라우드 컴퓨팅이란 네트워크, 서버, 저장 장치, 응용 프로그램, 서비스 등 구성 가능한 컴퓨팅 자원의 공용 풀에 언제든지(on-demand) 편리하게 접근할 수 있고, 최소의 관리 노력 또는 서비스 제공자 간 상호 작용에 따라 신속하게 제공하여 이용할 수 있는 모델 중 하나다."

그리고 다양한 클라우드 이용 형태를 서비스 모델(service model)과 배치 모델(deployment model)로 분류하고, 클라우드가 꼭 갖추어야 할 다섯 가지 특징을 제시합니다.

이 클라우드 정의가 유일한 것은 아니며, 클라우드가 보급되고 신기술이 등장하면서 새로운 해석도 등장하고 있습니다. 하지만 클라우드 컴퓨팅을 이해하는 기본 틀로 지금도 널리 사용합니다. 여기서 언급한 클라우드 컴퓨팅 정의를 이해해 두면 좋을 것입니다.

클라우드 정의: 서비스, 모델

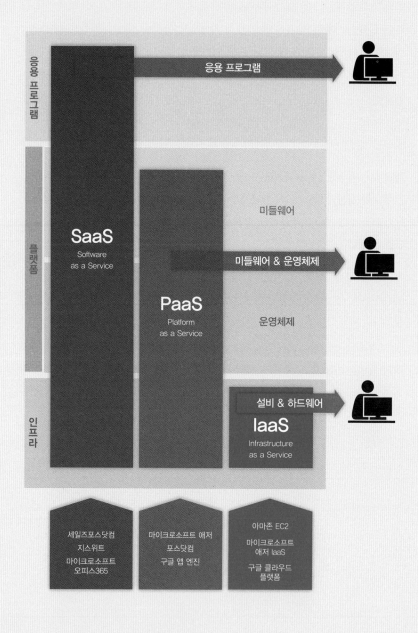

응용 프로그램

플랫폼

인프라

응용 프로그램

미들웨어

미들웨어 & 운영체제

운영체제

설비 & 하드웨어

SaaS
Software
as a Service

PaaS
Platform
as a Service

IaaS
Infrastructure
as a Service

세일즈포스닷컴
지스위트
마이크로소프트
오피스365

마이크로소프트 애저
포스닷컴
구글 앱 엔진

아마존 EC2
마이크로소프트
애저 IaaS
구글 클라우드
플랫폼

클라우드를 서비스 차이에 따라 분류하는 개념이 **서비스 모델**(service model)입니다.

SaaS

SaaS(Software as a Service)는 이메일이나 일정 관리, 문서 작성, 표 계산, 재무 회계, 판매 관리 등 응용 프로그램을 제공하는 서비스입니다. 사용자는 응용 프로그램을 구동하는 하드웨어나 운영체제 지식이 없어도 응용 프로그램의 설정이나 기능을 이해하고 있으면 사용할 수 있습니다. 예를 들어 세일즈포스닷컴(Salesforce.com), 지스위트(G-Suite), 마이크로소프트 오피스365 등이 있습니다.

PaaS

PaaS(Platform as a Service)는 응용 프로그램을 개발하거나 실행하는 데 필요한 기능을 제공하는 서비스입니다. 운영체제, 데이터베이스, 개발 도구 실행에 필요한 라이브러리 및 실행 관리 기능 등을 제공합니다. 예를 들어 마이크로소프트 애저, 포스닷컴(Force.com), 구글 앱 엔진, 사이보즈 킨톤(Cyboze kintone) 등이 있습니다.

IaaS

IaaS(Infrastructure as a Service)는 서버, 저장 장치처럼 하드웨어 기능이나 성능을 제공하는 서비스입니다. '소유'하는 시스템이라면 매번 업체와 협의하여 절차나 설치, 도입 작업을 해야 하지만, IaaS를 이용하면 메뉴 화면에서 설정만 하면 바로 이용할 수 있습니다. 저장 장치 용량이나 서버 대수는 필요에 따라 설정에서 늘리거나 줄일 수 있습니다. 마찬가지로 라우터나 방화벽 등 네트워크 기능이나 접속도 설정만으로 구축할 수 있습니다. 아마존 EC2(Amazon Elastic Compute Cloud), 구글 컴퓨트 엔진(Google Compute Engine), 마이크로소프트 애저 IaaS(Microsoft Azure IaaS), IBM 클라우드 IaaS(IBM Cloud IaaS) 등이 있습니다.

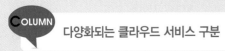

COLUMN 다양화되는 클라우드 서비스 구분

자사 소유	IaaS 베어 메탈	IaaS 가상 머신	CaaS	PaaS	FaaS	SaaS

사용자 기업이 관리

응용 프로그램	응용 프로그램	응용 프로그램	응용 프로그램	응용 프로그램	응용 프로그램 / 연계 기능	응용 프로그램
데이터	데이터	데이터	데이터	데이터	데이터	데이터
런타임	런타임	런타임	런타임	런타임	런타임	런타임
미들웨어	미들웨어	미들웨어	미들웨어	미들웨어	미들웨어	미들웨어
컨테이너 관리 기능	컨테이너 관리 기능	컨테이너 관리 기능	컨테이너 관리 기능	컨테이너 관리 기능	컨테이너 관리 기능	컨테이너 관리 기능
OS (운영체제)	OS (운영체제)	OS (운영체제)	OS (운영체제)	OS (운영체제)	OS (운영체제)	OS (운영체제)
가상 머신	가상 머신	가상 머신	가상 머신	가상 머신	가상 머신	가상 머신
하드웨어	하드웨어	하드웨어	하드웨어	하드웨어	하드웨어	하드웨어

클라우드 서비스 사업자가 관리

2009년에 발표된 NIST '클라우드의 정의'에서 서비스 모델을 SaaS, PaaS, IaaS로 구분했습니다. 큰 틀에서 그 개념은 지금도 계속 이용하지만, 기술 발전과 클라우드 보급으로 엄밀하게 구분하기가 어려워진 것도 분명합니다.

IaaS는 처음에 가상 서버를 제공하는 서비스였지만, 지금은 '물리 서버'를 제공하는 '베어메탈' 서비스가 등장했습니다. 베어메탈이란 '바탕쇠'라는 뜻으로, 운영체제나 소프트웨어 등이 설치되지 않은 아직 사용한 적이 없는 물리 서버를 의미합니다. IaaS는 가상화로 저렴한 비용, 높은 확장성이라는 장점을 누릴 수 있지만, 입출력 처리 성능이 떨어진다는 단점도 있습니다. 이 문제의 해결책으로 등장한 것이 베어메탈입니다.

예를 들어 웹에서 접속을 처리하는 프론트엔드의 웹 서버는 확장성이 뛰어난 기존 가상 서버를 이용하고, 입출력 처리 성능이 요구되는 백엔드의 데이터베이스 서버는 베어메탈 물리 서버를 조합해서 사용합니다.

또 컨테이너 관리 기능을 제공하고 서버 관리와 운용을 포함하여 클라우드 사업자가 하는 CaaS(Container as a Service)와 컨테이너로 만든 응용 프로그램의 기능 부품(서비스)을 연계시켜 실행 관리를 하는 FaaS(Function as a Service)도 등장했습니다.

FaaS는 응용 프로그램 실행에 필요한 서버 설정과 관리에 신경 쓰지 않고 개발 및 실행할 수 있는 '서버리스' 구조를 이용할 수 있는 서비스입니다. 원래라면 필요했을 인프라 구축이나 운용은 클라우드 사업자에게 맡기고, 각 기업은 응용 프로그램 개발에 자원을 집중할 수 있습니다.

클라우드 서비스는 다양한 사용자 요구를 수용하면서 앞으로도 서비스 다양화를 꾀할 것입니다.

클라우드 정의: 배치 모델

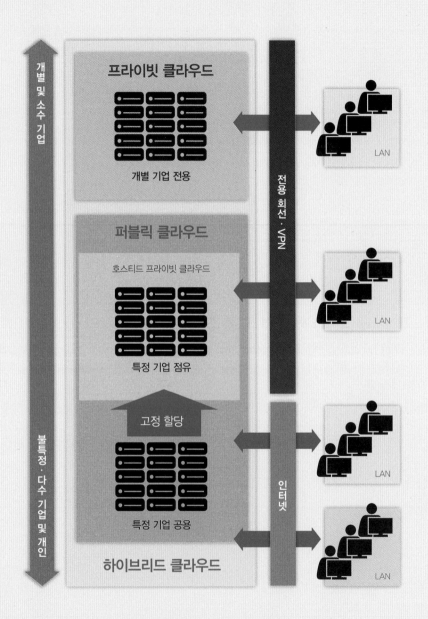

프라이빗 클라우드

개별 기업 전용

퍼블릭 클라우드

호스티드 프라이빗 클라우드

특정 기업 점유

고정 할당

특정 기업 공용

하이브리드 클라우드

개별 및 소수 기업

불특정 · 다수 기업 및 개인

전용 회선 · VPN

인터넷

LAN

LAN

LAN

LAN

클라우드 서비스를 시스템 설치 장소에 따라 분류하려는 개념이 **배치 모델**(deployment model)입니다.

여러 사용자 기업이 인터넷으로 함께 사용하는 것이 '퍼블릭 클라우드'입니다. 원래 클라우드 컴퓨팅은 퍼블릭 클라우드를 설명하는 것이었습니다. 한편으로 퍼블릭 클라우드의 편의성은 누리고 싶지만, 다른 사용자와 함께 사용하면 응답 시간이나 스루풋(throughput)에 영향을 받아 불편하고, 보안 면에서도 불안하다는 생각이 들 수도 있습니다. 그래서 기업이 시스템 자원을 소유하고 전용으로 사용하는 **프라이빗 클라우드**가 등장했습니다. 이는 클라우드 컴퓨팅 시스템을 자기 자산으로 구축해서 전용으로 사용하는 방식입니다.

하지만 프라이빗 클라우드의 장점을 누리고 싶어도 스스로 구축할 만한 기술력과 자금력이 되지 않는 기업도 적지 않습니다. 그래서 NIST 정의에는 포함되지 않았지만 **호스티드 프라이빗 클라우드**라는 서비스가 등장했습니다. '프라이빗 클라우드의 임대 서비스'라고 하면 이해하기 쉬울 것입니다. 퍼블릭 클라우드의 시스템 자원을 특정 사용자 전용으로 할당하여 다른 사용자들이 사용하지 못하게 하고, 전용 통신 회선이나 암호화된 인터넷(Virtual Private Network, VPN)으로 접속해서 마치 전용 프라이빗 클라우드처럼 이용할 수 있습니다. 최근 기업의 업무 시스템을 퍼블릭 클라우드로 이관하려는 움직임이 활발한데, 호스티드 프라이빗 클라우드로 가는 것이 일반적입니다. 이처럼 퍼블릭과 프라이빗 두 가지를 조합한 클라우드를 '하이브리드 클라우드'라고 합니다.

그 밖에도 NIST 정의에서는 지역이나 법령, 규제 등 공통 관심사로 연결된 조합이나 업계와 같은 범위에서 공동으로 이용하는 커뮤니티 클라우드라는 구분도 사용합니다.

퍼블릭과 프라이빗을 조합한 하이브리드 클라우드

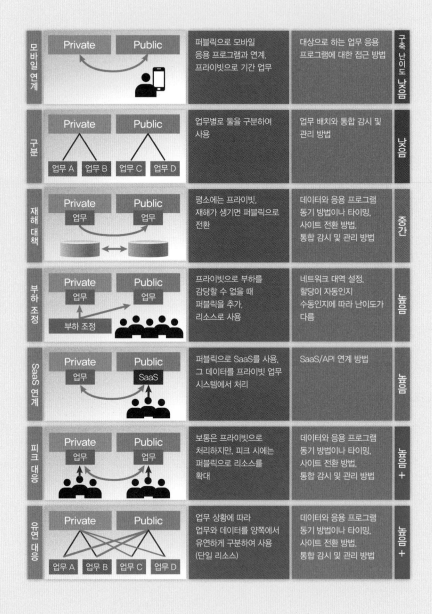

	구성	설명	과제	구축 난이도
모바일 연계	Private / Public	퍼블릭으로 모바일 응용 프로그램과 연계, 프라이빗으로 기간 업무	대상으로 하는 업무 응용 프로그램에 대한 접근 방법	낮음
구분	Private / Public · 업무 A 업무 B 업무 C 업무 D	업무별로 둘을 구분하여 사용	업무 배치와 통합 감시 및 관리 방법	낮음
재해 대책	Private 업무 / Public 업무	평소에는 프라이빗, 재해가 생기면 퍼블릭으로 전환	데이터와 응용 프로그램 동기 방법이나 타이밍, 사이트 전환 방법, 통합 감시 및 관리 방법	중간
부하 조정	Private 업무 / Public 업무 · 부하 조정	프라이빗으로 부하를 감당할 수 없을 때 퍼블릭을 추가, 리소스로 사용	네트워크 대역 설정, 할당이 자동인지 수동인지에 따라 난이도가 다름	높음
SaaS 연계	Private 업무 / Public SaaS	퍼블릭으로 SaaS를 사용, 그 데이터를 프라이빗 업무 시스템에서 처리	SaaS/API 연계 방법	높음
피크 대응	Private 업무 / Public 업무	보통은 프라이빗으로 처리하지만, 피크 시에는 퍼블릭으로 리소스를 확대	데이터와 응용 프로그램 동기 방법이나 타이밍, 사이트 전환 방법, 통합 감시 및 관리 방법	높음 +
유연 대응	Private / Public · 업무 A 업무 B 업무 C 업무 D	업무 상황에 따라 업무와 데이터를 양쪽에서 유연하게 구분하여 사용 (단일 리소스)	데이터와 응용 프로그램 동기 방법이나 타이밍, 사이트 전환 방법, 통합 감시 및 관리 방법	높음 +

퍼블릭 클라우드와 프라이빗 클라우드를 조합하고 각 장단점을 서로 보완하면서 구분하여 쓰면 효과적으로 사용할 수 있습니다.

예를 들어 다음과 같습니다.

- 기업 독자성이 떨어지는 이메일은 퍼블릭 SaaS를 이용합니다.
- 보안을 엄격히 관리해야 하는 인사 정보는 프라이빗 클라우드에서 처리하고, 그 정보를 이용하여 SaaS의 개인 인증을 합니다.
- 모바일 단말기를 사용하여 퍼블릭 SaaS에서 경비 정산을 하고, 그 데이터를 프라이빗에서 회계 처리하고 송금 절차를 밟습니다.
- 일반적인 업무는 프라이빗을 사용하고, 백업이나 재해 대체 시스템은 퍼블릭에 두어 재해가 발생하면 전환해서 사용합니다.

이처럼 퍼블릭과 프라이빗 각각의 장점을 잘 살려 편리성과 가성비가 높은 시스템을 실현한다는 것이 하이브리드 클라우드에 대한 일반적인 이해입니다.

다만 NIST의 '클라우드 컴퓨팅 정의'에서 보면 조금 다르게 해석할 수도 있습니다. 여기에는 다음 설명이 있습니다.

"실체는 다른 인프라이지만 마치 하나의 인프라인 것처럼 데이터와 응용 프로그램 양쪽에 걸쳐 쉽게 오갈 수 있는 시스템"

다시 말해 '프라이빗 클라우드와 퍼블릭 클라우드를 이음새 없는 하나의 시스템'으로 취급하자는 사고방식입니다. 특정 기업이 소유하는 프라이빗 클라우드는 아무래도 물리적 규모와 성능에 제한이 있습니다. 그러나 퍼블릭 클라우드와 조합해서 하나의 시스템처럼 운용 관리하고 전용 시스템처럼 쓸 수 있다면, 실질적으로는 규모나 성능 제한에 신경 쓸 필요 없이 자유롭게 운용할 수 있습니다. 이런 시스템이 **하이브리드 클라우드**의 본래 정의입니다.

퍼블릭을 조합하여 최적의 서비스를 실현하는 멀티 클라우드

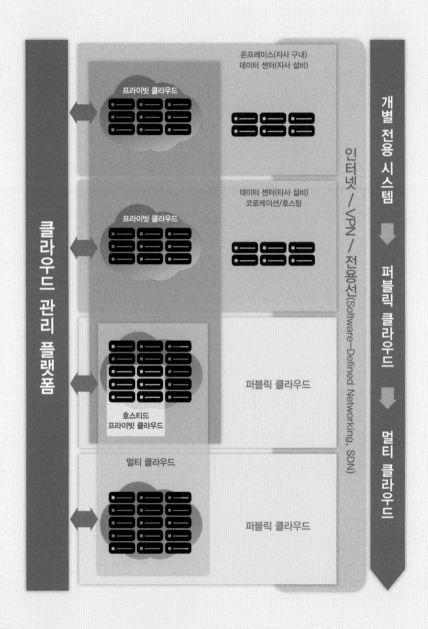

온프레미스(자사 구내)
데이터 센터(자사 설비)

프라이빗 클라우드

데이터 센터(타사 설비)
코로케이션/호스팅

프라이빗 클라우드

호스티드
프라이빗 클라우드

퍼블릭 클라우드

멀티 클라우드

퍼블릭 클라우드

클라우드 관리 플랫폼

인터넷 / VPN / 전용선(Software-Defined Networking, SDN)

개별 전용 시스템 ➡ 퍼블릭 클라우드 ➡ 멀티 클라우드

멀티 클라우드라는 말이 있습니다. NIST 정의에는 없지만, 다른 퍼블릭 클라우드를 조합하여 자신에게 최적의 클라우드 서비스를 실현하는 것입니다. 예를 들어 다음과 같이 사용할 수 있습니다.

- IoT 데이터의 수집과 집약을 위한 전용 서비스를 제공하는 AWS
- 데이터 분석에는 계산 성능의 가성비가 높은 GCP(Google Cloud Platform)
- 결과를 이용자에게 제공할 때는 화면 설계나 모바일 지원이 편리한 세일즈포스닷컴

이런 서비스를 조합하면 설비 기계의 보전·고장 예측 서비스를 실현할 수 있습니다.

퍼블릭 클라우드 사업자는 저마다 차별화를 도모하고자 기능이나 성능, 운용 관리 방법, 요금 등에서 다른 전략을 취합니다. 자연스럽게 각각 잘하는 분야가 생기고, 사용 방법에 따라 가성비에 차이가 있습니다. 각 서비스 장점을 포착하여 자신에게 최적인 조합을 실현하는 것이 멀티 클라우드입니다. 또 한 회사의 서비스에 의존하는 것은 위험성이 커서 여러 서비스로 시스템을 분산시켜 장애에 내성을 높이려는 의도로 멀티 클라우드 시스템을 구성하는 경우도 있습니다.

하지만 클라우드 서비스마다 다른 관리 툴을 사용하므로, 운용 관리가 복잡해지거나 다른 서비스와 기능 연계 및 데이터 이동이 어렵다는 문제도 있어 꼭 좋기만 한 것은 아닙니다. 이런 상황에 대처하고자 '멀티 클라우드 관리' 툴이나 서비스가 등장했습니다.

이제 클라우드를 단독으로 사용하는 시대는 지나고 하이브리드 클라우드나 멀티 클라우드를 구사하여 최적의 조합을 실현하는 시대를 맞이하고 있는 것입니다.

클라우드에서 빠뜨릴 수 없는 다섯 가지 특징

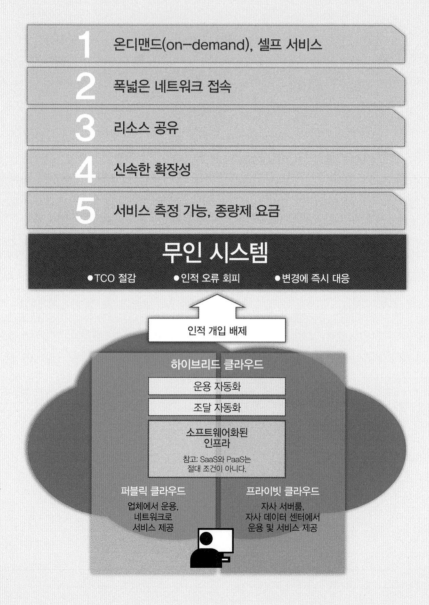

1 온디맨드(on-demand), 셀프 서비스

2 폭넓은 네트워크 접속

3 리소스 공유

4 신속한 확장성

5 서비스 측정 가능, 종량제 요금

무인 시스템

● TCO 절감 　　● 인적 오류 회피 　　● 변경에 즉시 대응

인적 개입 배제

하이브리드 클라우드

운용 자동화

조달 자동화

소프트웨어화된 인프라

참고: SaaS와 PaaS는 절대 조건이 아니다.

퍼블릭 클라우드

업체에서 운용, 네트워크로 서비스 제공

프라이빗 클라우드

자사 서버룸, 자사 데이터 센터에서 운용 및 서비스 제공

NIST 정의에는 클라우드에 필수인 다섯 가지 특징이 언급되어 있습니다.

- **온디맨드, 셀프 서비스**: 사용자가 웹 화면에서 시스템을 조달하거나 각종 설정을 하면 자동으로 실행합니다.
- **폭넓은 네트워크 접속**: PC뿐만 아니라 다양한 기기에서 사용할 수 있습니다.
- **자원 공유**: 여러 사용자가 시스템 자원을 공유하고, 서로 융통할 수 있는 시스템을 갖추고 있습니다.
- **신속한 확장성**: 사용자 요구에 따라 시스템 확장 및 축소를 즉시 수행할 수 있습니다.
- **서비스 측정 가능성**: 서비스 이용량(CPU나 저장 장치를 얼마나 사용했는지 등)을 전기 요금처럼 측정할 수 있는 시스템이 있어 그에 따라 종량제 요금(사용한 만큼 지불)으로 이용할 수 있습니다.

이런 특징을 실현하고자 시스템 구축이나 구성 변경을 물리적으로 하지 않고 소프트웨어 설정만으로 실현하는 '가상화', 무인으로 운용 관리할 수 있는 '운용 자동화', 조달 및 구성 변경을 가능한 한 간편하게 메뉴 화면의 설정만으로 할 수 있게 하는 '조달 자동화' 기술을 사용합니다.

이 시스템을 사업자가 설치하고 운용하여 인터넷으로 서비스를 제공하는 것이 퍼블릭 클라우드고, 사내에 설치하고 운용하여 내부에서만 사용하는 것이 프라이빗 클라우드입니다. 철저히 사람이 개입하는 것을 차단함으로써 '인적 실수의 배제', '조달 및 변경의 고속화', '운용 관리 부담 경감'을 실현하고 인건비를 줄여 기술 발전에 따른 가성비를 장기적으로 제공하려는 것입니다.

덧붙여 하이퍼바이저를 이용한 '가상화'는 IaaS에서 전제가 되는 기술이지만, PaaS나 SaaS에서는 일반적으로 가상화를 사용하지 않습니다. 그 대신 응용 프로그램에서 사용자 관리, 데이터베이스의 멀티 테넌트 기능, 컨테이너로 독립된 응용 프로그램 실행 환경 등 '가상화'보다는 시스템 부하가 적고 효율적으로 시스템 자원을 사용하여 사용자 그룹을 분리할 수 있는 수단을 씁니다.

클라우드가 가져오는 세 가지 가치

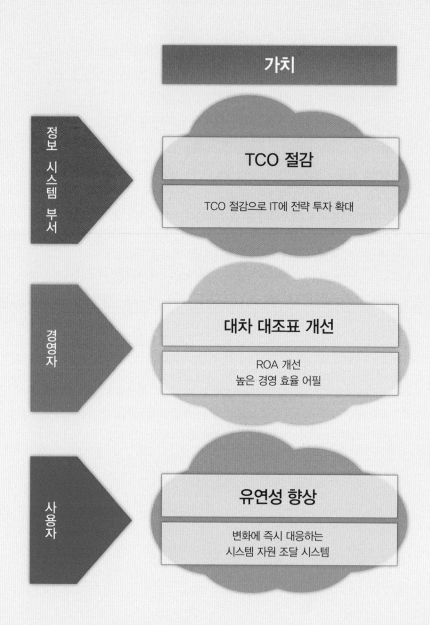

가치

정보 시스템 부서

TCO 절감

TCO 절감으로 IT에 전략 투자 확대

경영자

대차 대조표 개선

ROA 개선
높은 경영 효율 어필

사용자

유연성 향상

변화에 즉시 대응하는
시스템 자원 조달 시스템

클라우드를 사용하면 다음 세 가지 가치를 손에 넣을 수 있습니다.

정보 시스템 부문: TCO 절감

IT에 대한 요구는 계속 증가됩니다. 그러나 IT 관련 예산을 늘리기는 쉽지 않기 때문에 TCO에 민감한 정보 시스템 부서에서 TCO 절감은 예산 측면에서 큰 강점이 됩니다.

경영자: 대차 대조표 개선

퍼블릭 클라우드를 사용하면 시스템 자산을 늘리지 않고 경비로 처리할 수 있습니다. 또 프라이빗 클라우드는 이용 효율이 높아져 적은 자산으로 해결되므로 ROA(총자산 순이익률) 및 ROI(투자 수익률) 같은 경영 지표 개선에 기여합니다.

사용자: 유연성 향상

비즈니스 불확실성이 커질수록 시스템 기능이나 구성을 미리 결정하기가 어렵습니다. 일단 결정되면 그때그때 곧바로 대응해야 하므로 변경에도 민첩하게 대응해야만 합니다. 클라우드를 사용하면 시스템 자원이나 업무 기능을 필요할 때 필요한 만큼 사용할 수 있습니다. 게다가 비용도 사용한 만큼 내면 되고 필요가 없으면 언제라도 그만둘 수 있으므로, 기존 방식과 비교해서 초기 투자 위험이 적고 변화에도 유연하게 대응할 수 있습니다.

하지만 클라우드를 사용한다고 해서 반드시 이런 가치를 만들어 낼 수 있는 것은 아닙니다. 개발이나 운용 방식이 기존 시스템과 다르므로 필요한 지식이나 기술도 달라져야 합니다. 또 종량제 요금이므로 예산을 배정하는 방법도 다릅니다. 이런 사실을 이해하지 못한 채 클라우드를 사용하면, 요구하는 성능이 나오지 않고 보안 등에 관한 규정 준수를 담보할 수 없으며 사용 요금이 증가할지도 모릅니다. 그렇게 되지 않으려면, 클라우드를 깊이 있게 이해하고 필요한 기술을 익혀 그 가치를 끌어내려는 노력이 필요합니다.

클라우드 컴퓨팅의 비즈니스 모델

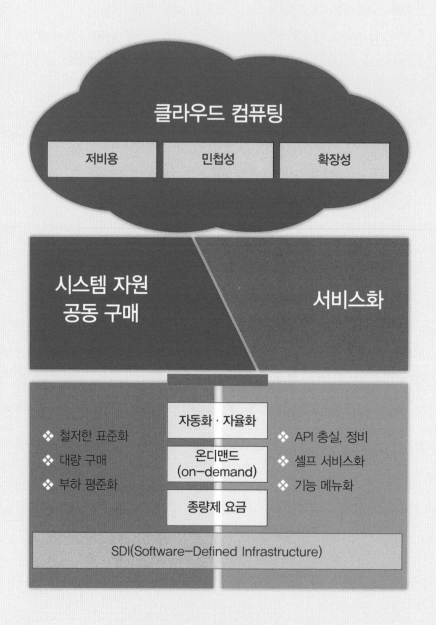

클라우드 컴퓨팅

| 저비용 | 민첩성 | 확장성 |

시스템 자원
공동 구매

서비스화

자동화 · 자율화

온디맨드
(on-demand)

종량제 요금

❖ 철저한 표준화
❖ 대량 구매
❖ 부하 평준화

❖ API 충실, 정비
❖ 셀프 서비스화
❖ 기능 메뉴화

SDI(Software−Defined Infrastructure)

클라우드 컴퓨팅은 '시스템 자원의 공동 구매'와 '서비스화'를 조합한 비즈니스 모델입니다.

'시스템 자원의 공동 구매'란 한 회사나 조직에서 시스템 자원을 조달하는 것이 아니라, 공동으로 시스템 자원을 대량 구매하여 조달 비용을 낮추는 동시에 자원을 공용하면서 설비나 운용 관리 비용을 절감하려는 것입니다. 이 때문에 기자재 표준화를 철저하게 진행하여 같은 사양의 기자재를 대량 생산, 대량 구매함으로써 저렴한 비용으로 조달하고, 또 철저히 자동화하여 운용 관리 부담을 낮추고 있습니다. 예를 들어 AWS는 서버를 수백만 대 보유하고 있다고 알려졌지만, 서버 자산을 3년으로 감가상각하고 고장이나 노후화에 따른 교체나 증설을 포함하면 연간 100만 대가 넘는 서버를 구매하는 것으로 보입니다. 전 세계 서버의 연간 출하 대수가 1000만 대 정도인 것에 비추어 볼 때 그 숫자는 경이롭습니다.

당연히 시판하는 제품을 사는 것이 아니라, 자사 전용으로 조달하므로 양산 효과를 기대할 수 있어 저렴한 비용으로 구매할 수 있습니다. 또 많은 사용자 기업이 서비스를 공동으로 이용하므로 부하 분산이나 평준화를 꾀할 수 있고, 개별적으로 기자재를 조달하는 것보다 낭비가 없어 비용을 절감할 수 있습니다.

한편 '서비스화'는 물리적 작업을 수반하지 않고 소프트웨어 설정만으로 시스템 자원 조달이나 구성 변경을 실현하는 구조입니다. 인프라 부분에서 소개한 SDI(Software-Defined Infrastructure)가 바탕이 됩니다. 이 두 가지 구조를 이용하면 저렴한 비용으로 시스템 자원을 조달하고, 변경에 빠르게 대응하고, 수요에 변동이 있을 때 곧바로 응할 수 있는 확장성(시스템 규모의 신축성)도 가질 수 있는데다, 종량 과금으로 사용한 만큼만 요금을 내면 되기에 시스템 자원을 조달할 때 초기 투자 위험을 피할 수 있습니다. 사용자는 무리 없이 쉽게 필요한 규모의 컴퓨터 자원을 이용할 수 있습니다.

그런 클라우드의 편리성 덕분에 사용자가 확대되고 있습니다.

보안 대책의 외부 위탁 서비스, 퍼블릭 클라우드

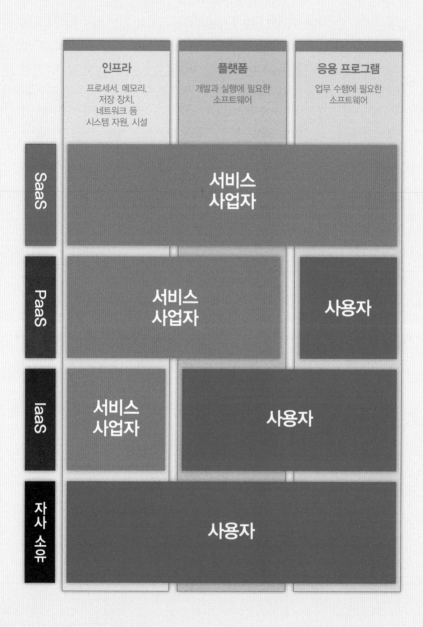

퍼블릭 클라우드는 보안 대책의 외부 위탁 서비스입니다. 예를 들어 SaaS는 응용 프로그램이나 미들웨어, 운영체제나 인프라 일체를 해당 사업자에게 맡기고, 보안 대책도 그들이 담당합니다. PaaS는 미들웨어와 OS 등 플랫폼을 맡기고, IaaS는 서버나 저장 장치, 네트워크 기기나 데이터 센터 설비 등 인프라를 맡깁니다. 당연히 위탁할 수 없는 부분은 스스로 대책을 세워야 합니다. 가능한 한 광범위하게 위탁하는 편이 보안 대책을 직접 세워야 하는 부담을 줄일 수 있습니다.

물론 모든 사업자가 적절한 보안 대책을 세우고 있는지는 이용자가 판단해야 하지만, 다른 기업의 기간 시스템을 맡겠다고 홍보하는 사업자라면 365일 24시간 체제로 최대한 대책을 시행하고 있다고 보아도 좋습니다. 그래서 많은 기업이 기간 업무인 ERP 시스템을 클라우드에서 가동하며, 보안에 취약한 은행이나 보험 회사 같은 금융 기관도 사용하는 것입니다. 미국에서는 최고 수준의 보안을 요구하는 CIA가 AWS를, 국가방위청은 마이크로소프트 애저를 사용하기로 결정했을 정도입니다.

보안 위협이 고도화되고 복잡해지는 오늘날, 보안 대책을 일반 기업이나 조직에서 담당하는 것은 기술적으로, 비용적으로도 쉽지 않은 일입니다. 따라서 보안 전문가 집단을 보유한 클라우드 사업자에게 위탁하려는 흐름은 당연합니다.

물론 외부 위탁을 하면 '원하는 대로 할 수 없다'는 단점이 생기지만, 고도의 보안 대책을 안심하고 맡길 수 있다는 장점이 훨씬 더 큽니다.

모든 일에는 항상 플러스와 마이너스 측면이 있습니다. 결과적으로 플러스가 된다면 그 가치를 최대한 누릴 수 있도록 자신의 방식을 바꾸는 것이 합리적입니다.

'몰라서 불안하다', '눈앞에 없어서 걱정이다' 등 감정론 때문에 그 가치를 살리지 못한다면 IT를 담당할 자격이 없습니다. 더욱 적극적으로 '왜 그런 서비스가 있는지' 이해하고 불안감을 해소하여 합리적인 판단을 내려야 합니다.

클라우드 도입 단계

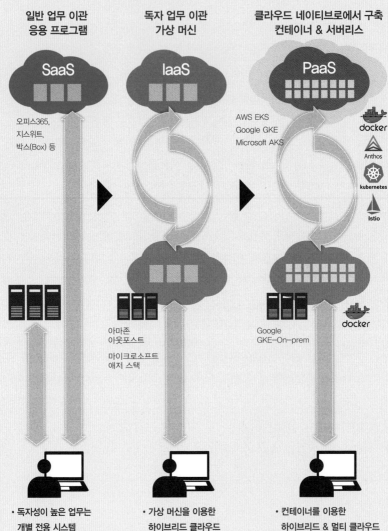

일반 업무 이관
응용 프로그램

독자 업무 이관
가상 머신

클라우드 네이티브로에서 구축
컨테이너 & 서버리스

SaaS

IaaS

PaaS

오피스365,
지스위트,
박스(Box) 등

AWS EKS
Google GKE
Microsoft AKS

docker

Anthos

kubernetes

Istio

아마존
아웃포스트

마이크로소프트
애저 스택

Google
GKE-On-prem

docker

- 독자성이 높은 업무는
  개별 전용 시스템
- 독자성이 낮은 범용 업무는
  SaaS

- 가상 머신을 이용한
  하이브리드 클라우드
- 클라우드 기술로 만든
  온프레미스 제품

- 컨테이너를 이용한
  하이브리드 & 멀티 클라우드
- 서버리스를 이용한
  클라우드 네이티브

일반 업무 이관

클라우드 이용 초기 단계에서는 박스(Box)나 드롭박스(Dropbox) 등 파일 공유, 지스위트(G-Suite)나 오피스365 같은 오피스 툴 등 기업 독자성이 필요하지 않은 일반적인 업무를 제공하는 SaaS부터 사용하는 경우가 많을 것입니다.

독자 업무 이관

다음은 기기를 소유하고 가동하는 (온프레미스) 시스템을 '가상 서버'를 제공하는 클라우드 서비스(IaaS)로 이관하여 설비 및 운용 관리 부담을 경감하려는 단계입니다. 온프레미스에 남은 시스템은 마이크로서비스 애저 스택(Microsoft Azure Stack)이나 아마존 아웃포스트(Amazon Outposts) 등 퍼블릭 클라우드 시스템을 서버 랙에 탑재해서 물리적으로 제공하는 서비스를 사용하면, 퍼블릭 클라우드와 연계하기 쉽고 도입이나 운용 관리 부하도 경감할 수 있습니다.

클라우드 네이티브로에서 구축

그다음은 컨테이너 및 서버리스를 사용한 시스템 구축 단계입니다. 컨테이너는 응용 프로그램 실행을 다른 응용 프로그램에서 독립시켜 격리할 수 있는 기술로, 이 점에서는 가상 머신과 역할이 동일합니다. 그러나 가상 머신과 비교해서 시스템 자원의 소비량이 적고, 여러 클라우드 서비스나 온프레미스 시스템에 걸친 분산이나 스케일 아웃도 쉽게 할 수 있다는 점에서 다수 시스템을 하나의 시스템 자원처럼 취급할 수 있습니다.

이런 시스템을 실현하고자 오픈 소스 소프트웨어 컨테이너 관리 시스템인 도커나 여러 컨테이너를 하나로 관리하는 쿠버네티스, 컨테이너의 부하 분산이나 스케일 아웃을 자동화하는 이스티오(Istio) 등을 사용합니다. 단 자체적으로 구축하고 운용하려면 높은 수준의 전문 기술이 필요하지만, 이것도 모두 맡기는 클라우드 서비스를 사용할 수도 있습니다.

서버리스를 사용할 수 있는 FaaS라는 클라우드 서비스를 사용하면 시스템 자원 조달이나 운용 관리 일체를 클라우드 사업자에게 맡길 수 있습니다. 응용 프로그램 개발자는 비즈니스에서 중요한 응용 프로그램의 로직 개발에만 집중할 수 있습니다. 이런 사용 방식을 클라우드 네이티브라고 하며, 이용 범위가 확대되고 있습니다.

클라우드에 흡수되는 IT 비즈니스

응용 프로그램 및 비즈니스

- 비즈니스 개발
- 시스템 기획
- 시스템 설계
- 프로그램 개발 및 테스트
- 개발 및 테스트 환경 구축
- 실행 환경 구축
- 보안 대책
- 운용 관리
- 장애 대응

- ● 서버리스 / FaaS · PaaS
- ● 컨테이너 운용 · 관리 서비스

네트워크 비즈니스

- 네트워크 설계
- 네트워크 기기 도입, 설정
- 보안 대책
- 감시 · 운용 관리
- 장애 대응

 5G 통신망의 타임 슬라이스
SIM을 이용한 폐역망

 클라우드 데이터 센터 내
네트워크

 클라우드 데이터 센터 간
백본 네트워크

인프라 비즈니스

- 인프라 설계
- 인프라 기기 도입, 설정
- 보안 대책
- 감시 · 운용 관리
- 장애 대응

● 온프레미스형 관리 시스템

- ☑ AWS 아웃포스트
- ☑ Google GKE On-prem
- ☑ 마이크로소프트 애저 스택

시스템을 '소유'할 수밖에 없었던 시대에는 하드웨어의 구매, 설치, 소프트웨어 도입, 환경 설정 등에 많은 시간이 필요했습니다. 기기 설치를 위한 서버 룸이나 데이터 센터, 전원, 냉각 장치, 통신 회선 등 설비도 사용자 기업이 책임지고 준비해야 했습니다. 그리고 이런 상황에서 시스템 기기 판매나 설비 공사, 유지 관리를 위한 추가 작업까지 발생합니다.

하지만 클라우드를 '사용'하면 하드웨어의 판매, 도입, 설치와 관련된 작업과 이를 위한 설비 공사는 클라우드 서비스에 흡수됩니다. 직접 시스템 일부를 소유하는 경우라도 하이브리드가 전제되면 퍼블릭과 연계나 친화성을 고려하려는 수요가 높아집니다.

이 수요에 대응하려는 것이 하이퍼컨버지드 인프라(4장 참고)입니다. 하이퍼컨버지드 인프라는 퍼블릭 클라우드에서 사용한 시스템 구축 노하우를 활용하여 구축 및 설정을 간소화하고 운용 부담 경감을 철저히 추구한 하드웨어 제품입니다.

퍼블릭 클라우드 사업자도 이런 수요에 맞추어 고객 확보를 염두에 두고 자사 서비스에서 사용하는 시스템과 프라이빗을 통합하여 일원적으로 운용 관리할 수 있는 시스템을 미리 내장한 하드웨어를 제공합니다. 예를 들어 아마존 아웃포스트, 마이크로소프트 애저 스택, Google GKE On-prem 등이 여기에 해당합니다. 이런 제품들은 시스템 설치와 설정을 미리 마치고 출하되므로 구입 후 해야 하는 작업이 거의 없습니다. 운용 관리와 보수, 장애 대응 작업도 네트워크를 이용하여 서비스로 제공되므로 추가로 발생하는 작업도 제한적입니다.

덧붙여 5G(5세대 통신 시스템)가 보급되면 고속 폐쇄 네트워크를 설정만으로 구축할 수 있을 것입니다. 또 클라우드 사업자의 데이터 센터끼리는 전 세계적으로 고속 네트워크로 연결되어 있어 지역을 아우르는 광역 네트워크를 사용자 기업이 준비할 필요도 없어집니다. 지금까지 네트워크를 구축하려면 기기나 설비를 준비하는 데 큰 비용과 작업이 필요했지만, 이제는 이와 관련된 수요도 없어집니다.

이처럼 클라우드가 보급되면서 지금까지 IT 비즈니스의 구조가 크게 바뀌었습니다.

memo

6장

개발과 운용

비즈니스 속도를 더하고, 비즈니스 성과에 공헌한다.

비즈니스 속도를 더하는 개발과 운용

디지털 전환

업무가 IT로, IT가 업무로
매끄럽게 변환되는 상태

애자일 개발 Agile Development

- ☑ 비즈니스 성과에 기여하는 코드만
- ☑ 변경에 유연하고 신속하게 대응하여
- ☑ 버그 없이 제공한다

데브옵스 Development & Operation

- ☑ 운용의 안정을 유지하면서
- ☑ 실제 환경으로 신속한 이행과
- ☑ 지속적 배포

클라우드 Cloud Computing

- ☑ 최신 · 고속 · 민첩한 개발 실행 환경 조달
- ☑ 비용 처리로 불확실한 시기에도 안심할 수 있음
- ☑ 운용 및 보안에서 해방과 인재 재배치

폭포수 개발
×
온프레미스
×
개발 · 운용 업무 위탁의 한계

비즈니스 환경에서 불확실성은 커지고 변화 속도는 빨라졌습니다. 비즈니스는 이런 변화에 유연하고 신속하게 대응할 수 있어야 합니다. 변화에 바로 대응할 수 있는 힘이야말로 탄탄한 경영 기반이 됩니다.

비즈니스는 IT와 융합되고 있습니다. 이미 IT는 비즈니스 프로세스를 지탱하는 기반으로 빠뜨릴 수 없는 존재입니다. IT를 사용할 수 없다면, 비즈니스 활동은 대혼란에 빠지고 업무는 정지될 것입니다. 그러므로 디지털 기술을 이용하여 비즈니스 속도를 높이고, 변화에 곧바로 대응하는 힘과 파괴적 경쟁력을 손에 넣을 수 있는 '디지털 변환'에 관심이 높아지고 있습니다.

이 상황에 대비하려면 시스템 개발이나 운용, 압도적인 속도를 손에 넣어야 합니다. 그러나 아직까지 다음 방법에 의지하고 있는 곳도 적지 않습니다.

- 시간을 들여 업무 요건을 정의하고 사양을 결정합니다.
- 공수와 견적 금액으로 경쟁을 붙여 업자를 선정합니다.
- 사양을 동결하고, 그 사양서에 따라 코딩 및 테스트합니다.
- 수개월에 걸쳐 사용자에게 발매하고, 개수 부분 및 추가 기능을 파악합니다.
- 개수 작업이나 기능 추가, 변경을 위해 작업합니다.
- 인프라와 실행 환경을 응용 프로그램에 맞게 구축하고 조정합니다.
- 충분한 테스트를 거친 후 사용자에게 출시합니다.

비즈니스 속도가 완만했던 시대에는 이렇게 해도 대응할 수 있었지만, 속도가 빨라지고 복잡하게 변화하는 오늘날에는 이런 방식으로 더는 대응할 수 없습니다. 현장 요구는 하루가 다르게 변하고 업무 요건도 정해지지 않았는데, 응용 프로그램 개발을 선행해야 할 때도 있습니다. 당연히 인프라나 플랫폼 사양을 응용 프로그램에 맞추어 결정하고 조달, 구축하는 방식으로는 개발 도중에 응용 프로그램 사양이 바뀌어도 대응할 수 없습니다. 이제 기존 방식으로는 지금의 비즈니스 속도에 대처할 수 없습니다.

"현장에서 발생하는 요구에 저스트 인 타임으로 필요한 IT 서비스를 제공하여 비즈니스 성과에 공헌한다."

이런 대응 노력이 요구됩니다. 그러려면 다음 세 가지 조건을 만족해야 합니다.

- 비즈니스 요구에 신속하게 대응할 수 있고, 변경에도 유연하게 대응할 수 있을 것
- 응용 프로그램을 변경하면, 즉시 실제 환경으로 이행할 수 있을 것
- 예기치 않은 부하의 증대와 감소에 신속하게 대응할 수 있을 것

이 조건을 만족하려면 다음 노력이 필요합니다.

응용 프로그램 개발과 변경에 신속하게 대응하는 애자일 개발

1986년 경영학자 노나카 이쿠지로와 다케우치 히로타카가 일본 제조업의 효율과 품질에 관해 연구한 논문을 〈하버드 비즈니스 리뷰〉에 게재했는데, 이것이 애자일 개발이 탄생한 계기가 되었습니다. 이 논문에 영감을 얻은 제프 서덜랜드(Jeff Sutherland) 등이 시스템 개발에 적용하고자 했고, 1990년대 중반 애자일 개발 방법론으로 정리했습니다. 애자일 개발에는 '제조업'의 바탕이 된 '부단한 개선으로 품질과 생산성 향상을 양립하려는 장인 정신'이 담겨 있습니다.

그 정신의 근본에는 현장을 중시하는 사고방식이 있습니다. '현장'이란 '업무'와 '제조' 현장입니다. '업무 현장'인 사용자와 '제조 현장'인 개발 팀이 비즈니스에서 어떤 성과를 올리고 싶은지, 그 목표를 이루고자 무엇을 하고 싶은지, 우선순위나 사용 편의성은 어떤지 서로 공유하고 부단한 연구와 개선으로 낭비를 줄이며, 신속하고 유연하게 높은 품질 시스템을 개발합니다. 이런 방식은 사양서대로 시스템을 정성 들여 개발하는 스타일과는 맞지 않습니다. **애자일 개발**은 단기간에 비즈니스 성과에 곧바로 기여할 수 있는 시스템을 개발하고, 지속적으로 개선하는 것이 목표입니다.

실제 환경으로 신속한 전환, 지속적 전달을 실현하는 데브옵스

개발 팀이 응용 프로그램 개발이나 변경에 즉시 대처하더라도 실제 환경에 반영하지 못하면 그 성과를 현장에서 누릴 수 없습니다. 반면에 운용 팀에는 시스템을 안정적으로 가동해야 하는 책임이 있습니다. 개발했다고 해서 검증 없이 바로 실제로 투입했다가 안정적으로 가동할 수 없게 되면 큰 문제가 됩니다. 이 때문에 신중하게 검증하고 시스템 조달이나 설정을 한 후 괜찮다고 결정되면 실제 환경으로 도입합니다. 이런 일련의 작업은 그에 따른 시간과 노력이 소요됩니다. 이래서는 빨라지는 비즈니스 속도에 대처할 수 없습니다.

그래서 개발(development) 팀과 운용(operation) 팀이 협조해서 운용이나 실제 환경으로 전환을 자동화하는 시스템을 적극적으로 도입해야 합니다. 개발과 운용을 중단하지 않으면서 연속되는 시스템을 구축하여 비즈니스를 멈추지 않고 지속해서 실제 환경으로 전환하는 방법이 필요합니다. 이런 시스템을 실현하는 개발 방법론이 **데브옵스**(DevOps)입니다.

신속한 조달을 실현하는 인프라, 신속한 개발과 실행을 지탱하는 플랫폼

데브옵스를 실현하려면 인프라 자원의 조달과 변경을 유연하고 신속하게 해야 합니다. 서버나 스토리지 등 물리적 자원을 개개의 응용 프로그램에 맞추어 도입하고 설정할 여유 따위는 없습니다. 그래서 인프라는 SDI나 그 클라우드 서비스인 IaaS를 전제로 합니다.

하지만 이들을 계속 도입하더라도 여전히 인프라를 의식하며 응용 프로그램을 개발해야 합니다. 인프라를 신경 쓸 필요 없이 개발하고 실행할 수 있다면 유연성과 신속성이 높아질 것입니다.

'미리 준비된 기능 부품을 조합하고 연계하여 응용 프로그램을 개발하고 실행하는 PaaS나 FaaS', '업무 프로세스를 기술하여 화면과 서식을 정의하면 프로그램 코드를 생성하는 초고속 개발 툴' 등을 이용하면, 개발 속도뿐만 아니라 변경에 유연하게 대처할 수 있습니다.

어느 하나를 할 수 있어도 다른 것을 할 수 없다면 전체 처리율은 오르지 않습니다. 앞으로 개발과 운용에는 이들을 흐르는 물처럼 연속해서 반복해야 합니다.

변화에 즉시 대응하는 애자일 개발

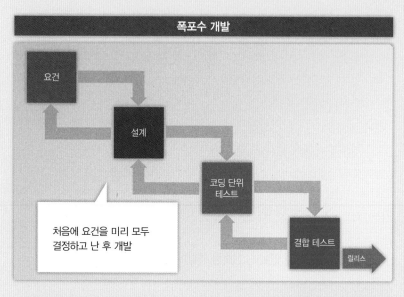

폭포수 개발

요건

설계

코딩 단위 테스트

결합 테스트

릴리스

처음에 요건을 미리 모두 결정하고 난 후 개발

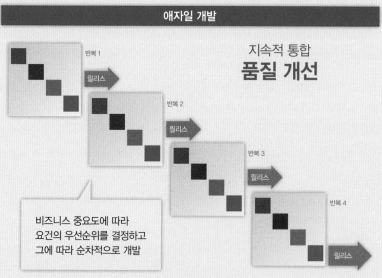

애자일 개발

반복 1

릴리스

반복 2

릴리스

반복 3

릴리스

반복 4

릴리스

지속적 통합
품질 개선

비즈니스 중요도에 따라 요건의 우선순위를 결정하고 그에 따라 순차적으로 개발

사양을 모두 결정한 후 개발에 착수하는 폭포수 개발 방식은 불확실성이 높아지는 시대에는 최적이라고 할 수 없습니다. 애자일 개발은 이런 시대적 요청에 부응하는 사고방식이나 기법으로 주목을 받았습니다.

폭포수 개발은 사양을 모두 결정하고 나서 개발에 착수합니다. 그중에는 '있으면 좋겠다', '장래에 사용할지도 모른다' 등 추측도 포함됩니다. 개발은 기능 단위로 하는데, 기능이란 입력 화면, 장부 인쇄, 집계 등 일련의 업무 처리를 실현하는 부품입니다. 이 기능들을 분담해서 만들고, 모든 기능이 완성되고 나면 연결합니다. 일단 만들기 시작하면 도중에 변경하기 어렵고, 코드를 모두 작성한 후 확인해서 버그의 유무나 오류를 검증하고 필요한 수정과 개선을 합니다. 사용자 검증은 그 후에 합니다.

한편 애자일 개발은 사양을 다 결정하고 만드는 것이 아니라, 업무상 필요성이 높은 업무 프로세스를 선별해서 우선순위를 정하고 진짜로 사용할 업무 프로세스만 만듭니다. 이 점이 폭포수 개발과 본질적으로 다릅니다.

업무 프로세스란 '출하 지시 버튼을 누르면 창고에 출하 전표가 인쇄 출력된다', '경비 정산 장표에 데이터를 입력하면 경리 부서에 데이터가 전달된다'처럼 하나의 완결된 업무 절차입니다. 이것을 '업무를 수행하는 데 중요도가 높다' 또는 '매출이나 이익에 공헌하는 영향도가 높다'는 업무상 중요도에 따라 우선순위를 정해서 차례차례 개발해 가는 것입니다. '있으면 좋겠다', '나중에 쓸지도 몰라' 정도인 것은 만들지 않습니다. 필요한 업무 프로세스가 명확해졌을 때 우선순위를 정하고 개발 공정에 나섭니다.

대략적인 공정 수와 기간을 예상하고 개발하기 시작합니다. 1~2주 정도에 개발할 수 있는 규모로 묶고, 정해진 주기로 개발과 릴리스를 반복합니다. 사용자도 이 주기로 검증과 피드백을 합니다. 이것이 바로 반복형 개발(iterative development)입니다. 개발자는 피드백된 개선 사항에 대처함과 동시에 새로운 프로세스를 개발합니다. 지금까지 프로세스를 포함해서 모두 통합하여 테스트한 후 릴리스를 실시합니다. 이것을 **지속적 통합**(Continuous Integration, CI)이라고 합니다.

이 주기를 반복하여 업무 프로세스를 쌓아 올리고 전체 응용 프로그램을 완성하려는 것이 애자일 개발입니다.

애자일 개발이 높은 품질과 납기를
지킬 수 있는 이유

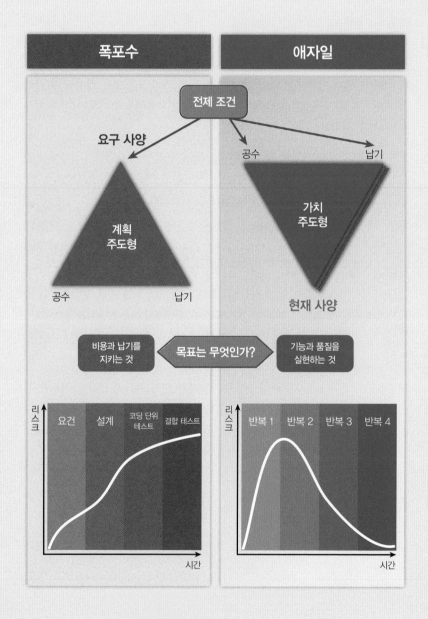

폭포수 개발에서는 요구 사양의 모든 기능을 실현하는 데 필요한 자원, 즉 공수와 기간을 산출합니다. 그것을 기초로 비용과 납기 기간을 지켜 개발하고, 모든 개발을 마친 시점에서 완료합니다.

반면에 애자일 개발에서는 우선 비즈니스 성과에 맞는 비용과 언제부터 필요한가에 따라 기한과 자원을 결정합니다. 그 자원 범위 내에서 사용자 요구에 최대한 부응할 수 있는 응용 프로그램을 앞서 설명한 우선순위에 따라 개발합니다. 우선순위를 결정하는 기준은 '없으면 응용 프로그램이 성립되지 않는 중요한 업무 프로세스'이거나 '매출이나 이익에 기여하는 정도' 등입니다. 최종적으로 지향해야 하는 완성 형태는 계획하지만, 사용자가 비즈니스 목적을 충분히 달성할 수 있다고 판단하면 완료됩니다.

또 폭포수 개발에서는 요건 정의에서 일단 사양을 확정한 후에는 동결합니다. 변경을 원칙적으로 받아들이지 않고, 기능별로 작업을 세분화하여 설계, 코딩, 단위 테스트를 합니다. 그리고 최종적으로 모든 것을 결합하여 테스트합니다. 이때 지금까지 눈치채지 못했던 버그나 실수, 설계상 잘못된 상태를 수정합니다. 즉, 품질상 리스크가 공정 후반부에 치우쳐 있습니다. 한편 애자일 개발에서는 우선 프로세스별로 테스트 프로그램을 준비합니다. 그리고 테스트를 잘 통과하면 그 프로세스는 완성입니다. 이런 개발 기법을 **테스트 주도 개발**(Test Driven Development, TDD)이라고 합니다. 프로세스는 30분에서 1시간 정도로 개발할 수 있는 작은 규모로 하고, 모든 것을 확실하게 검증합니다.

이런 과정을 쌓아 올려 개발한 프로그램을 1~2주 단위로 사용자에게 릴리스하고 피드백을 받습니다. 그 피드백을 반영한 프로세스와 다음 프로세스를 통합하여 전체가 제대로 동작하는지 테스트하고 다시 릴리스합니다. 이 작업을 반복하면 우선순위가 높은 업무상 중요한 프로세스일수록 많은 사용자 검증과 테스트를 받게 됩니다. 결과적으로 품질상 리스크가 앞당겨지고, 개발이 진행될수록 전체 품질이 향상됩니다.

애자일 개발은 이런 시스템을 이용하여 원리적으로 비용과 공수를 지키며 고품질 응용 프로그램을 만들 수 있습니다.

지금 애자일 개발이 필요한 이유

폭포수 개발의 사고방식
'업무 구조는 확정할 수 있다'를 전제로 한 개발

사양을 동결(확정)시켜서
사양서대로 개발이 100% 완료되면
현장에 피드백을 요청한다.

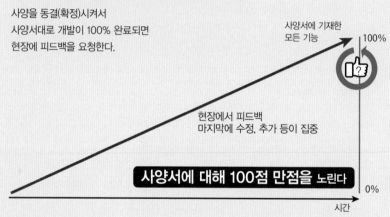

사양서에 기재한
모든 기능

100%

현장에서 피드백
마지막에 수정, 추가 등이 집중

사양서에 대해 100점 만점을 노린다

0%

시간

애자일 개발의 사고방식
'업무 구조는 변화한다'를 전제로 한 개발

중간 성과에서 피드백을 얻고,
사양이나 우선순위 변경을 허용한다.

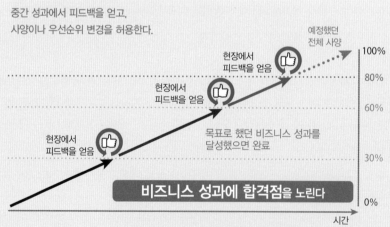

예정했던
전체 사양

100%

80%

현장에서
피드백을 얻음

현장에서
피드백을 얻음

60%

현장에서
피드백을 얻음

목표로 했던 비즈니스 성과를
달성했으면 완료

30%

비즈니스 성과에 합격점을 노린다

0%

시간

애자일 개발의 장점은 다음과 같습니다.

- 모두 완성하지 않아도 완성된 업무 프로세스부터 순차적으로 데모를 실시하여 실제로 조작하면서 사용하기 편리한지 확인할 수 있습니다. 종이 위에 문자나 그림으로 그린 사양서로 상상하는 것이 아니라, 실제로 움직이는 프로그램을 조작하여 직감적으로 좋은지 나쁜지를 판단할 수 있으므로 개선 피드백을 정확하고 신속하게 할 수 있습니다.

- 비즈니스상 중요한 업무 프로세스부터 완성시켜 1~2주 단위로 계속 사용자에게 릴리스해서 검증받습니다. 릴리스할 때마다 이전 릴리스의 수정과 테스트를 거듭하므로, 중요한 부분일수록 조기에 반복 검증되어 버그를 제거하기 쉽습니다. 개발 후반부로 갈수록 업무 프로세스 중요도가 낮아지므로 여러 문제가 생겨도 전체에 미치는 영향은 적어 전체적으로 고품질 시스템이 완성됩니다.

- 1~2주 내에 출시할 수 있는 업무 프로세스 단위로 만들기 때문에 사양의 동결 기간도 1~2주로 한정됩니다. 도중에 사양이나 우선순위가 바뀌어도 아직 착수하지 않은 업무 프로세스라면 교체되어 변경 요구에 유연하게 대응할 수 있습니다.

결과적으로 단기간에 고품질로 변경이 용이한 개발이 실현되는 것입니다. 그런 애자일 개발 목적은 다음 세 가지로 정리할 수 있습니다.

- 예측할 수 없는 미래를 추측으로 결정하지 않고 정말 쓸 것만 만들어 쓸데없는 개발 투자를 하지 않습니다.

- 실제로 동작을 확인하면서 현장에서 이해하고 쓸 수 있는 시스템을 구현합니다.

- 납득할 수 있는 예산과 기간 안에서 최선의 기능과 최고 품질을 구현합니다.

'비즈니스와 IT 융합'이나 '디지털 전환'이 요구되는 가운데 응용 프로그램 개발 또한 변화에 민첩하게 대처할 수 있어야 합니다. 애자일 개발은 앞으로 개발 활동의 전제라고 할 수 있겠지요.

COLUMN 시스템 워크 로드와 생애

폭포수 개발에서는 적은 인원으로 사양을 확정한 후 프로그래머를 대규모로 투입하여 시스템을 개발합니다. 이후 테스트 단계에 들어가면 인원은 줄어들고, 테스트가 완료되면 개발 요원은 필요 없어집니다.

개발이 완료된 시점에서 시스템 완성도는 최대화되며, 그 이후로는 서서히 노후화되어 라이프 타임을 다합니다. 노후화를 늦추려면 사용자 변경 요구에 대응하면서 실제 이행 후에 발견되는 오류를 수정하는 보수 요원을 확보해 두어야 합니다. 따라서 워크 로드는 시스템 생애에서 큰 계곡과 산(피크)을 만듭니다.

한편 애자일 개발에서는 사용자에게 가능한 한 빠르게 가치를 제공하는 데 꼭 필요하고 비즈니스 성과에 기여할 수 있는 최소한의 프로세스를 IT 서비스로 릴리스합니다. 이 시점에서 완성도는 낮지만 릴리스 후에 점차 기능을 계속 확장해 갑니다. 사용자 요청에 부응하면서 지속적으로 완성도를 높여 가므로 워크 로드 차이가 없이 평준화됩니다.

변화를 예측할 수 없고 현장 요구가 있으면 즉각 대응해야 하는 상황에서는 이런 방식이 적합하므로, 애자일 개발을 채용하는 기업은 앞으로 늘어날 것으로 보입니다. 사용자 요구에 기민하게 대응하거나 사용자와 함께 새로운 비즈니스 모델을 창출하는 등 사용자와 개발자의 관계도 크게 달라질 것입니다. 그렇게 되면 아웃소싱에 모두 맡기는 것은 현실적이지 않고, 인소싱 범위는 확대될 것입니다.

SI 사업자는 지금까지 아웃소싱 업무를 수탁하는 것에서 인소싱 수요에 부응하고 지원하는 업무로 사업 범위를 넓힐 필요가 있습니다.

PC 조작 자동화 툴, RPA

PC(마우스와 키보드) 조작을 자동화하는 툴

Robotic Process Automation
(RPA: 로보틱 처리 자동화)

복사, 붙여 넣기, 옮겨 적기, 대조, 입력 등 키보드나 마우스를 조작해서 하는 작업을
자동화하는 것으로, 소프트웨어 로봇이 인력으로 하던 작업을 대신한다.

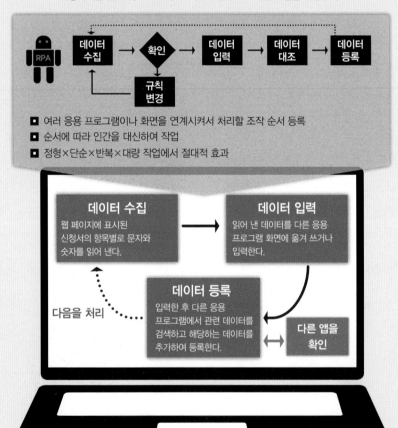

RPA

데이터 수집 → 확인 → 데이터 입력 → 데이터 대조 → 데이터 등록

규칙 변경

- ▪ 여러 응용 프로그램이나 화면을 연계시켜서 처리할 조작 순서 등록
- ▪ 순서에 따라 인간을 대신하여 작업
- ▪ 정형×단순×반복×대량 작업에서 절대적 효과

데이터 수집
웹 페이지에 표시된
신청서의 항목별로 문자와
숫자를 읽어 낸다.

데이터 입력
읽어 낸 데이터를 다른 응용
프로그램 화면에 옮겨 쓰거나
입력한다.

데이터 등록
입력한 후 다른 응용
프로그램에서 관련 데이터를
검색하고 해당하는 데이터를
추가하여 등록한다.

다음을 처리

**다른 앱을
확인**

로보틱 처리 자동화(Robotic Process Automation, RPA)란 복사, 붙여 넣기, 옮겨 적기, 대조, 입력 등 키보드나 마우스를 조작해서 하는 작업을 자동화하는 것으로, '로봇'이라는 소프트웨어가 사람 손으로 하던 일을 대신합니다.

일반적으로 여러 응용 프로그램을 연계하여 처리할 때는 각 응용 프로그램이 제공하는 API(Application Programming Interface)를 사이에 두고 이들을 연계하는 프로그램을 짜는 것이 보통입니다. 그러나 이 방식은 전문적인 프로그래밍 지식이 필요하며, 대상이 되는 응용 프로그램에서 API를 작성해서 공개해야만 했습니다.

RPA는 이미 사용하는 응용 프로그램 화면에서 인간이 조작하는 과정을 녹화하듯이 등록하면 자동으로 처리해 줍니다. 예를 들어 신청서 등록 화면에 표시된 항목별 데이터를 읽고, 그것을 다른 응용 프로그램으로 옮겨 쓰고, 골라낸 키워드로 정보를 검색해서 필요한 항목을 체크하는 등 인간이 하던 조작 순서를 그대로 실행합니다. 인간을 대신하여 작업하는 노동자라는 의미로 '디지털 노동자(digital labor)'라고도 합니다.

RPA는 금융 업계나 인사 · 채용 관련 부서, 관공서나 공공 기관 등 사무 처리나 서류 작성 등 수작업에 의존하는 단순하지만 손이 가는 업무가 많은 업종에서 생산성을 큰 폭으로 향상시킬 수 있습니다.

지금까지는 사무를 합리적으로 처리하고 비용을 절감하려고 해외의 셰어드 서비스(shared service)나 BPO(Business Process Outsourcing)를 사용해 왔습니다. 그러나 현지 노동 단가가 상승할 뿐 아니라 인재의 유동성이 높아 노하우가 정착되지 않는 문제를 떠안고 있습니다. 고령화를 피할 수 없는 나라에서 업무 생산성 향상은 절박한 과제입니다. 게다가 저금리로 수익 확보가 어려워진 은행에서는 방대한 사무 처리 업무와 관련된 인원을 감축할 필요가 있습니다.

이런 업무 부담을 단기간에 극적으로 줄일 수 있는 해결책으로 RPA가 주목을 받고 있습니다.

RPA를 도입할 때 우려되는 점과 그 해결책

프로그래밍은 필요 없지만, 프로그래밍 스킬은 필요

- ✓ 업무 프로세스 정리와 사양화
- ✓ 설정 규칙이나 이름 규칙의 표준화
- ✓ 처리 순서의 단순화 및 리팩터리

IT 부문에는 가능해도 업무 부문에는 불가능(한 경우가 있다)

- ✓ 프로그래밍 스킬이 없다.
- ✓ IT 부문은 일이지만, 사업 부문은 본업이 아니다.
- ✓ 자신의 일이 사라지는 것에 대한 저항

업무 프로세스를 아는 사람이 없어지면 블랙박스화

- ✓ 업무가 특정인에게 종속되어 그 프로세스의 목적이나 전후 절차가 불분명하다.
- ✓ 도입 초기에는 극적인 효과가 있지만, 효과의 지속적인 확대는 어렵다.
- ✓ 특정인에게 종속된 프로세스가 고착화되어 업무 개선이 정체된다.

로봇의 장단점을 바로 알지 않으면 효과는 제한적

- ✓ 로봇이 잘 못하는 부분에는 적용해도 효과가 없다.
- ✓ 업무 프로세스와 사용자 인터페이스가 변경되어도 바로 대처할 수 없다.
- ✓ 간단한 기능만 사용한다면 투자 대비 효과를 끌어낼 수 없다.

로봇이 부적합할 때

- ● 판단이 필요한 프로세스가 많다.
- ● 화면 위치와 자리가 동적으로 변동한다.
- ● 규칙이 모호하고 화면 변경이 자의적 또는 빈번하다.

RPA 도입은 단기적으로 업무 효율을 크게 높여 줄 수 있지만, 고려해야 할 점도 적지 않습니다.

- **프로그래밍은 필요 없지만 프로그래밍 기술은 필요**

  업무 프로세스의 정리와 사양화, 설정 규칙이나 이름 규칙 표준화, 처리 순서 단순화, 리팩터링(이해하기 쉽게 정리하는 것) 등이 필요합니다.

- **IT 부문에서 가능해도 업무 부문에서는 불가능(한 경우가 있다)**

  프로그래밍 스킬이 없는 IT 부문은 일이지만 사업 부문은 본업이 아닙니다. 자신의 일이 없어지는 것에 대한 저항 등이 있습니다.

- **업무 프로세스를 아는 사람이 없어지면 블랙박스화**

  특정인에게 종속되어 속인화된 프로세스는 목적이나 전후 절차가 불분명한 경우도 많으며, 도입 초기에는 극적인 효과가 있어도 지속적으로 확대하기는 어렵습니다. 속인화된 프로세스가 고정화되어 업무 개선이 정체됩니다.

- **로봇의 장단점을 잘 알고 있지 않으면 효과는 제한적**

  판단이 필요한 프로세스가 많고, 화면 위치나 자리가 역동적으로 변하거나 규칙이 모호하고, 화면이 자의적 또는 빈번하게 변경되는 경우 도입하기 힘듭니다. 그렇다고 간단한 업무에 제한적으로 적용하면 투자 대비 효과가 적습니다.

이와 같은 문제나 한계를 이해한 후 다음과 같이 대처하면 좋습니다.

- 사용자, IT 부문, 벤더가 함께 추진 체제를 만들어 실시 목적을 명확히 하고, 효과를 올릴 수 있는 곳부터 우선순위를 정해서 실시합니다.
- 최신 정보를 업데이트하여 최적의 적용 방법을 항상 재검토하고, 업무 프로세스 조사와 개선, 폐기를 먼저 실행합니다. 우선 의미가 명확하지 않고 쓸모 없다고 생각되는 업무 프로세스를 철저히 폐기합니다.
- 업무 개선으로 해결할 수 있는 부분은 먼저 대응하고, 더 이상 손쓸 방법이 없는 일이나 좀 더 효과가 큰 곳을 찾아 적용합니다.
- 개선 주기를 지속하여 RPA에만 의존하지 않고 업무 개선이나 개혁, API 연계나 시스템의 재구축 등도 선택 사항에 넣습니다.

초고속 개발 툴

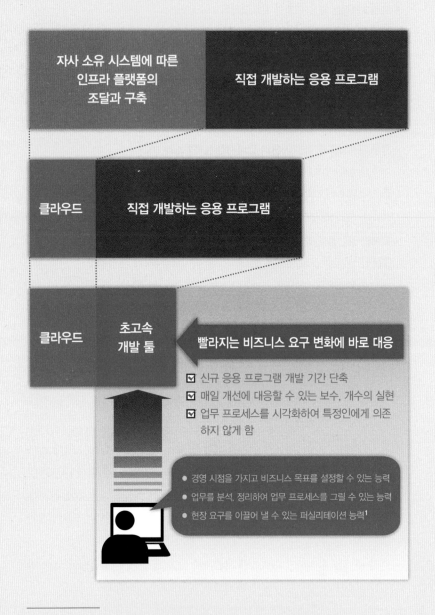

| 자사 소유 시스템에 따른 인프라 플랫폼의 조달과 구축 | 직접 개발하는 응용 프로그램 |

| 클라우드 | 직접 개발하는 응용 프로그램 |

| 클라우드 | 초고속 개발 툴 |

← 빨라지는 비즈니스 요구 변화에 바로 대응

☑ 신규 응용 프로그램 개발 기간 단축
☑ 매일 개선에 대응할 수 있는 보수, 개수의 실현
☑ 업무 프로세스를 시각화하여 특정인에게 의존 하지 않게 함

- 경영 시점을 가지고 비즈니스 목표를 설정할 수 있는 능력
- 업무를 분석, 정리하여 업무 프로세스를 그릴 수 있는 능력
- 현장 요구를 이끌어 낼 수 있는 퍼실리테이션 능력[1]

---

1 역주 중립적인 위치에서 팀 목적을 효과적으로 달성할 수 있도록 촉진하고 지원하는 행위를 의미합니다.

하드웨어 성능의 극적인 향상이나 클라우드 보급에 따른 인프라와 플랫폼의 조달, 구축 속도의 고속화에 비해 응용 프로그램 개발은 그에 맞는 생산성 향상을 해 왔다고 할 수 없습니다. 이 과제를 해결하는 수단으로 '초고속 개발 툴'이 주목 받고 있습니다.

초고속 개발 툴은 업무 절차나 문서 서식, 화면 레이아웃을 입력하면 프로그램이나 데이터베이스를 자동으로 생성합니다. 프로그래밍 기술이 없어도 업무 프로세스를 이해하고 정리할 수 있다면 응용 프로그램을 개발할 수 있습니다. 현장에서 나온 아이디어를 바로 데이터베이스 형태로 만들거나 요구 변화에 즉시 대응하는 등 일상의 지속적인 수정이나 개선이 용이합니다. 또 업무 절차를 입력하면 자동으로 프로그래밍되고 업무 프로세스가 시각화되므로, 특정 프로그래머에 대한 의존성을 배제할 수 있습니다.

초고속 개발 툴의 단점은 응용 프로그램 개발의 전체 공정을 커버할 수 없다는 것입니다. 비즈니스 목표 설정이나 업무 분석, 사용자를 포함한 업무 요건을 명확하게 하는 회의, 품질 관리를 포함한 프로젝트 관리, 사용자 편의성이나 비 기능 요건에 대한 대응 등은 지금과 별반 다르지 않습니다. 또 화면 설계나 조작성의 자유도도 낮아집니다. 반면에 '개요 설계', '상세 설계', '코딩', '테스트' 등 인력이 많이 들어가는 공정은 대폭 작업량을 줄일 수 있습니다.

이런 특징 때문에 새로운 응용 프로그램을 개발할 경우 공정수 삭감 효과는 제한적이지만, 한 번 만든 응용 프로그램의 보수, 개수의 생산성은 대폭 향상될 것입니다.

사양을 미리 엄격하게 정한 대규모 시스템을 기한 내로 개발하는 용도로는 불편할 수도 있지만, 빈번하게 변경되거나 요건을 갖추면서 개발을 병행해야 하는 환경에는 효과적입니다. 애자일 개발과 조합하면 더욱 진가를 발휘할 수 있습니다.

개발과 운용의 협조, 연계를 실현하는 데브옵스

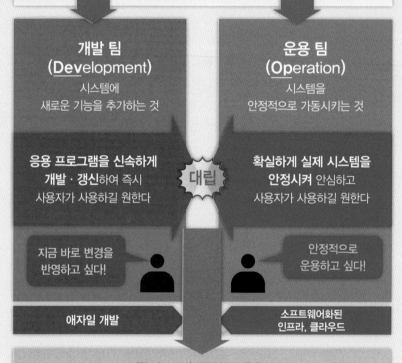

정보 시스템에 기대하는 것

- 비즈니스 성과에 기여할 것
- 비즈니스 성공을 위한 공헌을 확실하고 신속하게 사용자에게 전달할 것
- 사용자가 요구하는 공헌의 변화에 신속하고 유연하게 대응할 것

개발 팀
(Development**)**
시스템에
새로운 기능을 추가하는 것

운용 팀
(Operation**)**
시스템을
안정적으로 가동시키는 것

응용 프로그램을 신속하게
개발·갱신하여 즉시
사용자가 사용하길 원한다

확실하게 실제 시스템을
안정시켜 안심하고
사용자가 사용하길 원한다

대립

지금 바로 변경을
반영하고 싶다!

안정적으로
운용하고 싶다!

애자일 개발

소프트웨어화된
인프라, 클라우드

툴과 조직 문화의 융합

개발 팀(**Dev**elopment)과 운용 팀(**Op**eration)이
서로 협조하여
'정보 시스템에 기대하는 것'을 실현하는 개발 방법론

개발 팀과 운용 팀에게 '비즈니스의 성과에 공헌하는 것'은 공통된 목적입니다.

다만 목적은 같아도 이 둘이 맡은 역할은 다릅니다. 개발 팀은 시스템에 새로운 기능을 추가하는 역할을 하며, 사용자의 개발 및 변경 요구에 신속하게 대응합니다. 그리고 운용 팀에 바로 실전 환경으로 이행해 달라고 요구합니다.

반면에 운용 팀은 사용자가 안심하고 사용할 수 있게 시스템을 안정적으로 가동시키는 역할을 합니다. 이를 위해서는 인프라 조달이나 구축, 설정, 운용 절차의 정비나 테스트 등을 해야 하기 때문에 개발 팀 요구에 바로 부응할 수 없습니다. 이런 양자 대립은 유연성과 신속성을 저해합니다.

그러므로 개발(development)과 운용(operation)이 협조하고 연계하여 문제를 극복하려는 노력인 '데브옵스'가 필요합니다.

구체적으로는 개발한 시스템을 즉시 실제 시스템에 반영하는 개발 팀과 운용 팀의 역할을 재검토하고, 개발자 자신의 판단으로 실제 시스템으로 이행해도 에러를 일으키지 않고 안정적인 운용을 담보할 수 있는 구조를 만드는 것입니다. 그러려면 시스템의 조달이나 구성을 위한 자동화 툴, 컨테이너나 서버리스 등 구조를 적극적으로 도입해야 합니다.

데브옵스는 이런 일련의 노력으로 개발한 응용 프로그램을 실제 이행하기 전에 바로 검증할 수 있는 **지속적 전달**(continuous delivery)이나 개발한 시스템을 실전으로 이행하는 것을 부단히 반복하는 **지속적 배포**(continuous deployment)를 실현하는 것이 목표입니다.

현장 요구를 재빨리 수용하여 변화에도 곧바로 대응할 수 있는 애자일 개발의 '반복형 개발'이나 '지속적 통합'과 조합함으로써, 불확실성이 높아지는 세상의 변화에 빠르게 대응하고 비즈니스 성과에 공헌할 수 있는 개발과 운용을 실현할 수 있습니다.

데브옵스와 컨테이너 관리 소프트웨어

응용 프로그램 개발자는
운영체제나 인프라의 차이를 의식하지 않고
응용 프로그램을 개발하고
어디서나 실행할 수 있다

docker
Build, Ship and Run
Any App, Anywhere

개발해서 테스트가 완료된 앱은
바로 실제 환경에서 실행시킬 수 있다

컨테이너	컨테이너	컨테이너
응용 프로그램	응용 프로그램	응용 프로그램
개발 및 실행 환경 미들웨어	개발 및 실행 환경 미들웨어	개발 및 실행 환경 미들웨어

컨테이너 관리
docker
동작 보증
운영체제
서버 (하드웨어)
개발 환경

컨테이너 관리
docker
동작 보증
운영체제
서버 (하드웨어)
테스트 환경

컨테이너 관리
docker
동작 보증
운영체제
서버 (하드웨어)
실제 환경

서로 다른 서버라도 컨테이너 관리 소프트웨어가 같으면, 그 위에서 가동하는 컨테이너는 어디서나 동일하게 동작합니다. 컨테이너 관리 소프트웨어가 하드웨어나 운영체제별 차이를 흡수해 주기 때문입니다. 따라서 이미 응용 프로그램이나 미들웨어가 문제없이 가동하는 것이 확인된 컨테이너라면 다른 서버에서도 확실하게 동작합니다.

이 특성을 이용하면 응용 프로그램 개발자는 운영체제나 인프라 차이를 의식하지 않고 응용 프로그램을 개발할 수 있습니다.

운용 관리자는 컨테이너 관리 소프트웨어로 운영체제 및 인프라의 안정적 가동을 보증하면 되므로, 지금처럼 응용 프로그램 개발자와 운용 관리자가 응용 프로그램별로 실제 환경으로 배포할 때 개별적으로 상담하거나 운영체제나 인프라에 대응하지 않아도 됩니다.

응용 프로그램 개발자는 신속하게 응용 프로그램을 개발 및 변경하여 사용자에게 제공하는 한편, 운용 관리자는 시스템을 안정적으로 가동시키는 각 책임을 독립적으로 수행할 수 있습니다. 이것으로 실제 환경으로 배포하는 작업을 신속하고 빈번하게 할 수 있습니다. 그 결과 응용 프로그램 개발 및 변경의 장점을 사용자가 즉시 누릴 수 있습니다.

이런 컨테이너를 실현하는 컨테이너 관리 소프트웨어의 하나로 널리 사용하는 것이 도커가 제공하는 오픈 소스 소프트웨어 '도커'입니다.

도커가 주목받게 된 것은 도커에서 동작이 보증되는 컨테이너를 생성하는 설정을 도커 파일로 만들어 공개하고, 다른 사용자와 공유할 수 있는 구조를 마련한 점에 있습니다. 도커 파일을 이용함으로써 다른 사용자나 소프트웨어 벤더가 만든 소프트웨어와 그것을 가동하는 절차를 손에 넣어 다른 시스템 환경에서도 그대로 재현할 수 있습니다.

그 결과 개발이나 운용 부담이 큰 폭으로 줄어들고 하이브리드 클라우드나 멀티 클라우드 같은 다른 시스템에 걸친 개발 환경, 테스트 환경, 실제 환경을 따로 준비하는 데 시간을 들이지 않고 신속히 배포할 수 있게 되었습니다.

불변 인프라와 코드형 인프라

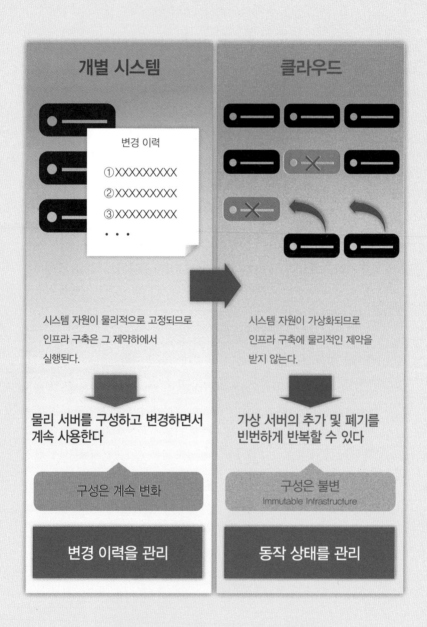

개별 시스템

변경 이력
① XXXXXXXXX
② XXXXXXXXX
③ XXXXXXXXX
. . .

시스템 자원이 물리적으로 고정되므로 인프라 구축은 그 제약하에서 실행된다.

물리 서버를 구성하고 변경하면서 계속 사용한다

구성은 계속 변화

변경 이력을 관리

클라우드

시스템 자원이 가상화되므로 인프라 구축에 물리적인 제약을 받지 않는다.

가상 서버의 추가 및 폐기를 빈번하게 반복할 수 있다

구성은 불변
Immutable Infrastructure

동작 상태를 관리

미들웨어나 응용 프로그램은 버그 수정이나 보안 업데이트를 적절히 적용해야 합니다. 취약성이 발견되면 즉시 실제 시스템에 패치를 적용해야 합니다. 운용 팀은 그때마다 응용 프로그램이 정상으로 운영되는지 확인해야 하고, 업데이트 후 문제가 발생하면 상당히 어려운 '문제 분석' 작업을 해야 합니다.

이런 사태에 대처하고자 IT 자산의 업데이트 이력, 용도, 버전, 책임자, 작업 내용, 날짜 등을 '관리 대장'으로 관리합니다. 하지만 하드웨어나 소프트웨어가 계속 늘어나면 실제 상태와 대장 내용이 일치하지 않아 그때마다 개별적으로 확인해야 합니다.

이 사태를 해결하는 수단이 **불변 인프라**(immutable infrastructure)입니다. 불변이란 실제 환경에 손대지 않았다는 의미로, 버전 업이나 패치 적용 등 관리를 하지 않는다는 사고방식입니다.

실제 환경을 변경할 때는 구성과 성능이 똑같은 인프라를 별도로 준비해 두고, 거기서 충분한 테스트를 실시하여 문제가 없다고 판단되면 네트워크 연결을 실제 환경에서 새로 변경한 환경으로 전환합니다. 전환한 후 문제가 있더라도 네트워크 연결을 원래대로 되돌리면 이전 환경으로 되돌아갈 수 있습니다. 실제 환경과 개발 환경, 테스트 환경을 하드웨어가 아닌 가상 머신 또는 컨테이너로 만들면 인프라 구축이나 폐기, 실행에 노력이나 시간이 들지 않아 전환 작업의 부담을 크게 줄일 수 있습니다.

또 하드웨어, 운영체제, 컨테이너, 개발, 실행 환경까지 하나의 소프트웨어로 제어하여 자동으로 전환하는 방식도 있습니다. **코드형 인프라**(infrastructure as code)라고 하는 이 방식은 인프라를 설정하는 모든 절차를 코드화한다는 의미입니다. 셰프(chef)나 앤서블(ansible)이라는 오픈 소스 소프트웨어가 코드형 인프라를 구현하는 기능을 제공합니다.

마이크로서비스 아키텍처

모놀리식형 응용 프로그램
(거대한 하나의 바위 같은)

커다란 단일 기능으로 한 가지 처리를 실현

마이크로서비스형 응용 프로그램

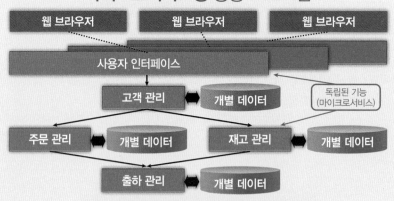

다수의 독립된 기능(마이크로서비스)을 조합하여
한 가지 처리를 실현

소프트웨어는 다양한 기능을 조합하여 필요한 전체 처리를 실현합니다. 예를 들어 온라인 쇼핑의 소프트웨어는 사용자 인터페이스와 비즈니스 로직(고객 관리, 주문 관리, 재고 관리 등)을 조합하여 실현합니다. 필요한 데이터는 데이터베이스에 저장되며, 각 기능은 하나의 소프트웨어 일부로 포함됩니다. 여러 주문이 들어오면 주문 단위로 소프트웨어를 병행 가동하여 대처합니다. 이와 같은 소프트웨어 개발 방식을 모놀리식(거대한 하나의 암석으로 된)이라고 합니다.

단 이런 방식으로 만들면 상품 배송 절차나 결제 방법이 바뀐다거나 다른 시스템(외부 클라우드 서비스 등)으로 고객 관리를 하는 등 변경 사항이 발생할 때 변경 규모가 크든 작든 관계없이 소프트웨어 전체를 다시 만들어야 합니다.

또 변경을 거듭할수록 당초 깔끔하게 분리되었던 로직들의 역할 분담이 모호하고 복잡해지면서 처리 효율이 떨어지고 보수 관리도 점차 어려워집니다. 더욱이 비즈니스 확대로 주문이 증대되면 부하가 증가하는 로직만 처리 능력을 높이는 식으로는 대처할 수 없고, 소프트웨어 전체 가동 수를 늘려야만 하기에 방대한 처리 능력이 필요합니다. 비즈니스 환경이 자주 바뀌는 세상에서는 이런 방식으로 대응하기가 쉽지 않습니다.

이 과제에 대응하려는 응용 프로그램 제작 방식이 마이크로서비스 아키텍처입니다. 마이크로서비스 아키텍처는 서로 독립된 단일 기능의 부품으로 소프트웨어를 나누고, 이들을 연결시켜 전체 기능을 실현하려는 것입니다. 이 '단일 기능의 부품'을 '마이크로서비스'라고 합니다. 개별 마이크로서비스는 다른 데이터와 데이터를 포함하여 완전히 독립적이며, 어떤 마이크로서비스의 변경이 다른 서비스에 영향을 미치지 않습니다. 그 실행도 단독으로 할 수 있습니다. 이 방식을 채택함으로써 기능 단위로 독립적으로 개발, 변경, 운용이 가능합니다. 또 마이크로서비스 단위로 처리를 실행시킬 수 있습니다. 따라서 처리량 확대에도 필요한 마이크로서비스만 스케일 아웃(마이크로서비스를 늘림)시켜 신속하게 대응할 수 있습니다.

오케스트레이션과 코레오그래피

오케스트레이션(Orchestration)
지휘자 지시에 따르는 연주 방식

전체 처리 흐름을 제어하는 지휘자에 해당하는 프로그램이 있고,
지휘 프로그램의 요청에 따라 서비스를 실행하며,
실행 결과를 응답으로 지휘 프로그램에 돌려주고 처리를 계속하게 하는 프로그램 실행 방식

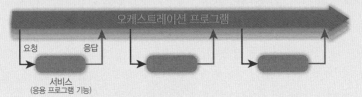

요청 · 응답 방식으로 실행되는 것이 일반적

> 이용하는 모든 서비스는 지휘 프로그램이 처리 순서나 얻은 결과에 이어지는
> 처리를 제어한다.

> 각 서비스는 해당 서비스를 제어하는 지휘 프로그램이 하는 동일한 처리를 위해서만 이용되며,
> 다른 지휘 프로그램이 제어하는 다른 처리를 맡아 실행하지는 않는다.

> 서브 루틴 콜이나 리모트 메서드 호출과 같은 개념이다.

코레오그래피(Choreography)
연극이나 춤 등 안무

전체 처리 흐름이나 서비스 호출을 제어하는 지휘 프로그램이 존재하지 않으며,
각 서비스에 미리 주어진 동작 조건이나 다음에 어떤 서비스를
기동시킬 것인가 하는 안무에 따라 자율적으로 동작시키는 프로그램 실행 방식

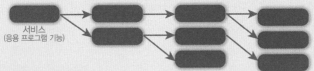

이벤트 주도 방식에 적합

> 이벤트 발생에 따라 특정 업무 처리 서비스가 구동되는 방식이다.

> 이벤트 예
  ● 신규 주문이 들어왔다   ● 창고에 상품이 입고되었다   ● 신규 고객이 등록되었다 등

> 발생된 이벤트를 다른 서비스에 통지함으로써 필요한 처리를 지속적으로 실행시킨다.

어떤 업무에서 일련의 서비스(특정 업무를 처리하는 프로그램)를 연결시켜 전체 처리를 하는 방식으로 오케스트레이션(orchestration)과 코레오그래피(choreography)가 있습니다.

전자는 지휘자 지시에 따라 각 연주자가 담당하는 악기를 연주하듯이 전체 처리 흐름을 제어하는 지휘자에 해당하는 프로그램이 있습니다. 지휘 프로그램 요청으로 서비스를 실행하고, 실행 결과를 응답으로 지휘 프로그램에 돌려주고 다음 처리로 인계하는 방식입니다. 이런 방식을 '요청 · 응답 방식'이라고 합니다. 각 서비스는 해당 서비스를 제어하는 지휘 프로그램이 맡고 있는 특정 처리 항목에만 이용하며, 다른 지휘 프로그램이 제어하는 다른 처리를 맡아 실행하지는 않습니다. 그래서 처리가 늘어나면 지휘 프로그램도 그 수만큼 필요하고, 동시에 많은 서비스가 구동됩니다.

한편 후자는 연극이나 춤에서 연기할 동작이 사전에 짜여 있듯이 각 서비스에 미리 동작 조건이나 그다음에 어떤 서비스를 시작할지 같은 설정이 부여되어 있고, 그 설정에 따라 각 서비스가 자율적으로 동작하는 방식입니다.

이 방식은 어떤 이벤트가 발생해서 특정 업무 처리 서비스를 시작할 때가 많기에 '이벤트 주도 방식'이라고 합니다. 이벤트에는 '신규 주문이 들어왔다', '상품이 입고되었다', '신규 고객이 등록되었다' 등이 있습니다.

요청 · 응답 방식은 지휘 프로그램이 감지할 수 없는 타이밍에 진행된 처리나 예기치 못한 타이밍에 발생한 이벤트를 감지하고 대응하기가 어려워 처리가 불가능하거나 타이밍이 지연되기도 합니다.

반면에 이벤트 주도 방식은 이벤트가 발생할 때 다음에 이어지는 서비스에 곧바로 알려 줄 수 있기 때문에 처리 타이밍이 지연되는 일은 없습니다. 또 이벤트가 늘어나도 필요한 서비스만 실행되므로 시스템 자원의 소비량이 적고 부하 변동에도 유연하게 대응할 수 있습니다. 이 서비스를 먼저 소개한 마이크로서비스로 만들면 개발과 운용을 효율적으로 할 수 있습니다.

서버리스와 FaaS

서버리스란 응용 프로그램 실행에 필요한 서버 설정과 관리에 신경 쓰지 않고 개발할 수 있다는 의미이지, 서버가 필요하지 않은 것은 아닙니다. 서버리스로 응용 프로그램을 개발하고 실행할 수 있는 클라우드 서비스를 **FaaS**(Function as a Service)라고 합니다. FaaS를 이용하면 필요한 인프라 조달 및 관리를 클라우드 서비스에 맡길 수 있고 데이터베이스, 메시징, 인증 등 필요한 기능도 제공되므로 개발자는 프로그래밍에 전념할 수 있습니다.

- 이벤트 주도 방식으로 서비스(어떤 기능을 실현하는 프로그램) 코드를 작성하고, 그것을 연계시키는 것만으로 일련의 업무 처리를 실행할 수 있습니다.
- 실행에 필요한 서버는 자동으로 할당하고, 필요에 따라 스케일합니다.
- 작성한 코드는 컨테이너에서 실행하고, 종료하면 즉시 폐기됩니다.

요금은 사용하는 기능별로 계산됩니다. 예를 들어 AWS의 FaaS인 Lambda는 요청 100만 건당 0.20달러, GB초당 0.0000166667달러고 사용하지 않으면 요금이 발생하지 않습니다. 또 요청은 월별 100만 건까지, 실행 시간은 월별 40만 GB초까지 무료입니다(2021년 7월 12일 기준). IaaS처럼 사용하든 안 하든 상관없이 서버가 가동되는 동안 과금되는 것과 달리 사용법에 따라서는 극적인 비용 절감을 기대할 수 있습니다. FaaS는 AWS Lambda 외에 구글 클라우드 펑션(Google Cloud Functions), 마이크로소프트 애저 펑션(Microsoft Azure Functions) 등이 있습니다.

FaaS를 사용하는 장점은 비용 절감, 확장성 확보, 인프라 운용 관리 업무에서 응용 프로그램 개발자를 해방시키는 것입니다. 마이크로서비스와 궁합이 잘 맞아 이를 실현하는 수단으로도 사용합니다.

PaaS(Platform as a Service)와 차이는 PaaS가 요청별로 응용 프로그램 전체를 시작하고 종료하는 '요청 응답 방식'인 반면, FaaS는 필요한 서비스별로 시작하고 종료하는 '이벤트 주도 방식'이 목표입니다. 단 FaaS로 모든 응용 프로그램을 만들 수 있는 것은 아니고, EC 사이트나 마케팅 사이트처럼 부하를 예측하기 어렵고 다이내믹한 부하 변동에 대응해야만 하는 응용 프로그램에 적합하다고 할 수 있습니다. 다만 제약은 계속 줄어들고 있습니다.

응용 프로그램 개발에 집중할 수 있는 클라우드 네이티브

개발자는 타사와 차별화할 수 있는 비즈니스 논리에 집중하고 싶은데
부가 가치를 창출하지 않는 작업에 부담을 강요 당한다

- ✓ 미들웨어 설정
- ✓ 인프라 구축
- ✓ 보안 패치 적용
- ✓ 용량 계획

- ✓ 모니터링
- ✓ 시스템 다중화
- ✓ 응용 프로그램 인증 및 인가
- ✓ API 스로틀링(throttling) 등

이런 부담에서 개발자를 해방

마이크로서비스 아키텍처

컨테이너

응용 프로그램을
지속적으로 빠르게 업데이트하여
비즈니스 니즈에 즉시 대응

데브옵스

사회나 경제의 환경이 빠르게 바뀌는 지금, 변화에 민첩하게 대응하여 응용 프로그램을 고속으로 개발 및 개선하고, IT 서비스를 현장에 전달할 필요가 있습니다. 그러려면 응용 프로그램 개발자가 부가 가치를 창출하지 않는 인프라나 플랫폼에 신경 쓰지 않고, 타사와 차별화나 새로운 가치를 창출하는 비즈니스 로직에 집중할 수 있게 해야 합니다.

그러나 현실에서는 미들웨어 설정, 인프라 구축, 보안 패치 적용, 용량 계획 등 작업을 개발자가 담당하는 것이 일반적입니다. 이런 작업을 클라우드 서비스에 맡겨 부담에서 개발자를 해방시키려는 개발 방식이 '클라우드 네이티브'입니다. 구체적으로는 마이크로서비스 아키텍처, 컨테이너, 데브옵스를 가능하게 하거나, 이들을 지원하는 클라우드 서비스로 개발자가 응용 프로그램 개발에 집중할 수 있게 합니다. FaaS도 이런 서비스 중 하나입니다.

마이크로서비스 아키텍처란 응용 프로그램을 작은 기능 부품, 즉 '마이크로서비스' 조합으로 실현하는 방법입니다. 각 서비스는 자체적으로 작동하고 서로 통신하면서 응용 프로그램 전체를 실행합니다. 각 마이크로서비스는 다른 서비스에 의존하지 않으므로 별다른 영향을 주지 않고 개수, 규모 변경, 재부팅할 수 있습니다. 이런 특징은 사용자에게 미치는 영향을 최소한으로 억제하면서 가동 중인 응용 프로그램을 자주 업데이트할 수 있게 합니다.

컨테이너는 가상 머신과 마찬가지로 격리된 응용 프로그램 실행 환경입니다. 단 가상 머신보다 시스템 부하가 적고 인프라나 플랫폼을 넘어서 동작이 보증되므로, 하이브리드 클라우드나 멀티 클라우드 등 다른 시스템 환경으로 옮겨 동작하거나 여러 시스템에 걸쳐 실행하여 규모를 역동적으로 변경할 수 있습니다.

데브옵스란 빈번한 응용 프로그램 보수나 배포에도 안정적으로 운영할 수 있는 시스템을 개발자와 운용자가 공동으로 실현하는 개발 방식입니다. 이런 일련의 시스템이나 개발 방식으로 응용 프로그램을 지속적으로 빠르게 업데이트하여 즉석에서 비즈니스 니즈 변화에 대응할 수 있습니다.

응용 프로그램의 부가 가치를 높이는 API 이코노미

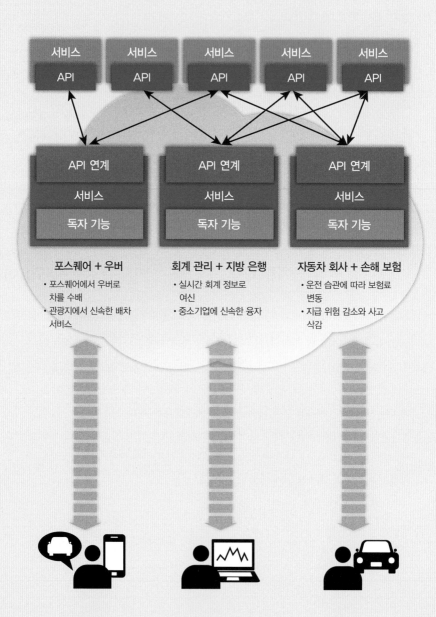

서비스	서비스	서비스	서비스	서비스
API	API	API	API	API

API 연계
서비스
독자 기능

API 연계
서비스
독자 기능

API 연계
서비스
독자 기능

포스퀘어 + 우버
• 포스퀘어에서 우버로 차를 수배
• 관광지에서 신속한 배차 서비스

회계 관리 + 지방 은행
• 실시간 회계 정보로 여신
• 중소기업에 신속한 융자

자동차 회사 + 손해 보험
• 운전 습관에 따라 보험료 변동
• 지급 위험 감소와 사고 삭감

스마트폰 앱으로 차량을 수배할 수 있는 서비스인 우버(Uber)는 타사 앱에 배차 버튼을 추가할 수 있는 API(Application Programming Interface)를 공개했습니다. 매장 및 스폿을 검색하는 포스퀘어(Foursquare)는 이 API를 이용하여 장소를 지정하지 않고도 자체 앱의 위치 정보로 우버 서비스를 호출하는 기능을 제공합니다. 이처럼 각 서비스가 강점으로 하는 기능을 서로 이용하면서 자체적으로 쉽게 실현할 수 없는 가치를 창출하고자 자신들이 제공하는 서비스 기능을 다른 서비스가 인터넷으로 이용할 수 있도록 한 것이 API입니다.

API란 원래 소프트웨어에서 다른 소프트웨어 기능을 호출하여 이용하는 방법입니다. 이런 API 의미를 '인터넷에서 제공되는 서비스에서 다른 서비스 기능을 이용할 수 있는 구조'로까지 해석을 확장했습니다.

API 제공 업체는 타사가 이용함으로써 서비스 제공 범위가 넓어져 신규 고객을 획득할 수 있습니다. 이용하는 기업 역시도 매력적인 기능을 자체 개발하지 않아도 즉시 자사 서비스에 도입하여 이용료 수입을 기대할 수 있습니다. 이렇게 API를 서로 이용할 수 있는 생태계를 'API 이코노미'라고 합니다.

API 이코노미는 우버에 그치지 않습니다. 예를 들어 중소기업의 회계를 관리하는 클라우드 서비스는 사용자 동의를 얻어 매일 매출 장부 데이터를 지방 은행에 제공함으로써 대출을 빠르게 승인받을 수 있습니다. 또 자동차 회사는 자동차에 탑재된 센서에서 얻은 운전 데이터를 손해보험사에 제공하는데, 이 운전 습관이나 주행 거리, 주행 지역 등 데이터를 바탕으로 보험료를 변동시키는 보험도 등장했습니다. 특히 금융권에서는 잔액 조회, 입출금 명세 조회, 계좌 정보 조회 같은 정보와 자금 이동에 관련된 정보를 주는 API를 제공하면서 새로운 금융 서비스가 창출되고 있습니다.

단 공개된 API는 보안, 권한 설정 및 인증, 과금 등 검토해야 할 과제가 다방면에 걸쳐 있습니다. 이런 문제를 해결하는 클라우드 서비스도 등장하고 있으며, API로 서비스 연계는 앞으로도 확대될 것입니다.

시스템 개발과 클라우드 서비스의 역할 분담

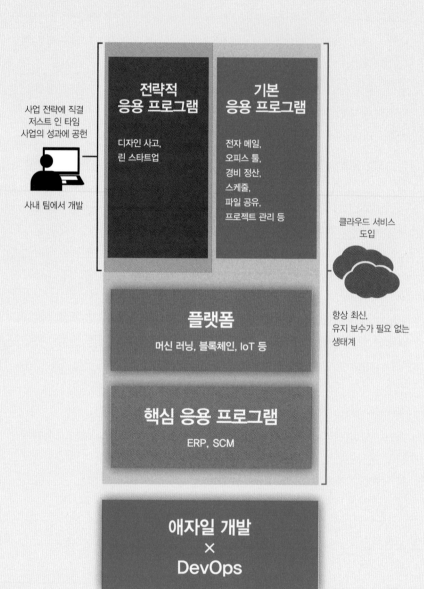

사업 전략에 직결
저스트 인 타임
사업의 성과에 공헌

사내 팀에서 개발

**전략적
응용 프로그램**

디자인 사고,
린 스타트업

**기본
응용 프로그램**

전자 메일,
오피스 툴,
경비 정산,
스케줄,
파일 공유,
프로젝트 관리 등

클라우드 서비스
도입

플랫폼

머신 러닝, 블록체인, IoT 등

향상 최신,
유지 보수가 필요 없는
생태계

핵심 응용 프로그램

ERP, SCM

**애자일 개발
×
DevOps**

빨라지는 비즈니스 속도에 대처하여 IT 서비스를 실현하려면 모든 것을 자체 개발하는 방식은 곤란합니다.

우선 고려해야 하는 방법은 독자성이 필요 없는 응용 프로그램은 적극적으로 SaaS를 이용하는 것입니다. 예를 들어 이메일이나 오피스 툴, 경비 정산이나 파일 공유 등은 어느 회사나 비슷하므로 그에 맞추어 업무 순서를 재검토해서 이용하는 것이 현실적입니다.

또 재무 회계, 인사, 급여, 판매 관리, 생산 관리 등 기간 업무(핵심 응용 프로그램)는 가능하면 표준화하여 SaaS를 커스터마이징하지 않고 이용해서 개발 부담을 경감하고 비용을 줄일 수 있으며, 속도도 얻을 수 있습니다. 게다가 새로운 요구 수용이나 법령 및 법규, 세제 등에 개별적으로 대처할 필요가 없습니다.

비즈니스의 디지털화나 디지털 전환에 대응하여 독자적으로 전략적 응용 프로그램을 개발할 때는 플랫폼을 이용해서 필요한 기술을 개발하면 좋습니다. 예를 들어 AI나 IoT, 블록체인 등 새로운 기술을 사용하여 응용 프로그램을 개발하면, 필요한 기능 부품이 최신 상태로 준비되어 있어 개발 속도가 빨라지고 기능 확장 및 운용 관리도 맡길 수 있습니다. 또 핵심 응용 프로그램과 연계해야 할 때도 많은데, 이를 위한 표준 인터페이스도 제공되어 최소한의 노력으로 연계할 수 있습니다.

이런 방식으로 IT 서비스를 실현하면 자사의 독자성을 발휘하여 경쟁 우위를 차지할 수 있는 곳으로 인재나 경비, 투자를 이동시킬 수 있습니다. 또 신규 사업 개발이나 사업 경영 변환을 추진할 때도 전략적 응용 프로그램 개발이 필요한데, 디자인 사고나 린 스타트업 사고방식과 기법을 받아들여 혁신을 창출할 수 있는 자원으로 전환할 수 있습니다.

이 방식을 활용하려면 변화에 민첩하게 대응하여 현장 요구에 바로 대처해야 합니다. 따라서 애자일 개발이나 데브옵스 사고방식이 전제됩니다.

앞으로의 운용 기술자와 SRE

운용 기술자
(Operator, Operation Engineer)

데브옵스를 위해 할 일

운용 기술자		데브옵스를 위해 할 일
IT 이용 방법을 문의하는 질문을 받고 대응하는 창구 업무	→	**적극적으로 소프트웨어로 대체**
정해진 작업을 반복하는 정상 업무	→	❖ 클라우드 서비스 ❖ 자동화, 자율화 도구
IT 관련 문제에 대응하는 장애 대응 업무	→	비즈니스도, 앱도 요건이 점점 변해 가므로 지속적으로 개선하여 수작업을 소프트웨어로 대체할 필요가 있다.
인프라(네트워크나 운영체제, 하드웨어 등 기반 부분) 관련 관리 업무 (구성 관리나 용량 관리 등)	→	

조직 횡단적 인프라 정비

- 빠른 변화 대응력 및 신뢰성 높은 시스템 기반 설계
- 운용 관리 자동화, 자율화 구조 설계 및 구축
- 개발자가 이용하기 쉬운 표준화된 정책 및 규칙 정비

작업자에서 소프트웨어 엔지니어로 변신!

SRE(Site Reliability Engineer)

인프라에서 일상적인 운용 업무는 클라우드 사업자에게 맡깁니다. 또 클라우드라면 툴이나 API(Application Program Interface)를 이용하여 응용 프로그램 개발자도 인프라 사용에 필요한 설정을 할 수 있는 시대입니다. 이 구조가 앞서 소개한 인프라를 설정하는 모든 절차를 코드화하는 **코드형 인프라**입니다. 이런 시대에 운용 기술자에게 요구되는 역할도 크게 바뀌려고 합니다. 말하자면 지금까지 요구되어 온 업무는 다음과 같습니다.

- IT 이용 방법을 문의하는 질문을 받고 대응하는 창구 업무
- 정해진 작업을 반복하는 정상 업무
- IT 관련 문제에 대응하는 장애 대응 업무
- 인프라에 관한 (구성 관리, 용량 관리 등) 관리 업무

이런 업무는 적극적으로 클라우드 서비스나 자동화 툴로 대체하고, 둔화된 비즈니스 요건에 유연하고 신속하게 대응할 수 있는 인프라 환경을 만드는 것으로 업무를 옮겨 가야 합니다.

구체적인 업무는 다음과 같습니다.

- 빠른 변화 대응력 및 신뢰성 높은 시스템 기반 설계
- 운용 관리 자동화 구조 설계 및 구축
- 개발자가 이용하기 쉬운 표준화된 정책이나 규칙 정비

이런 역할을 담당하는 기술자를 SRE(Site Reliability Engineer)라고 합니다. 이들은 개발자와 서비스 수준의 목표치를 공유하고 협력하면서 개발이나 테스트, 실제 가동에 필요한 인프라 환경을 즉시 사용할 수 있는 조직 횡단적인 시스템을 만들고자 노력합니다.

장애 대응이나 인프라의 안정적 가동이라는 수비 역할에서 빨라지는 비즈니스 속도에 대응하고 비즈니스 성과에 공헌하는 것으로, 운용 기술자의 역할은 크게 확대되었습니다.

memo

7장

지금 주목해야 할 기술

우리 상식을 바꾸는 미래 기술

IT와 인간 관계 방식을 크게 바꾸는 VR, AR, MR

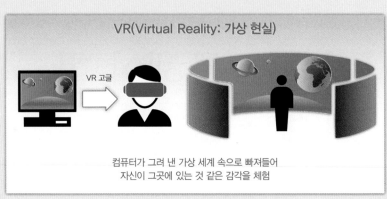

VR(Virtual Reality: 가상 현실)

VR 고글

컴퓨터가 그려 낸 가상 세계 속으로 빠져들어
자신이 그곳에 있는 것 같은 감각을 체험

AR(Augmented Reality: 증강 현실)

TOKYO SKYTREE
Oshiage1-1-13
Sumida -ku Tokyo
634m
Since2012
Radio Tower

스마트폰 + 앱   AR 고글,
           AR 안경

실제로 보고 있는 시각 공간에 컴퓨터가 만들어 낸 정보를 겹쳐서 표시

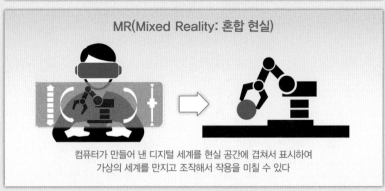

MR(Mixed Reality: 혼합 현실)

컴퓨터가 만들어 낸 디지털 세계를 현실 공간에 겹쳐서 표시하여
가상의 세계를 만지고 조작해서 작용을 미칠 수 있다

VR(가상 현실)

고글을 쓰면 컴퓨터 그래픽으로 그려진 세계가 눈앞에 펼쳐집니다. 얼굴 움직임이나 신체 움직임에 맞추어 영상이 움직이고, 헤드폰을 쓰면 음향 효과도 더해져 마치 자신이 거기에 있는 것처럼 느낄 수 있습니다. 이것이 VR(Virtual Reality)(가상 현실)입니다. 컴퓨터로 만들어진 인공적인 세계에 뛰어들어 마치 그것이 현실인 것처럼 체험할 수 있는 기술입니다. VR은 몰입감을 체감할 수 있는 게임, 항공기 조종 시뮬레이션, 3D 영상으로 만든 주택 안에 시스템 주방 등 주택 설비를 설치하는 데몬스트레이션 등에 이용됩니다.

AR(증강 현실)

고글 너머로 보이는 현실 풍경에 그것이 무엇인지 설명하는 '다른 정보'가 겹쳐서 표시됩니다. 스마트폰이나 태블릿으로 주변을 비추면 후면 카메라로 보이는 영상에 정보를 부가하는 소프트웨어나 클라우드 서비스도 등장했습니다. 이것이 AR(Augmented Reality)(증강 현실)입니다. 현실에서 보는 시각 공간에 정보를 겹쳐서 표시하여 현실 세계를 확장하는 기술입니다.

AR을 이용하면 점검하고 싶은 설비에 설명을 겹쳐서 표시할 수 있습니다. 이처럼 AR은 기계의 조작 패널 영상 위에 설명이나 조작 방법을 표시하고, 스마트폰에 비추어진 건물이나 풍경에 설명 정보를 겹쳐서 표시하는 관광 안내 등에 이용됩니다.

MR(혼합 현실)

고글 저편에 보이는 현실 세계에 투영된 3D 영상을 만지고 움직일 수 있습니다. 또는 현실 세계에 있는 물건을 만지면 그에 관한 설명이 글자나 영상으로 표시됩니다. AR과 비슷한 개념이지만 AR은 현실 세계에 컴퓨터가 만들어 낸 정보를 투영시키는 기술입니다. MR(Mixed Reality)(복합 현실)은 현실 공간과 컴퓨터로 만들어 낸 디지털 영상을 겹쳐서 표시하고 그 디지털 영상을 만지거나 조작해서 상호작용을 할 수 있는 기술입니다.

VR이 컴퓨터가 만든 컴퓨터 그래픽 안에서 움직이고 만지고 느끼는 상호 작용을 할 수 있는 기술이라면, MR은 그런 VR의 3D 영상을 현실 공간에 구현하여 만지고 움직이고 아이콘을 터치해서 정보를 불러낼 수 있는 기술입니다.

디지털 데이터로
입체 조형물을 직접 만드는 3D 프린터

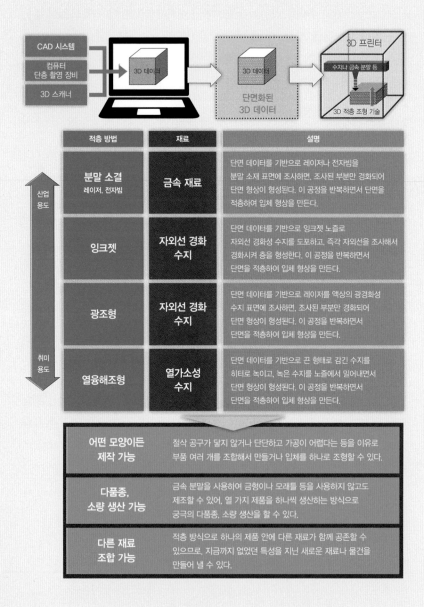

적층 방법	재료	설명
분말 소결 레이저, 전자빔	**금속 재료**	단면 데이터를 기반으로 레이저나 전자빔을 분말 소재 표면에 조사하면, 조사된 부분만 경화되어 단면 형상이 형성된다. 이 공정을 반복하면서 단면을 적층하여 입체 형상을 만든다.
잉크젯	**자외선 경화 수지**	단면 데이터를 기반으로 잉크젯 노즐로 자외선 경화성 수지를 도포하고, 즉각 자외선을 조사해서 경화시켜 층을 형성한다. 이 공정을 반복하면서 단면을 적층하여 입체 형상을 만든다.
광조형	**자외선 경화 수지**	단면 데이터를 기반으로 레이저를 액상의 광경화성 수지 표면에 조사하면, 조사된 부분만 경화되어 단면 형상이 형성된다. 이 공정을 반복하면서 단면을 적층하여 입체 형상을 만든다.
열융해조형	**열가소성 수지**	단면 데이터를 기반으로 끈 형태로 감긴 수지를 히터로 녹이고, 녹은 수지를 노즐에서 밀어내면서 단면 형상이 형성된다. 이 공정을 반복하면서 단면을 적층하여 입체 형상을 만든다.

산업 용도

취미 용도

어떤 모양이든 제작 가능	절삭 공구가 닿지 않거나 단단하고 가공이 어렵다는 등을 이유로 부품 여러 개를 조합해서 만들거나 입체를 하나로 조형할 수 있다.
다품종, 소량 생산 가능	금속 분말을 사용하여 금형이나 모래틀 등을 사용하지 않고도 제조할 수 있어, 열 가지 제품을 하나씩 생산하는 방식으로 궁극의 다품종, 소량 생산을 할 수 있다.
다른 재료 조합 가능	적층 방식으로 하나의 제품 안에 다른 재료가 함께 공존할 수 있으므로, 지금까지 없었던 특성을 지닌 새로운 재료나 물건을 만들어 낼 수 있다.

디지털 데이터로 입체 조형물을 직접 만들어 내는 장치가 **3D 프린터**입니다. 3D 프린터에서는 컴퓨터에 입력된 3D 데이터를 마이크론 단위의 얇은 단층 데이터로 분해하고, 이에 따라 수지나 금속 분말 등을 조금씩 쌓으면서 입체로 만들어 가는 3D 적층 조형 기술을 보통 사용합니다. 최근에는 식품 소재를 재료로 음식을 만들거나 생체 세포를 재료로 이식 장기를 만드는 제품도 등장했습니다.

주요 용도는 다음과 같습니다.

- **제조업**: CAD(컴퓨터를 사용한 설계) 데이터를 바탕으로 시제품이나 목업, 소량 생산 특수 주문품 등
- **의료**: 컴퓨터 단층 촬영 장치 등 인체 내부의 입체 형상 데이터를 바탕으로 한 수술 전 검토용 장기 모형, 환자 개별 이식용 인공 장기나 인공 골격 등
- **건축업**: 제안, 설명을 위한 건축 모형 등

1980년대 등장한 3D 프린터는 당시 주변 기술이 부족하고 가격이 수억 원에 이르는 고가여서 보급되지 않았는데, 요즈음 몇십만 원~몇백만 원으로 가격이 하락하여 주목을 끌고 있습니다. 예전에는 빠르게 시제품을 만드는 래피드 프로토타이핑(rapid prototyping)이 주된 용도였습니다. 그러나 최근에는 정밀도도 높아지고 고온 고압에도 견딜 수 있는 수지나 금속 등 재료 선택 폭이 넓어져 빠르게 생산하는 래피드 매뉴팩처링(rapid manufacturing)으로 용도를 넓히고 있습니다. 특히 모양이 복잡하여 금형을 사용한 사출 성형이나 주물, 절삭, 조립으로 쉽게 만들 수 없는 기계 부품의 제조와 생산 수량이 적어 양산 효과를 내기 어려운 제품 등에 적극적으로 사용됩니다. 제작에 필요한 3D 데이터는 인터넷으로 주고받을 수 있습니다. 예를 들어 지상에서 만든 설계 데이터를 우주 정거장으로 보내 그곳에 설치된 3D 프린터로 공구나 보수 부품을 만들 수 있습니다. 또 데이터만 있으면 누구라도 제조할 수 있는 '제조의 민주화'가 확산되어 산업 모습을 크게 바꿀지 모른다는 목소리도 나옵니다.

3D 프린터는 이렇게 제조 본연의 모습을 크게 바꾸는 기술로 앞으로도 주목받을 것입니다.

비트코인의 기반이 되는 기술, 블록체인

기존 방법(집중 원장[1])

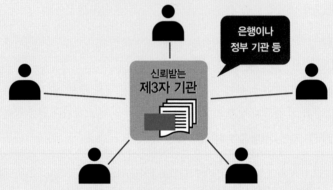

신뢰, 권한을 가진 기관이나 조직에 원장을 맡겨
거래의 정당성을 보증한다.

블록체인(분산 원장)

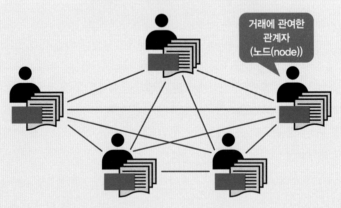

---

1 <u>역주</u> 자산이나 부채, 자본 상태를 표시하는 모든 계정 계좌를 설정하여 분개장에서 분개한 거래를 전부 기록하는 장부를
의미합니다.

일반적인 거래에서는 법률이나 규제 혹은 실적에 따라 신뢰가 담보되는 은행이나 정부 기관 등 제3자 기관이나 조직이 거래 이력을 한 번에 관리해서 거래 신뢰성을 보증합니다. 반면에 **블록체인**(blockchain)은 거래와 관련된 여러 시스템에서 거래 이력을 분산·공유하고 신뢰할 수 있는 제3자 기관의 중개가 없어도, 데이터 변조를 어렵게 만들어 거래 정당성을 보증하는 기술입니다.

블록체인은 정부나 중앙은행의 규제나 관리에서 벗어나 누구나 자유롭게 거래할 수 있고 조작할 수 없는 인터넷에서 사용하는 화폐로 개발된 '비트코인(bitcoin)'의 신뢰성을 보장하는 기반 기술입니다. 사토시 나카모토가 논문에서 최초로 원리를 제시한 것이 탄생 계기가 되었습니다.

이 논문을 근거로 뜻있는 사람들이 오픈 소스 소프트웨어로 비트코인을 개발했고, 2009년부터 운용하기 시작했습니다. 운용을 시작한 이후로 위조 등 피해를 입지 않고 거래를 계속하기에 시스템 유효성은 인정받고 있습니다. 그래서 비트코인 이외에도 다양한 '인터넷상의 통화', 즉 '가상 화폐' 또는 '디지털 통화'들이 등장했습니다.

2014년 일본 비트코인 거래소 Mt.Gox가 해킹으로 거래할 수 없게 되면서 큰 사회 문제를 일으킨 사건이 있었습니다. 다른 암호 화폐 거래소에서도 동일한 사건이 발생했는데, 이는 암호 화폐 그 자체가 아니라 거래소 시스템의 문제였지 암호 화폐의 유효성이 침해된 것은 아닙니다. 이 둘은 구분해서 생각해야 합니다.

비트코인 신뢰성을 보증하는 기반으로 등장한 블록체인은 이후 '신뢰할 수 있는 제3자 기관'에 의존하지 않고, 거래와 관련된 전원이 동일한 원장 거래 이력을 공유하고 서로 감시하면서 '거래의 정당성을 보증하는 범용 기술'로 개발을 진행했습니다. 가상 화폐 이외에도 송금, 결제, 무역 금융, 감정서 관리 등 다양한 거래와 가치 교환의 신뢰성을 보증하는 기술로 사용됩니다.

특히 신뢰할 수 있을지 알 수 없는 상대와 거래, 신뢰할 수 있는 중개자가 존재하지 않는 거래나 송금 등 가치 교환을 해야 할 때 블록체인은 유효한 수단이 될 것입니다.

위·변조를 방지하고 거래 정당성을 보증하는 블록체인 원리

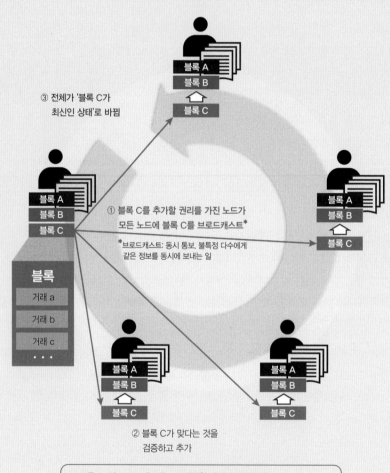

③ 전체가 '블록 C가 최신인 상태'로 바뀜

① 블록 C를 추가할 권리를 가진 노드가 모든 노드에 블록 C를 브로드캐스트*

*브로드캐스트: 동시 통보. 불특정 다수에게 같은 정보를 동시에 보내는 일

② 블록 C가 맞다는 것을 검증하고 추가

블록 A
블록 B
블록 C

블록
거래 a
거래 b
거래 c
. . .

- 모든 노드는 P2P 네트워크로 대등한 관계로 연결된다.
- 모든 노드는 같은 내용을 동시에 공유 = 공유 원장 〉 분산 원장
- 검증 가능한 데이터 구조를 가지고 전원이 바르다는 것을 서로 보증한다.

권한이나 신뢰성이 보증된 특정 관리자가 필요 없다

블록체인에서는 여러 거래가 '블록'이라는 단위로 묶여 있습니다. 이 블록을 시계열로 연결한 것이 '블록체인'입니다. 블록체인은 거래에 참여한 모든 시스템에 복제 및 공유됩니다. 거래가 있을 때 새로 블록이 만들어지며, 정해진 절차(컨센서스 알고리즘)에 따라 정당한 거래임이 검증되면 블록체인에 추가됩니다. 그리고 참여하는 모든 시스템의 블록체인이 업데이트됩니다. 이 일련의 절차를 거치고 나면, 거래 이력이 전원에게 분산 공유되어 거래되었다고 기록됩니다.

과거로 거슬러 올라가 하나의 거래를 조작하려면, 여러 시스템에서 분산 공유된 방대한 블록체인의 특정 블록을 모두 수정해야 합니다. 또 각 블록에는 앞 블록의 지문이 되는 암호화된 코드(해시 값)가 포함되어 있어, 조작한 거래 이후 전체 블록에 대해 재계산하고 전 시스템에 걸쳐 다시 만들어야만 합니다. 비트코인은 항상 블록체인을 갱신하고 있으며, 모든 노드의 51% 이상을 동시에 수정해야 변조 가능합니다. 이는 강력한 슈퍼컴퓨터를 구사해도 할 수 없는 계산 규모이므로 실질적으로 변조할 수 없습니다.

블록체인은 가상 화폐로 대표되는 퍼블릭한 거래에만 적용되는 것은 아닙니다. 변조를 어렵게 할 뿐만 아니라 비용이 저렴한 저성능 시스템을 여러 대 사용하여 끊임없이 운용 가능한 구조이므로, 은행 거래나 계약 등에서 핵심인 원장 관리 같은 프라이빗한 시스템에도 적용할 수 있습니다. 은행 예금이나 외환, 결제 등 계정 업무, 증권 거래, 부동산 등기, 계약 관리 등에 이용하는 것도 검토하고 연구 중에 있습니다.

이처럼 블록체인 기술은 실용을 목적으로 다양한 시도를 하기에 앞으로도 눈을 뗄 수 없습니다. 다만 금전과 관련된 거래나 계약 등은 높은 수준의 안전성이나 신뢰성, 가용성이 필요하므로 실제 도입에는 신중을 기하는 기업이 많습니다.

가치 교환의 민주화를 목표로 하는 다양한 블록체인 서비스

통화나 부동산, 주식이나 라이선스 등 가치, 자산을
인터넷상에서 특정 관리자를 거치지 않고
안전하고 확실하게 거래할 수 있도록 한다.

응용 프로그램
가상 화폐, 전자 투표, 송금 결제 등

암호화나 인증 기술을 이용하여
블록체인의 기능을 비즈니스 프로세스에
적용한 구조

블록체인
이더리움, 하이퍼레저, 비트코인 코어 등

가치 소재나 교환 이력을
참가자 전원이 서로 공유하고 확인하는
절차와 이를 실현하는 구조

인터넷
가상 화폐, 전자 투표, 송금 결제 등

정보를 교환하는 절차와
이를 실현하는 구조

인터넷은 특정 관리자를 거치지 않고 정보를 교환하는 절차와 이를 실현하는 시스템으로, 1990년대부터 전 세계에서 사용하고 있습니다. 이른바 '정보 교환의 민주화'를 실현했다고 할 수 있습니다. 블록체인은 이 인터넷에서 구현된 가치 소재나 가치 교환 이력을 참가자 전원이 서로 공유 및 확인하는 절차와 이를 실현하는 시스템입니다. 블록체인도 인터넷과 마찬가지로 특정 관리자를 거치지 않는 구조로, '가치 교환의 민주화'를 목표로 하고 있습니다.

원래는 비트코인 거래의 정당성을 보증하는 기술로 등장했지만, 지금은 블록체인 기술만 분리하여 각종 거래의 정당성을 보증하는 시스템으로 사용합니다. 구체적으로는 이더리움, 하이퍼레저, 비트코인 코어 등 방식이 있습니다.

이 블록체인상에서 암호화 및 인증 기술을 이용한 응용 프로그램이 실행됩니다. 응용 프로그램으로 암호 화폐 이외에 송금 결제, 저작권 관리, 부동산 거래, 전자 투표, 전력 매매, 무역 금융, 감정서 관리 등이 있습니다. 가치 및 자산을 인터넷상에서 안전하고 확실하게 거래해야 하는 시스템에서 이용합니다. 블록체인을 이용하는 서비스는 다음과 같습니다.

- **송금 결제**: Ripple
- **저작권 관리**: Binded
- **제3자 증명**: Factom
- **전력 매매**: TransActive Grid
- **무역 금융**: National Trade Platform
- **감정서 관리**: Everledger
- **선거 투표**: Flux

2019년 페이스북에서 가상 화폐 '리브라(Libra)'를 발표했습니다. 그러나 국가를 넘어 세계로 뻗어 나가는 페이스북 이용자 27억 명이 사용한다면 그 영향력이 막강해지기에 화폐를 발행하는 국가 주권에 대한 위협이 된다는 우려가 제기되었습니다. 블록체인은 그만큼 영향력 있는 기술입니다.

인간 두뇌를 모방해서 만든 신경망 컴퓨터

종합적인 지적 처리 능력

기존 컴퓨터	뉴로모픽 컴퓨터
논리적 · 분석적 사고	**감각 · 패턴 인식**
수학 계산 언어 처리 구조 해석	영상 인식 음성 인식 문자 인식
다양한 정보 처리 높은 소비 전력 대규모 수치 연산	높은 신뢰성 낮은 소비 전력 고속 머신 러닝, 추론
클라우드에서 제공 등	IoT 디바이스로의 탑재 등

'뉴로모픽 컴퓨터' 또는 '두뇌형 컴퓨터'란 뇌의 신경 세포인 뉴런을 본뜬 전자 회로로 구성된 컴퓨터를 의미합니다. 뉴런은 전기적인 '스파이크' 또는 '펄스'로 정보를 전달하는데, 이 구조를 전자 회로로 모방해서 정보를 처리하려는 것입니다.

인간 뇌에는 뉴런이 약 1000억 개 존재하며, 각각이 서로 접속하여 네트워크(뉴럴 네트워크)를 형성합니다. 이 접속 부분을 시냅스라고 하는데 약 1000조나 되는 시냅스가 존재하며, 불과 전구 한 개분보다 적은 에너지로 이 시스템을 작동시킵니다. 뇌가 새로운 것을 학습하면 시냅스에서 신호 전달의 용이성(결합 강도)이 변화합니다. 이런 특성 때문에 뉴런 간 정보 전달 용이성이 변화하면, 특정 정보가 만들어 내는 자극에 강하게 반응하는 뉴럴 네트워크가 완성됩니다. 예를 들어 사람 얼굴, 사과, 고양이 등 시각으로 얻은 정보에 강하게 반응하는 뉴럴 네트워크(neural network)(신경망)가 만들어집니다. 인간 뇌는 이런 방식으로 기억 및 정보를 처리합니다. 기존 컴퓨터처럼 기억 회로와 연산 회로를 개별적으로 탑재하고, 그 사이를 데이터가 오가면서 대량의 전력을 소비하는 것과 비교하면 훨씬 낮은 전력으로 동작합니다.

뉴로모픽 컴퓨터는 전력을 적게 소비하면서도 머신 러닝과 추론을 빠른 속도로 실행할 수 있고, 일부 회로에 오류가 일어나도 수많은 대체 회로가 있어 높은 신뢰성을 유지할 수 있습니다. 이런 특성을 살려 웨어러블 기기나 자동차, 가전제품이나 스마트폰 등 IoT 기기에 탑재하여 클라우드에 의존하지 않고도 디바이스 자체에서 높은 수준의 지적 처리를 할 수 있습니다.

또 인간 뇌에 비유하면 기존 컴퓨터는 논리적이고 분석적인 사고를 담당하는 좌뇌에 해당하며, 뉴로모픽 컴퓨터는 감각이나 패턴 인식을 담당하는 우뇌에 해당합니다. 이 둘을 조합하면 인간 두뇌에서 일어나는 종합적인 지적 처리 능력을 실현할 수 있지 않을까 기대하고 있습니다.

아직 인간 두뇌 정도에는 이르지 않았지만, 세계 가국에서 연구 개발을 진행하여 수많은 성과를 발표하고 있습니다.

두 가지 과제를 해결하는 양자 컴퓨터

추상적인 '수'를 물리적인 움직임으로 연산하는 도구

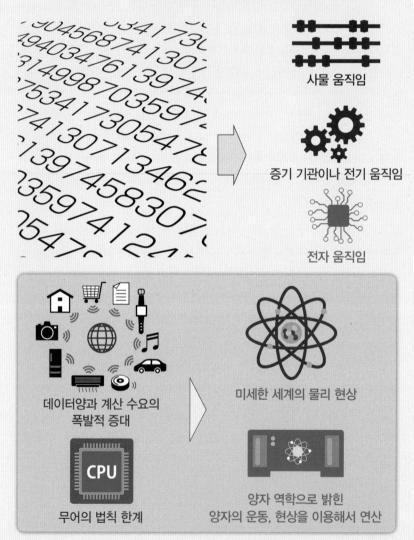

사물 움직임

증기 기관이나 전기 움직임

전자 움직임

데이터양과 계산 수요의
폭발적 증대

미세한 세계의 물리 현상

CPU

무어의 법칙 한계

양자 역학으로 밝힌
양자의 운동, 현상을 이용해서 연산

'수'란 추상적인 개념이므로 그대로 계산하기는 쉽지 않습니다. 그래서 사람에게는 이 '수'를 물건을 움직이는 물리 현상에 적용해서 계산하려는 지혜가 생겼습니다. 예를 들어 여러 마리의 물고기를 똑같이 나눌 때, 물고기를 다섯 명 앞에 차례로 놓으면 나눗셈을 할 수 있습니다. 또 돌멩이를 물고기에 대응시켜 계산해도 똑같이 계산된다는 사실도 발견했습니다.

하지만 아무 곳에나 적당한 돌멩이가 있는 것은 아니기에 주판 같은 도구를 발명한 것입니다. 손으로 물건을 움직이는 방식으로는 대규모 복잡한 계산은 할 수 없기 때문입니다. 그래서 톱니바퀴의 톱니 개수 차이를 조합하여 계산에 이용하는 도구가 등장합니다. 톱니바퀴를 태엽이나 증기 기관으로 돌리고 톱니 개수 차이를 교묘하게 조합해서 전환하면, 대규모 복잡한 계산을 할 수 있습니다. 이 원리는 지금도 기계식 시계로 이어지고 있습니다. 다만 여기서 더 대규모 복잡한 계산은 톱니바퀴로 구현하기 어렵습니다. 그래서 '전자기'의 물리 현상, 즉 스위치의 온(on)과 오프(off)를 조합해서 계산하는 도구가 등장합니다.

현재 사용되는 컴퓨터는 이런 전자기의 물리 현상을 이용하지만, 지금 여기에는 두 가지 큰 문제가 있습니다. 우선 데이터양과 계산 수요의 폭발적 증대입니다. IoT 보급으로 방대한 데이터가 생기는데, 이렇게 얻은 데이터를 머신 러닝으로 분석하려는 수요가 폭증한 것입니다. 빅데이터를 분석하려면 방대한 계산이 필요합니다.

한편 '무어의 법칙'은 이제 한계에 이르러 컴퓨터 성능을 지속적으로 끌어올리기 어려운 상황이 되었습니다. 무어의 법칙이란 반도체 집적 밀도는 18~24개월마다 2배로 증가하므로, 처리 능력이 2배가 되더라도 크기는 더욱 소형화된다는 경험에 근거한 규칙입니다. 이 법칙은 반도체 미세 가공 기술 발전을 근거로 삼고 있기 때문에 미세화가 원자 수준까지 도달해 버리면 통하지 않습니다. 이제 그런 상황이 현실이 되려고 하고 있습니다.

'계산 수요의 폭발적 증대'와 '한계에 이른 무어의 법칙'이라는 두 가지 난제를 동시에 해결하는 수단으로 주목받는 것이 양자 컴퓨터입니다. 양자 컴퓨터는 미세한 '양자' 세계에서 일어나는 물리 현상을 이용하여 계산하므로, '전자기' 물리 현상을 이용하는 현재 컴퓨터의 수억 배 혹은 수조 배 계산 능력을 기대할 수 있습니다.

기존 컴퓨터와 양자 컴퓨터 차이

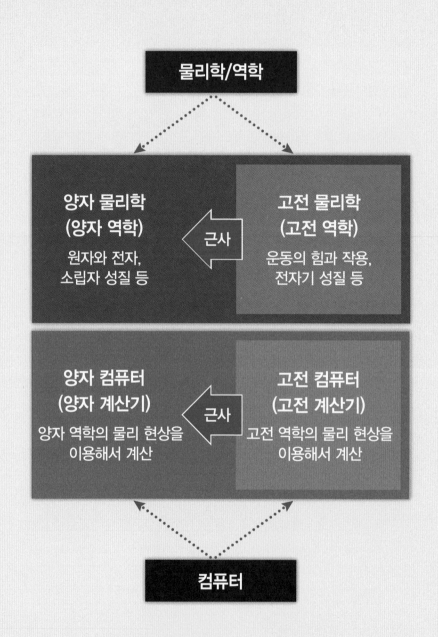

물리학/역학

양자 물리학
(양자 역학)

원자와 전자,
소립자 성질 등

근사

고전 물리학
(고전 역학)

운동의 힘과 작용,
전자기 성질 등

양자 컴퓨터
(양자 계산기)

양자 역학의 물리 현상을
이용해서 계산

근사

고전 컴퓨터
(고전 계산기)

고전 역학의 물리 현상을
이용해서 계산

컴퓨터

양자 컴퓨터란 양자 물리학(양자 역학)의 물리 현상을 이용해서 계산하는 컴퓨터입니다.

양자 물리학이란 이 세계를 만들고 있는 눈에 보이는 물질보다 한층 더 작은 원자와 전자, 광자와 소립자 등 마이크로 세계에서 물리 현상을 설명하려고 구축한 이론입니다. 마이크로 세계를 구성하는 이런 존재는 '입자' 상태와 '파동' 상태를 함께 가집니다. 이를 눈에 보이는 물질과 구별하고자 **양자**(quantum)라는 이름을 붙였습니다. 이 세계의 모든 현상은 깊이 파고들면 모두 양자 운동으로 일어난 결과이므로, 세상의 모든 일은 양자 물리학으로 설명할 수 있습니다.

우리가 평소에 보는 세계는 원자가 몇 억, 몇 조로 모인 세계이며, '물건이 떨어진다', '전류가 흐른다', '지구가 태양 주위를 돈다' 같은 물리 현상은 고전 물리학(고전 역학이라고도 함)으로 설명할 수 있습니다. 원리상으로 이런 거시적 물리 현상도 양자 물리학으로 설명할 수 있지만, 복잡하고 방대한 계산이 필요하므로 보통은 간단한 근사 계산으로 대체합니다. 그것을 위한 이론이 고전 물리학입니다. 다시 말해 고전 물리학은 양자 물리학의 근사 이론입니다. 거시적인 물리 현상이라면 고전 물리학 쪽이 적은 계산량으로도 실용상 문제없이 충분히 설명할 수 있기에 널리 이용됩니다.

지금 우리가 사용하는 컴퓨터는 고전 물리학으로 설명되는 물리 현상을 이용하므로 '고전 컴퓨터'라고 합니다. 고전 컴퓨터는 전압 높낮이나 스위치 온·오프 같은 양자의 물리 현상을 이용합니다. 반면에 **양자 컴퓨터**는 입자나 파동 같은 물리 현상을 이용합니다. 이런 차이에서 고전 컴퓨터로는 도저히 불가능한 빠른 계산을 양자 컴퓨터가 할 수 있다고 여기는 것입니다.

또 이 세계에서 일어나는 모든 현상은 양자 물리학을 따르기 때문에 양자 컴퓨터는 이론상 양자 역학의 기초 방정식을 계산할 수 있고, 온갖 물리 현상을 근사가 아니라 엄밀하게 계산할 수 있습니다. 이것으로 계산의 고속화뿐만 아니라 물리 현상의 설명이나 화학적 합성(양자 화학 계산) 등 고전 컴퓨터로는 할 수 없었던 계산도 가능해질 것입니다.

두 종류의 양자 컴퓨터

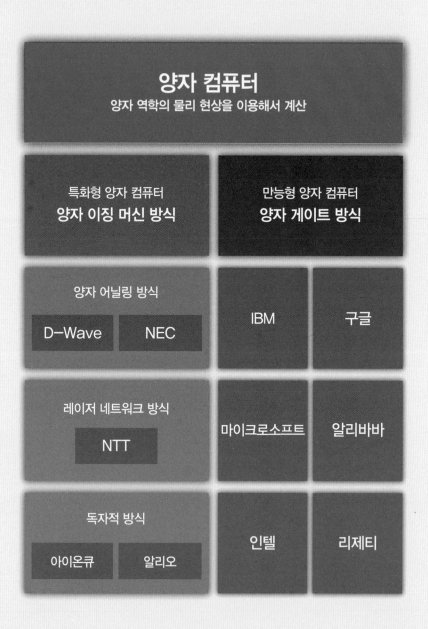

양자 컴퓨터
양자 역학의 물리 현상을 이용해서 계산

특화형 양자 컴퓨터
양자 이징 머신 방식

만능형 양자 컴퓨터
양자 게이트 방식

양자 어닐링 방식

D-Wave　　NEC

IBM

구글

레이저 네트워크 방식

NTT

마이크로소프트

알리바바

독자적 방식

아이온큐　　알리오

인텔

리제티

양자 컴퓨터는 이론상 이 세상 모든 것을 계산할 수 있는 만능 컴퓨터입니다. 다만 만능 컴퓨터를 실현하기가 쉽지 않기에 그 해결책도 포함해서 연구를 진행합니다.

만능형 양자 컴퓨터

양자 물리학의 기초 방정식을 모두 계산할 수 있는 컴퓨터입니다. 양자 행동을 정확하게 제어하여 실현하는 것이 목표이기에 '양자 게이트 방식'이라고도 합니다.

이를 실현하려면 양자 움직임을 일시적으로 정지시키거나 오류가 있을 때 자동으로 수정하는 기술 등이 필요합니다. 아직은 효과적인 해결책이 발견되지 않아 실현되기까지 앞으로 20년 정도는 걸릴 것으로 예상됩니다.

그래도 그 가능성을 헤아릴 수 없기에 IBM, 마이크로소프트, 구글, 알리바바 등에서 막대한 자금을 들여 연구 개발을 진행하고 있습니다.

특화형 양자 컴퓨터

특정 계산 문제에 특화되어 빠르게 계산할 수 있는 컴퓨터도 개발되고 있는데 이를 '양자 이징 머신 방식'이라고도 합니다. 이징 머신은 자석 같은 자성체 성질을 나타내는 통계 역학 모델인 이징 모델 행동을 의사적으로 재현하여 계산에 적용하려는 컴퓨터입니다. 이징 모델이 양자 물리학적 성질을 갖는다는 점에서 양자 컴퓨터로 구분합니다.

2011년 캐나다 디웨이브 시스템즈(D-Wave Systems)가 최초로 이 방식의 양자 컴퓨터를 상용화했습니다. 그 밖에도 NTT나 아이온 큐, 알리오 등이 양자 특유의 현상(양자 효과)에서 아이디어를 얻은 제품을 개발하고 있습니다.

특화형 양자 컴퓨터로 할 수 있는 일은 조합 최적화 문제인 '다양한 제약 안에서 많은 선택지 중 어떤 지표나 가치를 가장 좋게 하는 조합을 구하는 계산'에 한정됩니다. 그러나 그 응용 범위는 넓습니다. 예를 들어 '배송 비용이 최소가 되는 경로를 구하는 문제'나 '머신 러닝 알고리즘의 학습 과정', '금융 포트폴리오의 최적 조합 찾기' 등에 적용되고 있습니다.

양자 컴퓨터의 성능과 실현 과제

양자 비트 수가 증가할수록 지수함수적으로 계산 속도가 빨라진다

양자 우월성(quantum supremacy) = 50양자 비트 정도
(기존 고전 컴퓨터의 능력을 넘어서는가?)

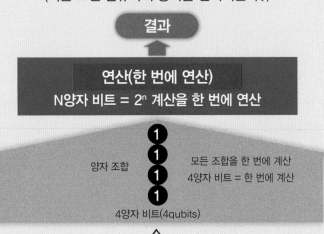

결과

연산(한 번에 연산)

N양자 비트 = 2^n 계산을 한 번에 연산

양자 조합

모든 조합을 한 번에 계산
4양자 비트 = 한 번에 계산

4양자 비트(4qubits)

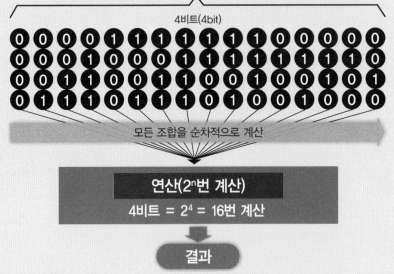

4비트(4bit)

모든 조합을 순차적으로 계산

연산(2^n번 계산)

4비트 = 2^4 = 16번 계산

결과

고전 컴퓨터와 양자 컴퓨터는 계산하는 최소 단위가 전혀 다릅니다. 고전 컴퓨터에서는 이 최소 단위를 비트(bit)라고 하며, 0이나 1 가운데 하나의 상태를 나타냅니다. 양자 컴퓨터에서는 최소 단위를 **양자 비트**(quantum bit)라고 하며, 0이나 1 양쪽 상태를 동시에 나타냅니다. 이는 양자 물리학으로 설명되는 '중첩'이라는 성질을 이용한 것입니다. 고전 컴퓨터에서 4비트 조합 계산은 16번 필요합니다. 하지만 양자 컴퓨터에서는 0이나 1 양쪽 상태를 동시에 계산할 수 있으므로, 4양자 비트의 양자 컴퓨터라면 한 번의 계산으로 모든 조합을 계산할 수 있습니다.

고전 컴퓨터에서 비트 수(n)를 늘리면 2^n번 계산이 필요하고, 계산량은 지수 함수적으로 늘어납니다. 한편 양자 컴퓨터에서는 양자 비트 수를 늘리면 한 번에 계산할 수 있는 조합이 증가하므로 고전 컴퓨터를 훨씬 능가하는 계산이 가능합니다.

이런 이유에서 양자 비트 수를 늘리는 연구를 계속 진행합니다. 다만 계산에서는 반드시 오류가 발생하기에 이 오류를 수정하지 못하면 계산 정밀도를 보장할 수 없습니다. 양자 컴퓨터에서는 0.1~몇 퍼센트 정도의 오류가 발생하는데, 현재 상태에서는 거의 수정할 수가 없습니다. 또 고속으로 계산할 수 있어도 그것만으로는 필요한 답을 얻을 수 없습니다. 원하는 답을 얻을 수 있는 양자 컴퓨터 전용 알고리즘이 필요합니다. 현재로서는 '소인수 분해'와 대량의 데이터 속에서 어떤 조건에 일치하는 데이터를 찾아내는 '양자 탐색'을 고속으로 계산하는 알고리즘이 발견된 정도고 아직도 연구 중입니다. 그럼에도 이 알고리즘을 이용하면 암호 해독 및 검색이 월등히 빨라지고 비즈니스와 사회에 큰 충격을 줄 가능성이 있다고 여깁니다.

양자 컴퓨터 때문에 고전 컴퓨터가 필요 없는 것이 아니라, 적재적소에서 맞게 사용하는 시대가 올 것입니다. 이런 양자 컴퓨터는 아직 개발 중에 있지만, 가까운 미래에 컴퓨팅 상식을 근본적으로 바꿀지도 모릅니다.

memo

이것만은 알아
두었으면 하는
정보 시스템 기초

이 책을 읽은 후 꼭 알아 두어야 하는 IT 기초 지식

정보 시스템 구조

비즈니스 프로세스

| 판매 관리 | 급여 계산 | 생산 계획 | 문서 관리 | 경비 정산 |

업무나 경영 목적을 달성하는 작업 순서

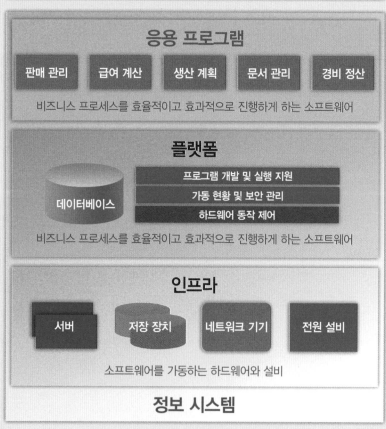

응용 프로그램

| 판매 관리 | 급여 계산 | 생산 계획 | 문서 관리 | 경비 정산 |

비즈니스 프로세스를 효율적이고 효과적으로 진행하게 하는 소프트웨어

플랫폼

데이터베이스

프로그램 개발 및 실행 지원
가동 현황 및 보안 관리
하드웨어 동작 제어

비즈니스 프로세스를 효율적이고 효과적으로 진행하게 하는 소프트웨어

인프라

서버 저장 장치 네트워크 기기 전원 설비

소프트웨어를 가동하는 하드웨어와 설비

정보 시스템

'정보 시스템'은 다음 세 가지 계층으로 구성되어 있습니다.

개별 업무를 처리하는 소프트웨어: 응용 프로그램

응용 프로그램(application)은 적용, 응용이라는 뜻으로, 개별 업무 흐름을 컴퓨터로 실행하는 소프트웨어를 의미합니다. 판매 관리, 문서 관리, 경비 정산 시스템 등 기업이나 조직에서 사용하는 응용 프로그램이나 워드프로세서, 표 계산 소프트웨어, 웹 브라우저나 게임 등 개인적으로 사용하는 응용 프로그램도 있습니다.

응용 프로그램에 공통된 기능을 제공하는 소프트웨어: 플랫폼

플랫폼(platform)은 '토대'라는 뜻으로, 응용 프로그램을 동작시키는 데 필요한 공통된 기능을 제공하는 소프트웨어를 의미합니다. 예를 들어 운영체제(Operating System, OS)는 키보드, 마우스, 통신 장비, 저장 장치(데이터를 보관하는 장치) 등 하드웨어와 응용 프로그램을 중개하여 낭비 없이 확실하게 시스템 전체 움직임을 제어합니다. 다양한 데이터를 체계적으로 관리하는 '데이터베이스 관리 시스템', 시스템 가동 상황을 감시하고 문제가 있으면 알려 주는 '운용 관리 시스템', 프로그램 개발을 간단하게 하는 '개발 지원 툴' 등도 플랫폼 동료입니다. 응용 프로그램과 운영체제 중간에 위치한 소프트웨어라고 해서 미들웨어(middleware)라고 합니다.

정보 시스템을 움직이는 하드웨어 및 설비: 인프라

인프라(infrastructure)에는 기반 시설이나 하부 구조라는 뜻이 담겨 있습니다. 프로그램을 작동시키는 전자 기계인 컴퓨터, 데이터를 보관하는 저장 장치, 통신을 담당하는 네트워크 장비 등 하드웨어나 이들을 설치하는 데이터 센터, 전원 기기 등 설비를 의미합니다. 원래는 도로나 철도, 전기, 전화, 병원, 학교 등 우리 생활과 사회를 유지하는 데 필요한 설비와 제도를 의미했습니다. 이 말을 바꾸어 정보 시스템에서 사용한 것입니다.

단 개인이 사용하는 PC나 스마트폰 등은 인프라라고 하지 않습니다. 기업이나 조직 또는 각 개인이 함께 사용하는 서버('서비스를 제공하는 자'라는 뜻) 컴퓨터와 주변 기기 및 이를 위한 설비를 **인프라**라고 합니다.

디지털 전환의 기반이 되는 ERP 시스템

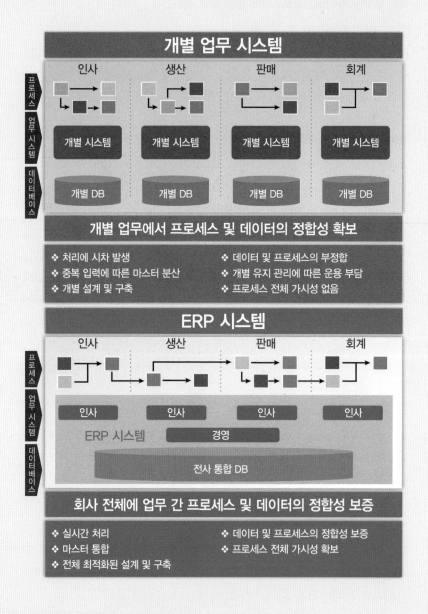

업무마다 따로 만들어진 정보 시스템은 각각 장부나 장표를 담은 마스터 파일과 업무를 처리하는 프로그램으로 구성됩니다. 이런 시스템은 개별 업무 처리에는 최적화되어 있지만 다른 업무와 연계가 잘 되지 않거나, 비슷한 업무를 중복으로 처리하여 데이터 부정합이나 중복 입력 같은 폐해가 늘어나는 등 여러 문제를 떠안고 있습니다. 예를 들어 '고객 정보'는 고객 구매 정보를 관리하고 판촉 캠페인으로 전단지를 보내고자 판매 시스템에서 사용합니다. 손님에게 물건을 보내야 할 때는 물류 시스템에서 사용하며, 청구서를 발행하고 입금을 확인할 때는 회계 시스템에서 사용합니다. 하지만 고객 정보를 시스템마다 따로따로 관리하거나 변경한다면, 상품을 팔면서 정보를 갱신할 때는 관련된 모든 데이터를 수정해야 합니다. 또 어떤 시스템의 프로그램을 수정하면 그 영향을 받는 다른 시스템의 프로그램도 파악해서 함께 수정해야 합니다.

반면에 ERP 시스템은 회사 전체의 통합 데이터베이스를 준비하고 모든 업무 처리에 사용합니다. 따라서 데이터 일관성이 보증되며, 부정합이나 중복 입력 등 문제가 발생하지 않습니다. 데이터 상호 관련은 업무 흐름(워크 플로)과 결합되어 데이터베이스에 저장되므로, 업무 프로세스 전체의 정합성도 보증할 수 있습니다. 모든 데이터가 한 번에 관리되어 항상 최신 상태로 유지되므로 회사 전체 움직임이나 상황을 실시간으로 파악할 수 있습니다.

다만 ERP 시스템을 구축하려면 업무별로 최적화된 업무 프로세스를 다시 검토해서 회사 전체에 최적화된 업무 프로세스로 재구축해야 합니다. 또 개별적으로 만들어진 마스터 파일을 정리하여 통일된 데이터베이스로 다시 만들어야 합니다. 이미 개개의 업무 현장에 최적화된 시스템에 익숙한 사람들에게 저항을 받을 수도 있습니다. 회사 전체가 떠안고 있는 과제나 현 상황을 정확하게 공유하고, 경영진의 강력한 리더십을 바탕으로 임하지 않으면 실효성 있는 ERP 시스템을 구축하기 어렵습니다.

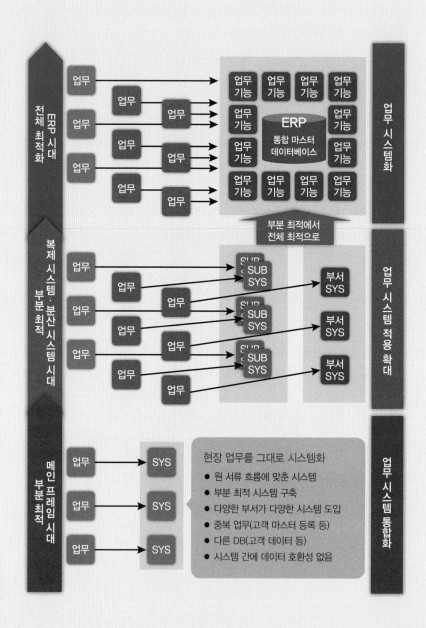

1960년대 들어와서 비즈니스 용도로 사용할 수 있는 컴퓨터가 보급되기 시작합니다. 종이 전표를 주고받으며 하던 업무 흐름을 프로그램으로 대체하고자 컴퓨터를 사용했습니다. 업무별로 종이 전표 흐름에 맞추어 개발했기 때문에 업무별로 최적화된 시스템이 만들어졌습니다. 생산성이 극적으로 향상되었고, 정보 시스템 개발 수요는 높아져 갔습니다. 하지만 당시에는 사용자 기업에서 프로그램을 자체적으로 만드는 경우가 일반적이라, 수요 증가를 따라잡을 수 없었습니다. 이런 상황에 대응하고자 개별 업무에 최적화된 정보 시스템을 만들지 않고 이미 가동 중인 프로그램을 복사하여 새로운 업무에 맞게 수정했습니다. 그래도 부족할 때는 인력을 투입해서 대처했습니다.

1980년대에는 소형 컴퓨터와 오피스 컴퓨터, 퍼스널 컴퓨터가 등장합니다. 당시 업무 시스템을 주관했던 메인 프레임은 요청해도 즉시 개발해 줄 수 없었기에 각 업무 부서는 독자적으로 소형 컴퓨터를 도입했습니다. 나아가 패키지 소프트웨어를 사용하여 개별 시스템을 구축했습니다. 이런 대응으로 정보 시스템이 적용되는 범위는 확대되었지만, 부분적으로 최적화된 시스템이 난립하면서 업무 간에 잘 연계되지 않았고 데이터 부정합이나 중복 입력이 발생하는 등 폐해가 그대로 남아 있었습니다.

이런 가운데 업무 중복이나 낭비를 없애고 효율화를 도모하려는 수요가 높아졌습니다. 또 엔론 사태나 월드컴 사건 같은 대규모 부정 회계가 사회 문제로 대두되어 내부 통제에 관심이 생겼습니다. 이 두 가지 이유 때문에 일관성이나 완전성이 보증된 데이터로 경영이나 업무 상황을 파악하고 싶어 하는 욕구가 커졌습니다.

그러자 회사 전체를 최적화하는 관점에서 업무 프로세스를 재구축하고 개별 업무로 분산된 데이터를 모두 통합 데이터베이스에 집약하여 이를 핵심으로 업무 시스템을 구축하는 **ERP**(Enterprise Resource Planning) 시스템이 주목받았습니다.

ERP와 ERP 시스템, ERP 패키지

ERP
Enterprise Resource Planning

기업 경영의 기본이 되는 자원 요소(인적 자원,
물적 자원, 자본, 정보)를 적절히 분배하여
효과적으로 활용하는 계획을 중시하는 경영 방법

ERP 시스템

ERP 경영을 실현하는
정보 시스템

업무 분석이나 업무 프로세스의 표준화(BRP)에
시간과 비용이 들고 실현하기 곤란

바람직한 모델을
사용하여
경영 및 업무의
전체 최적화를 가속화

ERP 패키지

ERP 경영을 지탱하는 이상적인 업무 프로세스를
패키지화한 정보 시스템

ERP

ERP란 기업 경영의 기본이 되는 자원 요소(인적 자원, 물적 자원, 자본, 정보)를 일원화하여 전사적으로 파악하고, 이를 적절하게 분배해서 효과적으로 활용하는 계획 방법과 그 계획을 중시하는 경영 방법을 의미합니다. 제조업에서 생산 자재를 관리하고 계획하는 자재 소요량 계획(Material Requirements Planning, MRP)에서 파생했습니다. 자재 이외의 인원, 설비 등 제조에 필요한 모든 자원을 관리하고 기업 전체의 재고, 결제, 자산을 관리할 수 있도록 발전한 것입니다.

ERP 시스템

ERP 시스템이란 ERP를 실현하는 정보 시스템을 의미합니다. 부문별로 최적화하지 않고 회사 전체에서 최적화한 업무 프로세스를 실현하려면, 업무 분석과 업무 프로세스의 개혁, 표준화에 착수해야 합니다. 이 혁신 기법을 BPR(Business Process Re-engineering)이라고 하며, ERP 시스템은 BPR 결과로 명확해진 '전체 최적화된 업무 프로세스'를 전제로 구축됩니다.

ERP 패키지

기업 규모가 커질수록 각 부문의 이해가 충돌하고, 부문을 초월한 전체 최적화를 목표로 하는 BPR은 매우 어렵습니다. 게다가 비즈니스 환경 변화는 업무 프로세스를 늘 변화시킵니다. 전체 최적화를 유지하고자 지속적인 재검토와 최적화 대책인 BPM(Business Process Management)을 시행하고, 변화에 맞추어 ERP 시스템을 계속 수정하기란 쉽지 않습니다. 그래서 등장한 것이 ERP 패키지입니다.

ERP 패키지는 ERP 경영을 지원하는 이상적인 업무(모범 사례) 프로세스를 미리 패키지화한 정보 시스템입니다. 이를 위해 ERP 경영을 실천하는 데 필요한 '업무 프로세스나 모든 데이터를 한 번에 파악하고 관리하는 데이터 구조'를 업종이나 업무에 따른 템플릿으로 미리 준비해 두었습니다. 준비된 템플릿에 맞추어 업무를 변환하고 ERP 경영 실현을 가속화하려는 것입니다.

ERP 패키지를 자사 독자적인 기간 업무 시스템을 개발할 때 생산성을 높이는 수단으로 이해하는 기업도 있지만, 그것은 원래 목적이 아닙니다. ERP 경영 실현을 가속하는 수단으로 보고 커스터마이징이나 애드온(기능 추가)을 최대한 적게 할 수 없다면, 본래 가치도 이끌어 낼 수 없다는 사실을 알아 둘 필요가 있습니다.

ERP 시스템이 가져다주는 가치

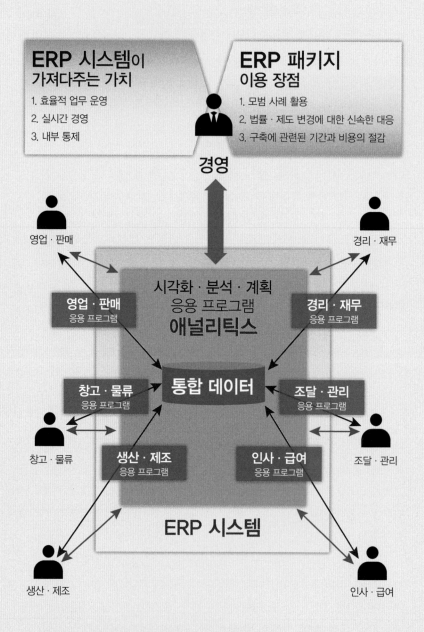

ERP 시스템이 가져다주는 가치
1. 효율적 업무 운영
2. 실시간 경영
3. 내부 통제

ERP 패키지 이용 장점
1. 모범 사례 활용
2. 법률·제도 변경에 대한 신속한 대응
3. 구축에 관련된 기간과 비용의 절감

경영

영업·판매

경리·재무

시각화·분석·계획
응용 프로그램
애널리틱스

영업·판매
응용 프로그램

경리·재무
응용 프로그램

창고·물류
응용 프로그램

통합 데이터

조달·관리
응용 프로그램

생산·제조
응용 프로그램

인사·급여
응용 프로그램

창고·물류

조달·관리

ERP 시스템

생산·제조

인사·급여

실시간 경영

업무와 관련된 데이터는 항상 모든 최신 상황이 반영되고 매출이나 원가, 재고, 진척도 등 수치도 모두 한 번에 관리되므로, 회사 전체 상황을 실시간으로 파악할 수 있습니다. 처리나 마감 시점이 다른 업무 시스템에서 따로 데이터를 모으는 것이 아니라, 일원화된 데이터를 BI(Business Intelligence) 응용 프로그램으로 분석합니다. 그렇게 해서 경영이나 업무 상태를 분석하고 시각화할 수 있기에 경험이나 감에 의존하지 않고 실시간 데이터를 바탕으로 빠르고 정확하게 의사 결정을 할 수 있습니다.

효율적인 업무 운영

기존에 업무별로 흩어지고 나뉘어 있던 마스터 데이터(제품이나 거래처 등)와 거래 데이터(각종 전표 등)를 통합 데이터베이스로 한 번에 관리할 수 있습니다. 모든 업무 처리는 단일 데이터를 참조하여 갱신되므로 어떤 업무 처리가 실행되면 동시에 그 데이터와 관련된 모든 업무에도 갱신된 내용이 반영됩니다. 예를 들어 고객 정보가 갱신되었다고 합시다. 그러면 그 정보를 이용하는 판매, 회계, 출하 등 모든 업무 시스템이 갱신된 동일한 데이터를 바로 이용할 수 있으므로, 업무 프로세스 전체에서 즉시 정합성이 보장되고 부서 간에도 신속하게 연계할 수 있습니다. 또 같은 데이터를 여러 업무 시스템에 일일이 입력하거나 옮겨 쓰는 번거로움이 사라져서 효율적으로 업무가 진행됩니다. 판매, 생산, 회계 등 여러 업무를 연결하는 처리 절차(워크 플로)도 통합 데이터베이스로 관리됩니다. 업무 흐름과 데이터 정합성이 항상 보장되므로, 정확하고 원활하게 업무를 처리함과 동시에 시스템 보수 및 관리 부담도 가벼워집니다.

내부 통제

통합 데이터베이스로 데이터 정합성 보증이나 업무 흐름에 근거한 사용자 권한이나 사용 이력을 한 번에 관리함으로써 업무 전반에 걸쳐 투명성이 보장되고 내부 통제를 확실하게 할 수 있는 환경을 갖출 수 있습니다.

ERP를 패키지나 클라우드로
도입할 때 장점

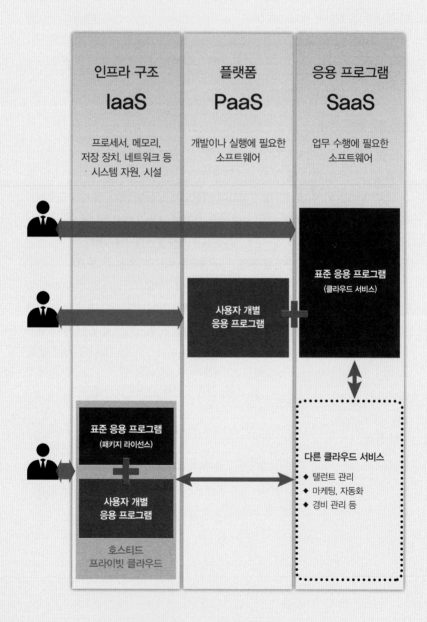

ERP를 패키지나 클라우드 서비스로 사용하면 다음 세 가지 장점을 누릴 수 있습니다.

모범 사례 활용

ERP 패키지 개발사나 ERP 도입을 지원하는 기업은 많은 사용자의 실무 경험을 수집하여 각각의 업종이나 업무에 따른 모범 사례 템플릿을 제공합니다. ERP 패키지는 업무 처리에 필요한 기본 기능을 프로그램으로 구현하고, 어떻게 사용할지는 프로그램을 손대지 않고 파라미터나 간단한 언어로 설정할 수 있습니다. 그 설정 세트가 바로 템플릿입니다. 템플릿으로 타사 노하우나 모범 사례를 이용하면 ERP 경영을 향한 업무 혁신에 속도를 더할 수 있습니다.

법률, 제도 변경에 신속한 대응

기업에서 독자적으로 정보 시스템을 구축한다면 세무나 회계 등 법률이나 제도가 바뀔 때마다 프로그램을 수정해야 합니다. ERP 패키지를 이용하면 이런 변경 사항에 대응하는 일을 패키지 개발사가 대신합니다. 따라서 제도 변경에 대응해야 하는 부담이 적고 신속하게 대응할 수 있습니다.

구축과 운용 기간 및 비용 절감

ERP 패키지를 도입할 때는 현재 업무를 분석하고 정리하여 ERP 패키지가 제공하는 템플릿과 어떤 차이가 있는지 밝혀 어떤 업무 프로세스를 바꾸어야 하고, 템플릿의 어떤 부분을 사용자화하며, 추가할 기능은 무엇인지 명확히 합니다.

아니면 과감하게 패키지나 템플릿이 제공하는 표준 기능에 맞게 업무 방식을 바꾸는 것도 하나의 방법입니다. 원래 비용과 기간이라는 점에서는 ERP 패키지가 제공하는 모범 사례에 따라 업무를 개혁(Business Process Reengineering, BPR)하고 패키지를 그대로 이용하는 것이 바람직하지만, 이미 최적화된 업무 프로세스를 변경하는 것은 쉽지 않습니다. 다만 기존 방식을 재검토할 기회로 템플릿에 맞게 BPR하면 업무 개혁이 진행되고 독자적인 개발을 줄일 수 있으므로, 도입 기간을 단축시키고 비용도 크게 절감할 수 있습니다. 클라우드 서비스라면 인프라나 플랫폼 구축이나 운용 관리 부담에서 해방되므로 그 효과는 더욱 커집니다.

글로벌 기업의 전체 최적을 실현하는 2티어 ERP

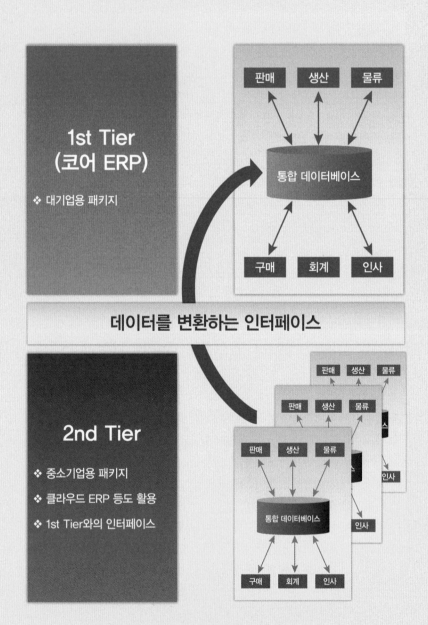

기업 활동이 글로벌화됨에 따라 경영 자원도 글로벌한 전체 최적화가 요구됩니다. 그래서 그 대책으로 국내외 기업의 모든 거점에서 단일 ERP 시스템을 이용함으로써 데이터를 원활하게 연계하고, 업무 프로세스를 통일하여 경영 효율화를 꾀하며, 경영 상황을 실시간으로 파악하려는 움직임이 생겨났습니다.

그러나 본사와는 다른 사업을 하거나, 현지 기업과 합작하거나, 비즈니스 관습이 다른 거점에서는 업무 프로세스나 데이터 구성이 본사와 달라지는 것을 피할 수 없습니다. 이런 거점에서 본사 ERP 시스템을 이용하면 인력을 충원해서 업무 내용 차이를 메꾸어야 하므로 오히려 부담이 늘어납니다.

이런 상황에 대응하고자 등장한 것이 '2티어 ERP(two-tier ERP)'입니다. 2티어 ERP에서는 본사에서 가동하는 대규모 ERP 시스템과 별도로 각 거점의 사업 내용 및 규모에 따라 최적의 ERP 시스템을 도입합니다. 나아가 본사 ERP 시스템과 일정한 규칙에 따라 데이터를 재편성해서 원활한 데이터 연계를 도모합니다. 이때 본사 시스템을 1st tier ERP(코어 ERP) 시스템, 각 거점 시스템을 2nd tier ERP 시스템이라고 합니다.

각 거점은 각각의 업무나 규모에 맞게 시스템을 선택할 수 있으므로 앞서 거론한 문제에 대응하기 쉽습니다. 또 각 거점의 데이터를 본사 핵심 ERP 시스템과 쉽게 연계할 수 있어 글로벌한 전체 최적화를 실현하기 쉽습니다. 각 거점 시스템은 핵심 ERP 시스템과 데이터를 연계할 수 있다면 다양한 ERP 패키지 중에서 알맞은 것으로 선정할 수 있습니다. 단 본사에서 운용 지원을 받고 효율적으로 제휴하고자 동일한 거점 시스템을 채용하는 경향이 있습니다.

요즘에는 2nd tier ERP 시스템을 클라우드 버전으로 도입하려는 움직임이 증가합니다. 클라우드 버전은 서버 구입 및 운용 관리에 대한 부담 없이 단기간에 도입할 수 있습니다. 본사보다 규모가 작은 해외 거점에서는 편리한 서비스입니다. 사업이 진행되는 상황에 맞추어 기능과 성능을 유연하게 늘이거나 줄일 수 있고, 정치적으로 불안정한 해외 거점에서 예상치 못한 사업 철수나 거점 통폐합에도 신속하게 대처할 수 있다는 점에서 효과적인 선택이 될 수 있습니다.

경영 기법과 엔터프라이즈 응용 프로그램

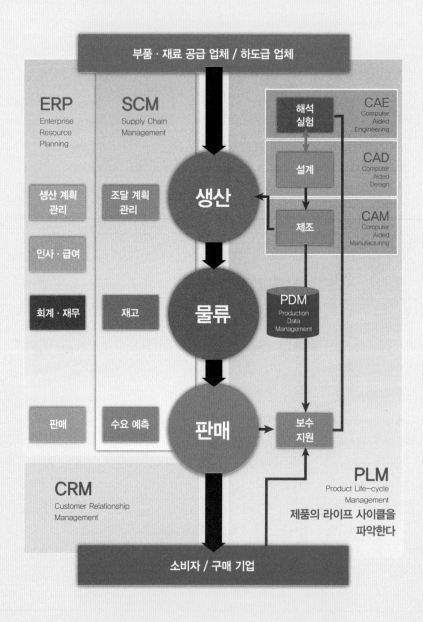

ERP는 인적 자원, 물적 자원, 자본, 정보 등 경영 자원을 통합해서 파악하고, 부서를 넘어서 회사 전체 최적화를 지향하는 경영 방법입니다. ERP 이외에도 다음과 같은 경영이나 업무 전체의 최적을 지향하는 방법이 있습니다.

MRP

MRP(Material Requirements Planning, Manufacturing Resource Planning)는 자재 소요량 계획이라고도 하며, 상품을 제조할 때 필요한 부품·재료의 종류×수량을 파악하는 방법입니다. 이 방법을 더 발전시켜 부품이나 자재뿐만 아니라 인적 자원이나 생산 설비 능력 등을 고려하여 제조에 필요한 일정까지 파악합니다. ERP는 이 MRP를 경영 자원 전체로 확산한 것입니다.

SCM

SCM(Supply Chain Management)은 소매점, 도매점, 제조사, 부품·재료 공급자 같은 제품 유통과 관련된 기업이 정보를 공유하여 구매 수량과 판매 수량을 일치시키거나 최적화합니다.

CRM

CRM(Customer Relationship Management)은 각 고객별 구매 이력과 고객 속성을 관리하고, 고객 취미와 기호에 맞는 최적의 상품 및 서비스를 최적의 타이밍에 제안합니다.

PDM

PDM(Product Data Management)은 상품 개발, 설계, 제조 등 업무에 필요한 데이터를 일원화합니다. 어떤 제품이 어떤 부품으로 구성되어 있는지 나타내는 부품표 관리를 포함합니다.

PLM

PLM(Product Life-cycle Management)은 PDM을 핵심으로 하여 상품을 개발하고, 시장 출시부터 판매 중단 및 폐기까지 모든 기간(생애 주기)에 걸친 데이터를 통합하고 관리합니다.

ERP를 포함한 이 여섯 가지 용어는 기법이나 사고방식을 의미합니다. 단 그것들을 실현하는 정보 시스템을 이 용어로 표현하기도 합니다. 예를 들어 ERP 시스템을 단순히 ERP로 부르는 식입니다. 이처럼 기업 경영 전반에 걸쳐서 사용하는 응용 프로그램을 가리켜 **엔터프라이즈 응용 프로그램**이라고 합니다.

머리말에서 언급했듯이 비즈니스에서는 앞을 내다보는 것이야말로 기회를 얻는 최선의 방책입니다. 이 책으로 이런 과제를 완전히 해결할 수 있다고는 생각하지 않지만, 계기를 잡을 수 있었다면 그 역할을 다한 것이라고 생각합니다.

1965년 고든 무어는 나중에 '무어의 법칙'이라는 반도체 기술의 발전을 예언한 자신의 논문에서 다음과 같이 말했습니다.

"가정용 컴퓨터라는 놀랄 만한 물건이나 휴대용 통신 기기, 그리고 어쩌면 자율 주행 자동차까지 등장할지도 모른다."

이와 같은 일들은 반드시 앞으로 또 일어날 것입니다. 물론 필자에게 뭔가를 예언할 능력은 없지만, 가까운 미래라면 이 책으로 전해졌으리라 생각합니다.

그리고 또 한 가지 중요한 사실을 말해 두고 싶습니다.

"이 책에 쓴 것은 바로 진부화된다."

겨우 힘들게 다 읽었더니 이것이 무슨 말이냐고 화를 낼지도 모르겠지만 그것이 현실입니다. 하지만 이 책에서 알게 된 지식은 다음 지식으로 향하는 지표가 될 것입니다. 지표를 많이 가지고 있으면 다양한 지식이 연결되고, 지식은 속도를 더해 퍼져 나갑니다.

이런 지표가 없으면, 새로운 지식은 여러분 앞을 그냥 지나가 버리겠지요. 지표는 그런 지식을 놓치지 않고 잡을 수 있게 도와줄 것입니다. 그러므로 여기에 적혀 있는 내용이 설령 진부화되더라도 실망할 필요는 없습니다.

오히려 적극적으로 활용하여 지식의 폭을 넓히고, 자신만의 지표를 만들어 계속해서 업데이트해 주세요. '트렌드를 안다'는 것은 그런 것입니다.

마지막으로 이 책의 편집을 담당한 기술평론사의 편집자 무라세 미츠루 씨는 일 처리가 빠르고 지적은 꽤 날카로웠습니다. 그렇다고 "그렇군요." 하고 쉽게 받아 들여서야 체면이 서지 않더군요. 그래서 이래저래 고집을 부려 보았지만, 역시 지적을 따르는 편이 자신을 위하는 길임을 깨닫고 꿀꺽 말을 삼켰던 것은 누구에 게도 말할 수 없는 비밀로 무덤까지 가져가겠습니다.

또 OPTIC OPUS의 대표인 스기모토 마코토 씨에게는 이 책의 초판 이래로 표지 나 일러스트, 레이아웃, 디자인 등의 제작을 모두 맡겨 왔습니다. 언제나 이처럼 훌륭하게 완성된 것은 모두 그의 감각 덕분입니다. 여러분에게는 감사하는 마음 이 가득합니다. 고마웠습니다.

필자로서도 가능한 한 '이해하기 쉽게' 그리고 '사용하기 쉽게'를 염두에 두고 집 필했습니다. 내용도 지금 시대에 어울리는 주제로 잘 선택한 것 같습니다. 그럼 에도 식견의 부족으로 잘못된 점이 있을 수도 있습니다. 또 불충분하다는 지적이 있을 수도 있습니다. 부디 그런 의견들을 페이스북 등에서 전달받을 수 있으면 좋겠습니다.

끝으로 이 책을 읽고 IT에 대한 관심이 한층 더 높아지길 기원합니다. 그런 당신 의 흥미와 관심이 IT를 비즈니스와 사회에 활용하는 원동력이 되길 바랍니다.

이 책을 읽어 주셔서 정말 감사합니다.

2019년 12월

사이토 마사노리